# 南京大学人文地理丛书

## 编 委 会

**丛书顾问** 曾尊固　崔功豪　彭补拙　杨达源

**丛书主编** 黄贤金　张　捷　张京祥

**丛书编委**（按姓氏笔画排序）

马俊亚　王红扬　朱喜钢　李满春

吴小根　吴缚龙［英］　　　张兆干

张京祥　张　捷　罗小龙　周生路

周寅康　宗跃光　胡阿祥　姜忠尽

顾朝林　徐建刚　黄贤金　章锦河

甄　峰　翟国方　魏也华［美］

濮励杰

南京大学"985"三期建设工程
江苏高校优势学科建设工程　联合资助

南京大学人文地理丛书

# 法国快速城市化时期的领土整治
## (1945—1970年代):
# 演变、效果及启示

◎ 汤爽爽　著

南京大学出版社

**图书在版编目（CIP）数据**

法国快速城市化时期的领土整治：1945～1970年代：
演变、效果及启示/汤爽爽著.—南京：南京大学出
版社，2016.9
（南京大学人文地理丛书/黄贤金，张京祥，张捷主编）
ISBN 978 - 7 - 305 - 16123 - 0

Ⅰ.①法… Ⅱ.①汤… Ⅲ.①城市化进程—研究—法
国—1945～1970 Ⅳ.①F299.565.1

中国版本图书馆 CIP 数据核字（2015）第 267676 号

出版发行 南京大学出版社
社　　址 南京市汉口路 22 号　　　　邮　编 210093
出 版 人 金鑫荣

丛 书 名 南京大学人文地理丛书
书　　名 法国快速城市化时期的领土整治（1945—1970 年代）：演变、效果及启示
著　　者 汤爽爽
责任编辑 田　甜　荣卫红　　　　编辑热线　025 - 83685720

照　　排 南京紫藤制版印务中心
印　　刷 南京玉河印刷厂
开　　本 787×960　1/16　印张 19.5　字数 308 千
版　　次 2016 年 9 月第 1 版　2016 年 9 月第 1 次印刷
ISBN　978 - 7 - 305 - 16123 - 0
定　　价 52.00 元

网址：http://www.njupco.com
官方微博：http://weibo.com/njupco
官方微信号：njupress
销售咨询热线：(025)83594756

# 总　序<sup>[1]</sup>

曾尊固　崔功豪　黄贤金　张　捷　张京祥

自 1921 年竺可桢先生创立地学系以来,南京大学地理学已走过了 91 年发展路程;若追溯到南京高等师范学校 1919 年设立的文史地部,南京大学地理学科的历史则已有 93 年之久。九十多年的历史见证了南京大学人文地理学科发展的历程与辉煌,彰显了南京大学人文地理学科对中国当代人文地理学发展的突出贡献。

南京大学是近代中国人文地理学科发展的奠基者。从最初设立的文史地部,到后来的地学系,再到 1930 年建立地理系,一直引领着中国近代地理学科建设与发展;介绍"新地学",讲授欧美的"人地学原理"、"人生地理",以及区域地理、世界地理、政治地理、历史地理、边疆地理和建设地理等,创建了中国近代人文地理学学科体系;南京大学的人文地理一贯重视田野调查,1931 年九一八事变前组织的东北地理考察团,随后又开展的云南、两淮盐垦区考察以及内蒙古、青藏高原等地理考察,还有西北五省铁路旅游、京滇公路六省周览等考察,均开近代中国地理考察风气之先;1934 年,竺可桢、胡焕庸、张其昀、黄国璋等先生发起成立中国地理学会,创办了《地理学报》,以弘扬地理科学、普及地理知识,使南京大学成为当时全国地理学术活动的组织核心。人文地理学先驱和奠基人胡焕庸、张其昀、李旭旦、任美锷、吴传钧、宋家泰、张同铸等先生都先后在南京大学人文地理学科学习或教学、研究。早在 1935 年,任美锷先生、李旭旦先生就翻译、出版了《人地学原

---

　　[1]　感谢任美锷、吴传钧、张同铸、宋家泰等先生在《南京大学地理学系建系八十周年纪念》的文章以及胡焕庸、李旭旦先生为南京大学地理系建系 65 周年作的纪念文章,为本序内容提供了宝贵的借鉴和难得的资料。感谢南京大学地理与海洋科学学院院长、长江学者特聘教授高抒教授对于丛书出版的关心与支持。感谢南京大学地理与海洋科学学院党委书记、长江学者特聘教授鹿化煜教授,为完善序言内容提出了修改意见。

理》一书,介绍了法国人地学派;1940年设立中央大学研究院地理学部培养硕士研究生,开展城市地理与土地利用研究;20世纪40年代,任美锷先生在国内首先引介了韦伯工业区位论,并撰写了《建设地理学》,产生了巨大影响;胡焕庸先生提出了划分我国东南半壁和西北半壁地理环境的"胡焕庸线"——瑷珲—腾冲的人口分布线,至今仍然为各界公认。张其昀、沙学浚先生分别著有《人生地理学》、《中国区域志》及《中国历史地理》、《城市与似城聚落》等著作,推进了台湾人文地理学科研究和教育的发展。竺可桢先生倡导的"求是"学风、胡焕庸先生倡导的"学业并重"学风,一直引领着南京大学人文地理学科的建设与发展。

南京大学积极推进当代中国人文地理教育,于1954年在全国最早设立了经济地理专业;1977年招收城市规划方向,1979年吴友仁发表《关于中国社会主义城市化问题》,引起了学界对于中国城市化问题的关注,也推动了城市规划专业教育事业发展;1983年兴办了经济地理与城乡区域规划专业(后为城市规划专业),成为综合性高校最早培养理科背景的城市规划人才的单位之一;1982年与国家计划委员会、中国科学院自然资源综合考察委员会合作创办了自然资源专业(后为自然资源管理专业、资源环境与城乡规划管理专业);1991年又设立了旅游规划与管理专业(现为旅游管理专业)。这不仅为培养我国人文地理学人才提供了多元、多领域的支撑,而且也为南京大学城市地理、区域地理、旅游地理、土地利用、区域规划等人文地理学科的建设与发展提供了有力的支撑。

南京大学不仅在人文地理专业教育与人才培养方面起引导作用,而且在人文地理学科建设方面也走在全国前列,当代人文地理学教学与研究中名家辈出。张同铸先生的非洲地理研究、宋家泰先生的城市地理研究、曾尊固先生的农业地理研究、崔功豪先生的区域规划研究、雍万里先生的旅游地理研究、包浩生先生的自然资源与国土整治研究、彭补拙先生的土地利用研究、林炳耀先生的计量地理研究等,都对我国人文地理学科建设与发展产生了深远的影响,在全国人文地理学科发展中占据着重要的地位。同时,南京大学人文地理学科瞄准国际学科发展前沿和国家发展需求,积极探索农户行为地理、社会地理、信息地理、企业地理、文化地理、女性地理、交通地理等新的研究领域,保持着人文地理学学科前沿研究和教学创新的活力。

南京大学当代人文地理学科建设与发展,以经济地理、城市地理、非洲地理、旅游地理、区域土地利用为主流学科,理论人文地理学和应用人文地理学并重发展,人文地理学的学科渗透力和服务社会能力得到持续增强,研究机构建设也得到了积极推进。充分利用南京大学综合性院校多学科的优势,突出人文地理学研究国际化合作,整合学科资源,成立了一系列重要的人文地理研究机构,主要有:南京大学非洲研究所、区域发展研究所、旅游研究所、城市科学院等;同时,还与法国巴黎第十二大学建立了中法城市·区域·规划科学研究中心。按照服务国家战略、服务区域发展以及协同创新的目标,与江苏省土地勘测规划院共建国土资源部海岸带国土开发与重建重点实验室,与江苏省国土资源厅合建了南京大学——江苏省国土资源厅国土资源研究中心。此外,还积极推进人文地理学科实验室以及工程中心建设,业已建立了南京大学——澳大利亚西悉尼大学虚拟城市与区域开发实验室,以及南京大学城市与区域公共安全实验室、旅游景观环境评价实验室、江苏省土地开发整理技术工程中心等。

　　南京大学当代人文地理教育培养了大量优秀人才,在国内外人文地理教学、研究及区域管理中发挥了中坚作用。如,中国农业区划理论主要奠基人——中国科学院地理与资源研究所邓静中研究员;组建了中国第一个国家级旅游地理研究科学组织,曾任中国区域科学协会副会长,中国科学院地理与资源科学研究所的郭来喜研究员;中国科学院南京分院原院长、中国科学院东南资源环境综合研究中心主任、著名农业地理学家佘之祥研究员;中国区域科学协会副会长、中国科学院地理与资源科学研究所著名区域地理学家毛汉英研究员;我国人文地理学培养的第一位博士和第一位人文地理学国家杰出青年基金获得者——中国地理学会原副理事长、清华大学建筑学院顾朝林教授;教育部人文社会科学重点研究基地、河南大学黄河文明与可持续发展研究中心主任、黄河学者苗长虹教授;中国城市规划学会副理事长石楠教授级高级城市规划师;中国城市规划设计研究院副院长杨保军教授级高级城市规划师;英国伦敦大学学院城市地理学家吴缚龙教授等,都曾在南京大学学习过。曾任南京大学思源教授的美国马里兰大学沈清教授、南京大学国家杰出青年基金(海外)获得者、美国犹他大学魏也华教授也都在人文地理学科工作过,对推进该学科国际合作起到了积极作用。

　　南京大学当代人文地理学科建设与发展之所以有如此成就,是遵循了任美锷先生提出的"大人文地理学"学科发展思想的结果,现今业已形成了以地理学、城乡规划学为基础学科,以建筑学、经济学、历史学、社会学、公共管理等学科为交融的新"大人文地理科学"学科体系。南京大学正以此为基础,在弘扬人文地理学科传统优势的同时,通过"融入前沿、综合交叉、服务应用"的大人文地理学科发展理念,积极建设和发展"南京大学人文地理研究中心"(www.hugeo.nju.edu.cn)。

新人文地理学科体系建设,更加体现了时代背景,更加体现了学科融合的特点,更加体现了人文地理学方法的探索性,更加体现了新兴学科发展以及国家战略实施的要求。为此,南京大学人文地理学科组织出版了《南京大学人文地理丛书》,这不仅是南京大学人文地理学科发展脉络的延续,更体现了学科前沿、交叉、融合、方法创新等,同时,也是对我国人文地理学科建设与发展新要求、新趋势的体现。

《南京大学人文地理丛书》将秉承南京大学人文地理学科建设与发展的"求是"学风,"学业并重",积极探索人文地理学科新兴领域,不断深化发展人文地理学理论,努力发展应用人文地理学研究,从而为我国人文地理学科建设添砖加瓦,为国内外人文地理学科人才培养提供支持。

我们衷心希望《南京大学人文地理丛书》能更加体现地理学科的包容性理念,不仅反映南京大学在职教师、研究生的研究成果,还反映南京大学校友的优秀研究成果,形成体现南大精神、反映南大文化、传承南大事业的新人文地理学科体系。衷心希望《南京大学人文地理丛书》的出版,不仅展现南京大学人文地理学的最新研究成果,而且能够成为南京大学人文地理学科发展新的里程碑。

# Préface à la thèse de Shuangshuang

La thèse de TANG Shuangshuang est audacieuse, car elle a pour objectif de relier deux «mondes» doublement éloignés l'un de l'autre, dans l'espace et dans le temps. Mondes éloignés dans l'espace puisqu'il s'agit d'examiner, depuis la Chine, la société française et son évolution et notamment son organisation géographique, son territoire et les politiques publiques dont il peut faire l'objet. La distance entre la Chine et la France n'est pas seulement longue en termes de kilomètres, elle est aussi économique, sociale, institutionnelle, politique, etc.

Mondes éloignés dans le temps, car la période étudiée, cruciale pour l'évolution de la France et de ses régions, s'étend des années qui ont suivi la Seconde Guerre mondiale jusqu'aux années 1970. Quarante ans se sont déroulés depuis; peut-on tirer d'une expérience si ancienne des leçons pour comprendre et agir aujourd'hui? TANG Shuangshuang montre en effet que cela est possible, et fructueux. Il s'agit en effet d'une lecture «intéressée»; son but n'est pas seulement de connaître et expliquer l'expérience française de cette époque, mais de l'interroger à partir de la Chine contemporaine, pour mieux saisir sa propre dynamique de croissance économique et de réorganisation territoriale.

Pour mener à bien une tâche aussi ambitieuse, il était nécessaire d'acquérir une masse considérable de connaissances de tous ordres, puis de développer des analyses originales. Le développement territorial est un phénomène complexe, multidimensionnel, et que l'on ne peut isoler de son contexte économique et politique général. Shuangshuang a ainsi étudié les manuels d'histoire et de géographie générale qu'utilisent les étudiants français avant d'aborder les documents techniques, administratifs ou académiques touchant à son sujet spécifique. Cette approche holistique était d'autant plus nécessaire que la conception française de l'aménagement du territoire est globalisante. Menée par une administration interministérielle, la politique d'aménagement ne se réduit pas au «*physical planning*» des infrastructures et des équipements mais entend agir simultanément sur l'ensemble des éléments, y compris sociaux et culturels, qui contribuent au développement du territoire.

Au bout de cet effort, on peut considérer que l'exercice tenté par TANG Shuangshuang est réussi : une lecture parallèle des politiques régionales des deux pays est possible. Il est vrai que, par delà d'immenses différences, la France et la Chine ont des points communs importants. Sous l'angle de l'économie géographique, on observe dans les deux cas une tendance à la polarisation économique autour de quelques métropoles, appelant des politiques publiques de redistribution et de rééquilibrage. Plus fondamentalement peut-être, les deux pays ont construit historiquement leur unité nationale autour d'un État central, légitimement à même de mener une politique de planification.

De ce travail se dégage également une vision de long terme du développement, marqué par la succession de phases significatives. Chacune d'entre elles se caractérise par le succès momentané d'un modèle de production et de développement social et territorial, qui arrive ensuite à son terme et, à l'issue d'une nouvelle transition, débouche sur une phase nouvelle fondée sur des logiques différentes ou du moins ajustées différemment les unes par rapport aux autres. Ainsi a-t-on vu en France se succéder la politique de reconstruction et de relance de la production d'après-guerre, la période d'expansion industrielle et territoriale autour d'un modèle de production «fordiste», enfin la mise en place d'un modèle de production «flexible», reposant davantage sur la main d'œuvre qualifiée et la technologie, autour de métropoles intégrée à la globalisation. Au sortir de la crise actuelle, d'origine financière mais qui a pris une dimension macroéconomique bien plus large, ira-t-on vers un nouveau modèle, celui d'un «développement durable» prenant la mesure des conséquences du changement climatique sur la vie humaine?

La période d'expansion «fordiste» est au centre de la recherche de Tang Shuangshuang. Pour refléter la vigueur de la croissance économique alors observée, on désigne en France cette période par l'expression « les Trente glorieuses [années]». Cette période fut en outre pour les spécialistes celle de l'âge d'or de l'aménagement du territoire, quand les outils maniés par un pouvoir central puissant montraient le plus d'efficacité et contribuaient à remodeler en profondeur la géographie économique du pays. Cette phase d'expansion industrielle, de migrations interrégionales, d'urbanisation, de transformation des modes de vie, n'est pas sans analogie avec la transformation actuellement à l'œuvre, à bien plus grande échelle, en Chine.

On comprend ainsi pourquoi cette période intéresse particulièrement une lectrice chinoise d'aujourd'hui. Mais l'histoire ne se reproduit jamais à l'identique. Si la Chine, pays socialiste avec une forte composante d'économie privée, parcourt un chemin que l'on peut comparer à celui suivi par l'Europe quelque 50 années auparavant, c'est de manière spécifique et à un rythme non seulement plus rapide mais plus complexe: chaque avancée est marquée, presque simultanément, par la recherche des solutions aux problèmes qu'elle soulève; les contradictions sont plus que jamais partie prenante au développement lui-même. Ainsi développe-t-on simultanément la production d'automobiles traditionnelles et la recherche sur de nouvelles automobiles, respectueuses de l'environnement; les phases de développement se succèdent très vite et même partiellement se superposent...

Les politiques d'aménagement du territoire en France représentent en somme une expérience longue et diverse, sur laquelle on peut rétrospectivement jeter un regard critique. Malgré le caractère non-transposable de nombreux éléments, cette expérience est，vue de la Chine，une référence riche où les planificateurs，à l'échelle nationale，régionale ou des grandes agglomérations，peuvent trouver d'utiles éléments de réflexion et de pistes pour l'action. C'est le mérite de TANG Shuangshuang que d'avoir，pour nous，opéré utilement ce rapprochement.

Michel Savy

président émérite du Centre franco-chinois Ville & Territoire (Université de Nankin et Université de Paris Est)

# 序言（译稿）

2010 年，汤爽爽从中国来到巴黎城市规划学院开始她的博士生涯，她选择"法国快速城市化时期的领土整治（1945—1970 年代）：演变、效果及启示"作为博士论文题目。这是个很大胆的尝试，因为她的目标是连接两个"世界"，两个在不同空间、不同时间下的"世界"。而中国和法国这两个"世界"不光有空间和时间上的距离，在经济、社会、制度、政治等多个方面也存在差异。

尽管法国的"世界"在空间和时间上与当前中国的"世界"存在距离，但跟当前的中国类似，汤爽爽所研究的时期，是法国发展最为迅速的一段时期，城市化的快速进展伴随着工业化的大规模推进，这一时期从第二次世界大战结束开始一直延续到 20 世纪 70 年代。而今天的我们可以从这 30 年的经验中得到什么借鉴？事实证明，汤爽爽的尝试是可行且富有成效的，并且是有趣的：其目标不仅仅聚焦于法国所经历的快速发展时期，也为当前的中国提供参考，使其更好地推动经济、社会的发展和领土整治的组织。

为了开展这样一项雄心勃勃的工程，汤爽爽必须获取大量的信息，并在此基础上进行原创性的探索。法国的领土整治是综合、多层次的，并不能抛开其所处的经济、社会、政治背景。此外，在法国，领土整治的概念并不仅仅包括物质空间，还包含经济、社会、政治、文化等多种元素。面对纷繁的资料，汤爽爽运用地理和历史研究的视角，对众多的技术、行政、学术文献进行分析。在不懈的努力下，汤爽爽的尝试取得了成功：对两个国家的领土整治同时进行研究被证明是可行的。尽管两国存在不少差异，但中国和法国却具有一些共性。两国都面临需要运用公共政策，重新组织资源要素和均衡地区发展的挑战。而更为根本的是，两国均建立有中央政府主导的强力政权，其推动着大规模领土整治政策的制定和实施。此外，领土整治进程也存在鲜明的阶段性、时代性特征。在每个阶段都存在由某种经济、社会以及领土发展形式所主导的模式,并不断演化进入新的阶段。譬如,在战后的重建时期,法国的政策围绕着福特式的生产模式,之后以技术、人才、全球化为标志的弹性生产模式开始出现。而在当前的这场危机结束时,我们又会朝着一个新的模式主导的社会迈进。由气候变化引导的可持续发展模式或许已成为新时期的主导模式之一。

福特生产模式扩张的时期是汤爽爽所研究的重点。这一时期,法国进入了战后快速发展阶段,而自"二战"结束至 20 世纪 70 年代的这 30 年也被称为光辉 30 年。这一时期同时也是法国领土整治政策制定和开展的黄金时期。强大的中央权力有效地重塑了法国的经济地理。而这一阶段的工业化和城市化发展、生活方式转变等都在当前的中国,以更大规模的形式表现出来。这也是法国"光辉 30 年"的经验可以引发中国学者和读者兴趣的原因所在。但历史并不能被复制,也不会雷同。中国当前的时代背景也比 50 多年前的法国更为复杂,其发展中的矛盾又同时成为发展本身的一部分,如同在生产传统汽车的同时又要开发新型汽车。此外,当前中国的发展也更为迅速,且部分发展阶段存在交织。

我们可以看到,法国的领土整治是一个时间跨度长且多元化的经验,我们也可以带着挑剔的眼光回顾这段历史。尽管经验不能照搬,但这一由多种元素构成的各种经验和教训可以为中国的国家、省级、城市各级别的规划师与学者带来可供思考的信息,并进而指导未来的实践。这也是汤爽爽的研究给我们带来的果实。

**法国东巴黎大学巴黎城市规划学院教授**

**Michel Savy**

**南京大学—法国东巴黎大学中法城市-区域-规划研究中心法方名誉主任**

# 目　录

## 第一部分　法国"光辉 30 年"领土整治背景

第一章　中国与法国的城市化进程比较 ·················· 3

第二章　背景：法国的快速城市化时期

　　　　——光辉 30 年 ······································· 13

　　第一节　经济的发展 ································· 14

　　第二节　社会与政治的变化 ····················· 17

　　第三节　发展不均衡的背景 ····················· 20

　　第四节　法国的城市化进程 ····················· 23

第三章　法国"光辉 30 年"期间领土整治及演变 ········· 24

　　第一节　问题与规划目标 ························· 24

　　第二节　几个标志性事件 ························· 26

　　第三节　主要阶段和特点 ························· 29

　　第四节　领土整治措施列表 ····················· 31

## 第二部分　法国"光辉 30 年"的领土整治

第四章　法国"光辉 30 年"领土整治措施之一

　　　　——工业分散化 ································· 41

　　第一节　工业分散化政策的发展过程 ··········· 41

　　第二节　工业分散化政策的具体措施 ··········· 45

  第三节　工业分散政策实施的重点 ································· 47

第五章　法国"光辉 30 年"领土整治措施之二

         ——服务业分散化 ································· 57

  第一节　服务业分散化政策的发展过程 ······················· 57

  第二节　服务业分散化政策的具体措施 ······················· 61

第六章　法国"光辉 30 年"领土整治措施之三

         ——城市体系构建 ································· 64

  第一节　平衡型大都市 ····································· 64

  第二节　中等城市和小城市发展 ····························· 70

  第三节　新城建设 ········································· 74

第七章　法国"光辉 30 年"领土整治措施之四

         ——薄弱地区发展 ································· 81

  第一节　落后的乡村地区发展 ······························· 81

  第二节　山区经济区 ······································· 86

  第三节　国家公园与自然保护区 ····························· 88

  第四节　沿海地区的发展 ··································· 89

第八章　法国"光辉 30 年"领土整治措施之五

         ——基础设施建设 ································· 91

  第一节　高速公路建设 ····································· 91

  第二节　铁路建设 ········································· 94

  第三节　港口建设 ········································· 97

  第四节　开辟航空线 ······································· 99

  第五节　电信建设 ········································· 100

## 第三部分　"光辉 30 年"法国领土整治成效

第九章　工业和服务业分散化的效果 ························· 105

  第一节　法国工业的发展变化 ······························· 105

  第二节　法国工业的新分界线 ······························· 109

　　第三节　过度依赖大企业 ……………………………………… 114

　　第四节　服务业和教育/研究机构分散化的效果 ……………… 117

　　第五节　小结 …………………………………………………… 123

第十章　法国人口迁移及其流向的演变 ………………………… 124

　　第一节　巴黎地区与其他地区间的人口迁移 ………………… 124

　　第二节　巴黎大区内的人口迁移 ……………………………… 130

　　第三节　巴黎新城——吸收人口的新节点 …………………… 135

　　第四节　法国东西部之间的人口迁移 ………………………… 138

　　第五节　不同城市聚落之间的人口迁移 ……………………… 143

　　第六节　小结 …………………………………………………… 151

第十一章　平衡型大都市和法国城市体系 ……………………… 152

　　第一节　法国城市体系的演变 ………………………………… 152

　　第二节　平衡型大都市的地位 ………………………………… 156

　　第三节　小结 …………………………………………………… 161

第十二章　乡村和薄弱地区的发展 ……………………………… 163

　　第一节　法国乡村经济的总体情况 …………………………… 163

　　第二节　乡村地区的工业和服务业发展 ……………………… 167

　　第三节　乡村地区的人口演变 ………………………………… 170

　　第四节　乡村地区的新功能 …………………………………… 174

　　第五节　小结 …………………………………………………… 180

第十三章　案例——巴黎和巴黎盆地 …………………………… 182

　　第一节　巴黎大区和巴黎盆地的领土整治 …………………… 182

　　第二节　分散化政策对巴黎盆地的影响 ……………………… 187

　　第三节　巴黎盆地的发展 ……………………………………… 194

　　第四节　“光辉 30 年”之后巴黎大区的地位 ………………… 199

　　第五节　对新时期巴黎大区地位的思考 ……………………… 202

　　第六节　小结 …………………………………………………… 206

第十四章　案例——南比利牛斯大区 …………………………… 207

　　第一节　南比利牛斯大区的工业分散化政策 ………………… 207

第二节　南比利牛斯大区的服务业分散化政策 ················· 209

第三节　南比利牛斯大区人口迁移情况 ····················· 211

第四节　南比利牛斯大区城市体系演变 ····················· 217

第五节　小结 ······································ 234

# 第四部分　总结与启示

第十五章　回顾与总结 ································· 237

第十六章　对中国的启示 ······························· 245


参考文献 ·········································· 267

后　记 ··········································· 292

# 第一部分

## 法国"光辉 30 年"领土整治背景

# 第一章　中国与法国的城市化进程比较

**一、为什么要研究法国"光辉 30 年"时期的领土整治**

　　领土整治(l'aménagement du territoire)是一个特有的法语词组。从词源学的角度看,领土(territoire)相当于英语中的区域(region),而整治(aménagement)则包含着管理和规划的内容。尽管有多种释义,领土整治主要反映了在地理空间上的公共政策,即意图通过调整企业、人口及公共主体活动的空间布局,促进区域的经济和社会发展。领土整治与英语中区域规划概念产生的时间和目的类似,均始于 20 世纪上半叶,当时的目的是解决区域发展不均衡的问题,并在各区域创造就业机会,改善生产生活条件。随着经济、社会背景的不断变化,尤其是伴随着城市化的进程,其内容在不断地发展和演化。

　　城市化,指一个国家(或一个地区)从以农业为主的乡村社会向以工业和服务业为主的现代城市社会逐渐转变的历史过程。这个过程中的快速发展阶段(即城市化水平由 30% 上升到 70%)是一个变化最显著的时期。伴随这个时期出现的明显特征是人口快速增长、乡村人口迅速向城市迁移、工业化进程加速和生活条件不断改善(Lowry,1990)。同时,在这一时期也会产生许多与城市化进程相关的问题,如,大量乡村人口进入城市(尤其是涌入大城市),造成城市居住资源紧张、交通拥堵、公共设施和公共服务不足等问题;大量的生产要素由乡村流入城市,从经济欠发达地区流向发达地区,加剧了区域之间、城乡之间的不均衡现象,等等。因此,政府希望能在这一时期采取措施,以引导城市化进程健康发展并保持一定程度的"均衡"(尽管"均衡"的概念在不同时期有所演变)。领土整治在此时充当着组织和调整空间的角色,它影响着快速城市化时期中的一些现象,如区域均衡、人口迁移、城市体系和乡村发展等,而这些现象则进一步体现在空间当中。

中国是世界上人口最多的国家,它的发展总是会引起全世界的关注。有学者认为,中国的城市化是影响21世纪人类社会进程的一个最重要的事件(Stiglitz,2000)。自1978年改革开放以来,中国的工业化进程加速,市场体系也随之完善。经历了改革开放前的几十年停滞,中国的城市化在20世纪80年代重新启程,90年代得以加速,21世纪进入快速发展阶段,并且这一趋势在未来几十年还会持续下去。然而,中国现阶段的城市化进程中出现了一些亟待解决的问题,如:东西部地区以及城乡之间的发展不均衡仍在加剧的问题;大量的农业转移人口如何安置、如何市民化的问题;如何构建合理的城市体系和乡村地区如何发展的问题,等等。这些问题已经引起政府和学界的高度重视。中国政府为了解决区域间和城乡间发展的不均衡的问题,实现农业转移人口市民化,顺利推进城市化等,正在制定及实施一系列的规划和政策。而研究、借鉴其他国家在推进城市化进程中的经验教训,也是一项有意义的工作。

城市化是经济社会发展的自然历史过程,有其发展的自身规律。世界上主要的发达国家都已经完成了城市化进程。而在欧美主要发达国家中,法国的国情与中国最为相似。它们同为世界大国,都是在小农经济基础上发展工业化、推进城市化的,并且都有中央集权管理体制的传统,都有通过规划目标与市场机制共同促进发展的意图等。法国在"二战"以后,自1945年到20世纪70年代的"光辉30年"期间,基本完成了工业化、农业现代化和城市化进程。通过数据比较和研究分析发现,"二战"以后法国的状况及存在的问题与中国的现状有不少类似之处。法国政府当时针对存在的问题和社会的需求,制定和实施了一系列领土整治措施。尽管始终存在问题和争论,但这些措施仍影响并主导了这一重要的历史过程。因此,研究法国在快速城市化时期("光辉30年")所制定的领土整治措施,并评估法国在这一时期间以及以后实施的效果,对中国而言既有研究意义,又有借鉴作用。

## 二、法国与中国的城市化进程

20世纪,大多数国家均经历了快速城市化进程。根据"诺瑟姆曲线"(Northam Curve)(图1-1),这一发展过程可分为三个阶段(用"S"形曲线表示):初始阶段(城市化水平:<30%),快速发展阶段(城市化水平:30%～70%),稳定发展阶段(城市化水平:>70%)。

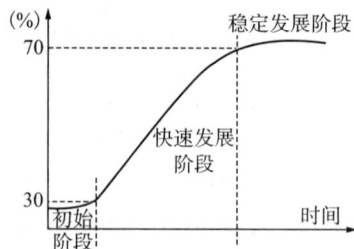

图1-1 诺瑟姆曲线

第二次世界大战后,欧洲的一些发达国家得以重建,逐步进入了城市化和经济的快速发展阶段。法国虽然在 1900 年后城市化水平已经超过了 30%,但是直到第二次世界大战结束时,仍有将近一半的农村人口,并且有近三分之一的劳动力仍在从事农业活动(图 1-2)。普遍认为,法国城市化发展最快的阶段是 1945 年到 70 年代这一时期(即所谓的"光辉 30 年")。在这一时期,法国城市化的大规模进展与其经济、社会的快速发展步调基本一致。

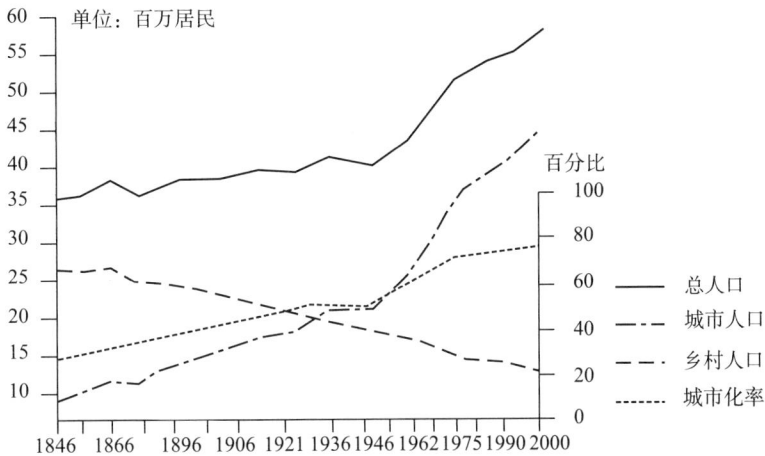

图 1-2　1846—1999 年法国城乡人口的变化
资料来源:法国国家统计与经济研究所(INSEE),2000。

法国和中国均在小农经济基础上推进工业化和城市化。经过 18 世纪的大革命,法国基本摧毁了封建制度,广大农民购买或分到了封建贵族和教会的土地,这种以家庭生产为主的小农经济一直延续到"二战"以后。中国在 20 世纪 50 年代前后通过土地改革使广大农民分到了土地,后来虽然经历了农业合作化,但在改革开放以后实施的联产承包责任制,使中国以家庭为主体的农业生产经营方式一直延续至今。

中国的城市化进程明显落后于世界上发达国家和许多发展中国家(表 1-1),也与中国自身的经济发展水平不相适应。这主要因为新中国在成立后有 30 年的发展迟缓期,那个时期实施了城乡分割的二元制度,且人口的流动受到了严格限制,农村人口很难成为城市居民。随着 1978 年改革开放之后的经济和社会发展,中国对人口的流动逐步松绑,城市化水平也随之提升,并在 1996 年超过了 30%

(图 1-3),2010 年则达到 50%(49.95%)。另外,由于 1978 年后经济不断地稳步增长,中国 1979—2008 年的国内生产总值(GDP)年平均增长率达到8.1%,进入了快速发展时期。因此,与法国"光辉30年"的情况相仿,中国的城市化进程和经济增长在 21 世纪均进入了快速发展阶段。

表 1-1　1950—2000 年世界城市人口所占比重(%)

|  | 1950 | 1975 | 2000 |
|---|---|---|---|
| 世界 | 29.8 | 37.9 | 47.2 |
| 发达国家 | 54.9 | 70.0 | 75.4 |
| 发展中国家 | 17.8 | 26.8 | 40.4 |
| 法国 | 55.4 | 72.9 | 75.5 (1999) |
| 中国 | 11.2 | 17.3 | 36.2 |

资料来源:联合国经济和社会事务部(人口司),2002;法国国家统计与经济研究所;中国国家统计局。

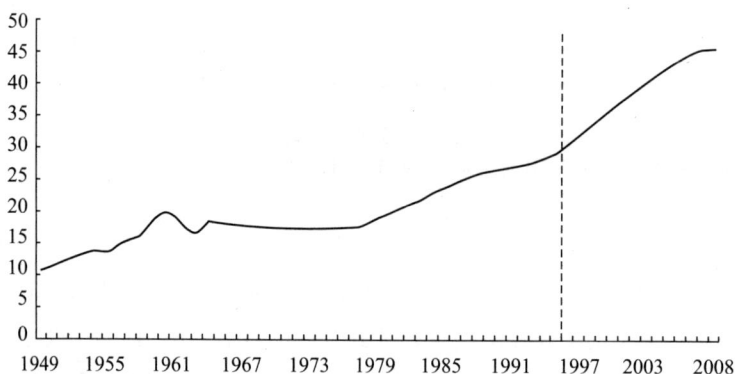

图 1-3　1949—2008 年中国城市人口占总人口比重(%)
资料来源:中国国家统计局,2009。

### 三、法国和中国的非农产业发展

城市化伴随着非农产业而发展,与就业结构的变化紧密相连。法国自19世纪就开始了工业化进程,虽然经历了两次世界大战和几次经济危机,但工业化进程一直在缓慢推进,劳动力则逐步从农业部门转到工业和服务业中。到"二战"结束时,法国仍有三分之一多的劳动力在从事农业生产活动(表 1-2)。

中国在 1949 年 10 月以后就大力推进工业建设,经过几十年发展,到 2010 年还剩约三分之一的劳动力在从事农业生产。中国 2010 年的就业结构与法国"二战"后的状况较为相似(表 1-2)。然而,与法国不同的是,由于长期的产业偏向政策(如重视重工业)和人口迁移限制政策(如户籍制度),中国的 GDP 结构与就业结构之间存在巨大偏离,这种就业结构在一定程度上阻碍了城市化进程。

表 1-2 法国与中国的非农业就业人口和城市化水平对比(%)

| 法国 | 1950 | 1962 | 1975 |
|---|---|---|---|
| 非农业就业人口 | 70.2 | 80.1 | 90.5 |
| 非农业部门 GDP | 85.0 | 90.0（1960） | 95.0 |
| 城市化水平 | 55.4 | 63.2 | 72.9 |
| 中国 | 1996 | 2005 | 2010 |
| 非农业就业人口 | 50.1 | 55.2 | 63.3 |
| 非农业部门 GDP | 81.3 | 87.5 | 89.9 |
| 城市化水平 | 30.5 | 43.0 | 50.0 |

资料来源:法国国家统计与经济研究所(INSEE);中国国家统计局。

### 四、法国和中国地区发展不均衡的情况

第二次世界大战之后,法国在区域发展上存在两大矛盾:一是巴黎和外省的差距。大量的非农产业和生产资源集中在巴黎,外省的基础则较为薄弱。二是东部与西部的差距。东部是法国的工业区,西部则是传统农业区(图 1-4)。"二战"以后百废待兴,大批劳动力和资金继续涌向巴黎和东部地区,造成区域间的矛盾进一步加剧(表 1 3)。当时法国东部与西部地区以及巴黎与其他省份之间的经济、城市化发展不均衡现象,与中国的现状相类似。中国按经济发展水平的差异可大体分为四个主要区域,即东、中、西部和东北地区。其中,东部地区的长江三角洲地区、环渤海地区、珠江三角洲地区这三个城市群是中国经济发展和城市化水平最高的区域(图 1-5)。

这种区域发展不均衡的情况引发了一系列问题,在快速城市化的背景下变得尤为严重(表 1-4)。为此,中国和法国均开始采用区域规划的手段来推动地区经济和城市化的"均衡发展"。在法国,这种领土整治活动自 20 世纪 50 年代即开始出现。中国则是从 1999 年开始实行以"协调发展"为目的的大规模区域规划。

图 1-4  法国东部和西部地区

表 1-3  法国东部和西部地区的基本指数比较 　　　　　　（单位:千）

|  | 西部地区 | 东部地区<br>（不含巴黎大区） | 东部地区<br>（含巴黎大区） |
|---|---|---|---|
| 人口（1954） | 388.0 | 435.2 | 606.2 |
| 劳动指标（1946—1948） | 267.1 | 451.5 | 729.6 |
| 产值（1951） | 299.1 | 450.6 | 699.0 |
| 收入（1951） | 318.7 | 424.9 | 678.8 |
| 非农就业（1954） | 55.7 | 78.6 | 84.4 |

注:西部和东部地区并不包括所有大区,仅供示例参考。
劳动指数:根据法国国家统计与经济研究所 1951 年发布的指数。
资料来源:Labrousee 和 Braudel,1990。

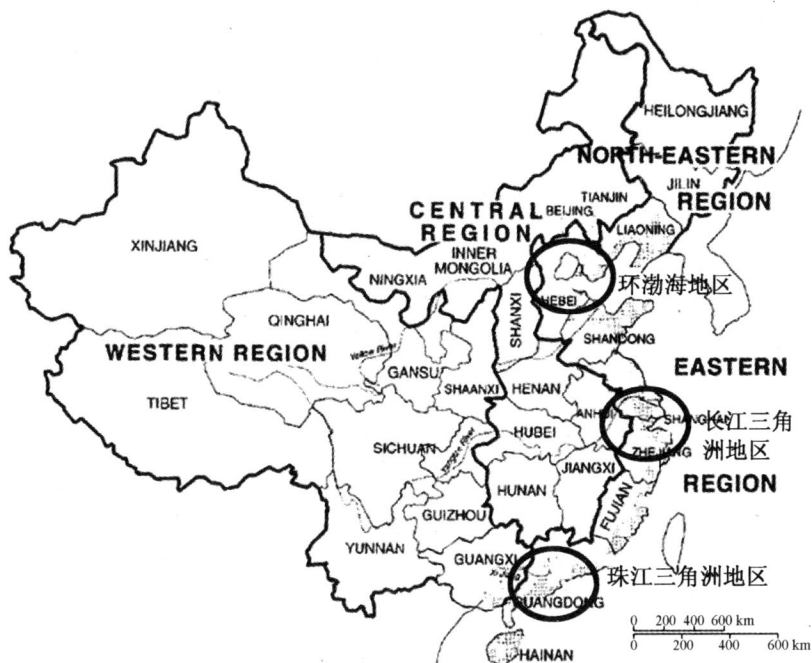

图 1-5 中国的四个区域和三个最发达的城市群地区

表 1-4 2010 年中国四个区域的基本指数比较(%)

| | 东部地区 | 中部地区 | 西部地区 | 东北部地区 |
|---|---|---|---|---|
| 土地面积 | 9.5 | 10.7 | 71.5 | 8.2 |
| 人口 | 38.0 | 23.8 | 27.0 | 8.2 |
| 国内生产总值 | 53.1 | 19.7 | 18.6 | 8.6 |
| 人均国内生产总值(元) | 46354 | 24242 | 22476 | 34303 |
| 固定资产投入 | 42.7 | 23.2 | 22.8 | 11.3 |
| 公路通车里程 | 35.8 | 27.1 | 28.7 | 8.5 |
| 城镇居民家庭收入(元) | 23273 | 15962 | 15806 | 15941 |
| 农村居民家庭收入(元) | 8143 | 5510 | 4418 | 6434 |

资料来源:中国国家统计局,2011。

### 五、法国和中国的中央集权管理体制

尽管中国和法国的政治制度并不相同,但是在进行对比的时段,两国的政府都拥有很强的管控能力,这也保证了区域规划或领土整治的有效实施。

与欧洲其他一些国家相比,法国在较长时期内采用中央集权的制度。法国一些学者曾认为,国家是经济均衡的捍卫者,产业结构的变化主要依靠国家,经济单位的动态则取决于国家有无决心(Labrousee & Braudel,1990)。1958年法兰西第五共和国成立之后,总统的权力比之前进一步加强。当时的总统戴高乐将军在其《希望回忆录》(1958—1962年)中写道:"计划关系全局,规定目标,安排轻重缓急的次序,使负责人员甚至群众意识到什么叫整体、组织和连续性;计划能补偿自由的缺点,而同时又不使它失去优点;因此,我所要做的事情是使计划的制订和实施采取过去从来没有的突出形式,使它具有'义不容辞'的性质,并宣布它就是我的计划。"20世纪60年代至70年代初期被普遍认为是法国领土整治的黄金时期,带有凯恩斯主义特征的中央集权制度保证了领土整治在这一时期的有效实施。然而,领土整治的执行过程也伴随着国家与地方间的分权化改革进程。自20世纪70年代开始,法国中央与地方之间的关系逐步调整,国家的权力不断削弱,最终在80年代实行了政治权力的分权化改革。[1]

在中国,中央集权的传统持续了数千年。1949年中华人民共和国成立后仍然延续着这一传统。1978年改革开放政策实施后,国家的工作重心由政治运动转向经济发展。从20世纪80年代开始,中央与地方政府之间的关系逐步改变,经济决策权逐步下放,其中最明显的变化是1994年的金融体制改革和分税制改革。这种渐进式的分权化改革提高了地方的积极性。如今,中央政府、地方政府和企业成为权力分化后的三大主体。然而,尽管地方政府拥有了更多的自主权,但中央政府的权力仍然强大,如中央政府有权任命和罢免地方主要官员,并经常性检查和考核下级政府,考察其是否与中央保持一致等。从20世纪90年代开始,中央政府通过提出发展指导方针的方式引导地方发展,地方政府则根据中央方针制定本地发展目标并组织实施;并且中央政府的关注重点正逐步转向中国发展较为薄弱的西部及乡村地区。

与法国的快速城市化阶段相比,中国的发展情形更为复杂。当时,欧洲尚未

---

[1] 真正的分权化改革是从1982年密特朗总统的任期内开始实行的。

实现一体化,法国也尚未进入全球化进程,外界的影响因素相对有限。此外,法国的城市化与工业化的发展进程基本保持同步。并且随着时代背景的变化,政府逐渐将关注点从经济发展转移到社会问题上。而中国目前的发展正处于经济全球化的背景下,存在城乡间长期隔绝、区域发展失衡以及较为严峻的环境问题等,其所面临的问题和要考虑的因素要复杂很多。此外,在新的时代背景下,区域规划或领土整治的内涵也在不断演化。正如 Neil Brenner(2004)所言,现在的区域规划已经"从空间凯恩斯主义向地域竞争力转变"。2005 年至 2009 年,法国空间规划暨区域行动署(DATAR)更名为空间规划暨竞争力管理署(DIACT),也在某种程度上反映了法国领土整治的这种转变趋势。

**六、中国与法国的不同**

尽管中法两国在国情上有不少相似之处,但也存在不少差异。在政治体制方面,法国是个老牌的资本主义国家,其各级政府的主要官员,自20 世纪 50 年代起,已由上级任命改为由地方居民选举产生,官员依照国家法律办事,主要对本地区选民负责。中国则仍处于社会主义初级阶段,地方主要官员由上级任命,工作也主要对上级负责。在中国,政策措施执行快,有力度,但易造成"一风吹",形成一个模式。

在经济制度上,法国实行生产资料私有制,尤其是土地,除了国家公园、保护地等,其他大多数都属于私人。法国对农村土地也有不少保护和用途管制等方面的法律及规定,但只要符合这些要求,土地均可进行自由交易和流转。中国实行的是生产资料公有制,尤其对土地产权管理严格,大体划分是,城市土地属于国家,农村土地属于集体,私人只拥有土地使用权。因此,土地的自由交易和流转难以进行。

在居民管理体制方面,法国实行的是身份证制度,居民在城乡之间、城市之间迁移自由,城乡居民的权益一致,在何处定居就可在该处享受居民待遇。中国则实行城乡待遇差别化的二元居民户籍管理制度,户籍在何处就享受该处权益。改革开放以后,人员可以自由流动,但权益待遇并没有相应改变。乡村人口进城不能享受拥有城市户籍的城市居民相同的待遇,而城市人口下乡也不能在乡村买地盖房。

另外,多年来法国的国界是相对开放的,外国人可以在法国工作并定居(主要是欧洲各国劳动力和原法国殖民地的居民),存在大量外国移民及其在民族、宗教和文化方面的多样性。中国的国界则相对封闭,外国人比较难在中国申请工作,但中国国内则存在各个民族、各种宗教和不同户籍地文化上的多样性。

  尽管存在诸多不同,但法国的经验对于当代中国的发展仍具有借鉴意义,因为其中相当多的经验反映了快速城市化时期的普遍性规律。

# 第二章　背景：法国的快速城市化时期

## ——光辉 30 年

　　法国"光辉 30 年"从 1945 年"二战"结束开始，到 20 世纪 70 年代的石油危机前后结束。这一名称出自 Jean Fourastié 的一本书，与法国历史上著名的"光辉 3 日"（即 1830 年 7 月 27、28、29 日）相呼应。在这 30 年间，法国在经济、社会、政治等诸多领域均实现了重大发展，完成了工业化和快速城市化进程（表 2-1，表 2-2）。经过"光辉 30 年"的发展，法国成为一个强大的工业国家和世界领先的出口大国（Charpentier 和 Lebrun，1987）。

表 2-1　法国不同时期的经济增速情况（%）

|  | 1820—1870 | 1870—1913 | 1913—1950 | 1950—1973 | 1973—2000 |
|---|---|---|---|---|---|
| 经济增速（%） | 1.27 | 1.63 | 1.15 | **5.05** | 2.10 |

资料来源：Maddison，2001。

表 2-2　法国不同时期的经济附加值情况（%）

| 经济附加值（%） | 1929—1951 | 1951—1973 | 1973—1984 |
|---|---|---|---|
| 就业人数 | −0.30 | **+0.15** | −0.30 |
| 劳动生产率 | +0.30 | +0.40 | +0.70 |
| 职业迁移 | +0.10 | **+0.50** | +0.30 |
| 资本金额 | +0.15 | +1.30 | +1.30 |
| 国内生产总值 | +0.90 | **+5.40** | +2.20 |

资料来源：Eck，1988。

# 第一节　经济的发展

　　经济发展是社会变化的基础,城市化则伴随着非农产业的发展而推进。"光辉 30 年"时期是法国历史上经济发展最好的时期之一,而这一时期的工业化和农业现代化则是城市化发展过程中必不可少的条件。

　　在过去的几个世纪中,法国的就业人口在三大产业的分布比例一直是农业最多、工业其次、服务业最少。然而在"光辉 30 年"期间,就业结构发生了巨大变化,三大产业中就业人口的比例从 1946 年的 36.0:32.0:32.0 转变为 1975 年的 10.1:38.5:51.4(表 2-3)。同样的变化也体现在国内生产总值的结构上,法国的三次产业结构由 1950 年的 15:42:43 发展为 1975 年的 5:30:65。到"光辉 30 年"后期,服务业已经成为法国最主要的产业。

表 2-3　法国就业结构的变化(%)

| 年份 | 农业 | 工业 | 服务业 |
|------|------|------|--------|
| 1946 | 36.0 | 32.0 | 32.0 |
| 1954 | 27.3 | 35.4 | 37.3 |
| 1962 | 19.9 | 38.0 | 42.1 |
| 1968 | 15.7 | 39.6 | 44.7 |
| 1975 | 10.1 | 38.5 | 51.4 |

资料来源: Dupaquier,1988。

　　"二战"以后,法国将战后重建时期第一阶段的发展重点放在发展基础工业,以及重建基础设施和住房上。工业由于受到政府的重视进入了大规模发展阶段(表 2-4)。这一时期工业的快速发展与以下几个方面密切相关:(1)"二战"后资本的快速积累;(2)科研和教育受到重视;(3)欧洲经济共同体的建立和对外贸易的扩张(20 世纪 60 年代后,法国的对外贸易始终以工业产品为主导);(4)其他方面,如公司合并、专业化的发展和国家政策等。此外,能源业的发展(如东南部的天然气生产、在不同区域实行电价控制等)则确保了工业生产不会过于集中,这在某种程度上带动了法国的整体发展。

表 2-4 法国工业投资情况

（单位：百万法郎，基于 1970 年的物价水平）

| | 1950 | 1955 | 1960 | 1965 | 1970 | 1975 |
|---|---|---|---|---|---|---|
| 中间行业 | 5116 | 4425 | 7853 | 10216 | 15410 | 14485 |
| 装备行业 | 2340 | 2521 | 3530 | 5662 | 10876 | 13413 |
| 消费行业 | 1489 | 2017 | 2973 | 4301 | 6137 | 5975 |
| 总计 | 8945 | 8963 | 14356 | 20179 | 32420 | 33873 |

资料来源：法国国家统计与经济研究所（INSEE），1975。

在这一时期,法国的工业结构随着技术的进步发生了大幅变化,从劳动力密集型和资本密集型转变为技术密集型,如从钢铁、煤炭和电力行业（详见"莫内计划"）转变为电子、化工和航空行业（详见"第五计划"和"第六计划"）为主导产业。一方面,传统工业（如,纺织、煤炭和冶金业）虽在衰退,但经过重建变得更加专业化,例如,北部的煤炭业、香槟—阿登地区的铸造业。这一转变同时伴随着城市中大生产的扩张,如乡村工人和手工艺者等从乡村地区外迁,乡村地区的传统中小型企业在逐渐消失等。另一方面,技术进步促进了机械、电气和电子以及汽车制造业等新兴工业的发展。

在工业发展的同时,法国的服务业也在"光辉 30 年"期间得到了迅猛发展。1962 年至 1975 年,约 75.7% 的新增就业机会来自服务业（Parodi,1981）,尤其是银行和保险业。与此同时,女性的就业比例有所提升。另外,居民收入和消费的普遍增加也促进了服务业部分门类的发展,如保险、旅游,及以教育和医疗为主的非商业服务。

几个世纪以来,法国一直是农业大国。法国大革命后,"小农"经济模式又持续了一百多年。"二战"后,法国政府一直很重视农业和乡村发展问题,因此在"光辉 30 年"期间实施了一系列农业和乡村发展政策。这些政策顺应了当时时代的要求。农业现代化也积极地推动了法国城市化的有序发展。

从 1945 年至 20 世纪 50 年代后期,法国开始大力推广农业机械化（详见"莫内计划",1947—1952 年）,并加强农村基础设施建设（如水电交通等设施）。农业生产率因此得以提高,保证了农产品的供给并使得大量乡村剩余劳动力转移到其他领域（尤其是工业领域）。自 20 世纪 60 年代中期起,农业和乡村问题出现许多新的情况,如农业从业人口骤减,人口老龄化问题加重,对农业生产需求多样化,以及乡村旅游业兴起,等等。乡村政策的关注重心逐步从农业转移到了乡村经济和社会领域的振兴及环境保护方面。乡村基础设施改造的目标则从最初的提供基本设施转变为改善乡村生活条件,例如住房条件、教育和医疗设施,以及保护乡村文化和发展旅游等方面。农产品加工业和旅游业已逐步成为乡村地区新的高附加值产业(表2-5),乡村地区则日益成为适宜消费、休闲和居住的好地方,吸引了越来越多不同职业的城市居民(表2-6)。

表2-5 法国农业和食用农产品业产值的变化 （单位:十亿法郎）

|  | 1960 | 1970 | 1975 | 1980 |
|---|---|---|---|---|
| 农业产值 | 36 | 47 | 68 | 100 |
| 农产品加工业产值 | 13 | 32 | 61 | 112 |

资料来源:法国农业部统计办公室,1980。

表2-6 法国乡村地区的人口变化(%)

| 职 业 | 1962 | 1968 | 1975 | 1982 |
|---|---|---|---|---|
| 农民 | 37.9 | 36.1 | 27.6 | 21.2 |
| 农业劳动者 | 9.4 | 7.7 | 5.2 | 3.5 |
| 工商业企业家 | 12.4 | 12.1 | 11.7 | 11.6 |
| 自由职业者和高层管理者 | 1.5 | 1.8 | 3.6 | 5.5 |
| 中层管理者 | 3.5 | 4.3 | 6.9 | 10.3 |
| 雇员 | 3.4 | 4.0 | 5.9 | 5.7 |
| 工人 | 28.6 | 30.7 | 35.4 | 38.4 |
| 服务人员 | 1.4 | 1.5 | 1.8 | 1.7 |
| 其他 | 1.9 | 1.8 | 1.9 | 2.1 |

资料来源:SEGESA,1982。

值得注意的是,法国大革命后的很长一段时间里,法国乡村地区土地的生产经营零星分散,大部分小型家庭农场面积不足20公顷。在"光辉30年"期间,尤其在1960年法国颁布了《农业指导法》和1962年颁布《农业指导法补充法》以后,政府采取了一系列政策,鼓励老年农民退出农业生产经营岗位,让位给年轻人和专业人员；推进农业土地集中，扶持农业生产合作组织和农业服务体系，完善农业补贴政策等。如表 2-7 所示，50 公顷以下农场的比例从 1955 年的 79.3％下降到 1970 年的 66.2％。农业生产规模的扩大，生产者素质的提高及经营模式和服务体系的完善，使农业生产率得到提高，保证了快速城市化时期的农产品供给和经济社会的稳定发展。

表 2-7　法国农场面积情况　　　　　　　　　（单位：千）

| 农场面积 | 1955 | 1963 | 1967 | 1970 |
|---|---|---|---|---|
| 5 公顷以下 | 800 | 549 | 447 | 422 |
| 5～20 公顷 | 1013 | 849 | 724 | 606 |
| 20～50 公顷 | 377 | 394 | 399 | 394 |
| 50～100 公顷 | 75 | 85 | 92 | 101 |
| 100 公顷以上 | 20 | 23 | 26 | 30 |
| 总计 | 2285 | 1900 | 1688 | 1553 |

资料来源：Duby 和 Wallon，1976。

# 第二节　社会与政治的变化

## 一、社会背景的变化

"二战"后(尤其是 1955 年后)，法国出现了大规模的城市化、"婴儿潮"和人口迁移现象。另外，1955 年到 1960 年，除了大量乡村人口进入城市外，每年还约有 15.5 万外来移民涌入法国(Charpentier & Lebrun，1987)。人口大量涌入城市导致居民对公共服务设施(如医院、住房、学校等)的巨大需求。从 1954 年起，为了满足人们对住房的迫切需求，法国政府在一些城市的新兴地区集中新建了许多具备现代生活设施和郊区特色的标准住宅区(尤其是公共住房)。当时建设的代表形式为包括不少于 500 套住房的大型集中住宅区，被称为大型集居区(grands ensembles)。但随着人们要求、政府力量的变化，以及一些社会问题的出现，集中住宅的建设量逐渐减少，并向中、小规模发展。

大规模的城市建设和大量涌入的人口也给城市及其周边地区带来了拥堵、污染、社会隔离等严重的城市问题,其中以巴黎为首的大城市所受到的影响尤其严重。同时,收入的增加使法国人对居住条件的要求变得更高,他们开始关注居住环境,渴望亲近自然等。从20世纪60年代后期起,中小型城市和乡村地区的回迁人口逐渐增加,出现了"逆城市化"现象。

经济的增长也影响了人口阶层的变化。"福特式"的大规模生产和第三产业的发展改善了人们的生活条件,"中产阶级"的人数快速增加;然而,在新兴中产阶级(如科技工作者、中高层管理者等)的人数增加的同时,传统中产阶级(如商人)的人数却有所减少(表2-8)。此外,大量女性在这一时期进入了就业市场,尤其是进入了服务行业。

表2-8　法国不同时期不同职业就业人口的变化(%)

| | 年变化率 | | | 结构 | |
|---|---|---|---|---|---|
| | 1954—1962 | 1962—1968 | 1968—1975 | 1954 | 1975 |
| 农民 | −3.3 | −3.5 | −5.6 | 20.7 | 7.6 |
| 农业雇工 | −4.2 | −5.6 | −6.1 | 6.0 | 1.7 |
| 工商业雇主 | −1.5 | −0.7 | −1.9 | 12.0 | 7.8 |
| 自由职业者和高层管理者 | +4.1 | +4.5 | +5.6 | 2.9 | 6.7 |
| 中层管理者 | +3.8 | +4.9 | +4.7 | 5.8 | 12.7 |
| 雇员 | +1.9 | +3.8 | +3.6 | 10.8 | 17.7 |
| 工人 | +1.1 | +1.5 | +0.9 | 33.8 | 37.7 |
| 服务人员 | +0.4 | +1.8 | +0.9 | 5.3 | 5.7 |
| 其他 | +1.2 | −1.2 | −0.1 | 2.7 | 2.4 |

资料来源:法国国家统计与经济研究所(INSEE),1962,1968,1975。

随着居民收入的增加和中产阶级人口的增多,法国社会进入了一个"大消费"时期。人们对汽车、电子设备等消费品的需求大增(表2-9),某种程度上又促使生产结构进一步调整,也使民众对生活水平有了更高的要求。比如,居民开始要求更多休假(平均年度休假天数从1956年的3周增加到1969年的4周),并且希望在乡村地区或风景区拥有第二套住房,等等。同时,人们也开始有了更多的政治诉求。

表 2-9　法国家庭汽车、电视、冰箱和洗衣机的拥有率(%)

|  | **1953** | **1972** |
|---|---|---|
| 汽　车 | 21.0 | 61.1 |
| 电　视 | 6.1 | 77.5 |
| 冰　箱 | 17.4 | 85.2 |
| 洗衣机 | 17.6 | 63.8 |

资料来源：法国国家统计与经济研究所(INSEE),1974。

## 二、政治背景的变化

法国在"光辉 30 年"期间主要经历了两个重大的政治变革。

1. 国家政体的改变

"光辉 30 年"期间,法国经历了从第四共和国(1946—1958 年)到第五共和国(1958 年至今)的转变。第四共和国实行典型的议会制体制:国民议会是最高权力机关,掌握立法权、组建和解散内阁的权力等,而参议院和总统的权力则相对有限。这样的政体导致了党派纷争和频繁的政府更迭,不能确保政策的稳定制定和实施。最终,在国内外多重压力(如阿尔及利亚战争)下,第四共和国解体,被1958 年成立的由戴高乐领导的法兰西第五共和国所取代。与第四共和国相比,第五共和国削弱了议会的权力,加强了总统的权力,共和国总统成为国家元首和军队统帅。整体来看,尽管法国经历了 1968 年的五月风暴和 1969 年戴高乐政府的倒台,但第五共和国的政体保证了"光辉 30 年"期间政府的稳定和领土整治的顺利实施。这段时间(尤其是 1958 年到石油危机期间)可以说是法国领土整治制定和实施的黄金时期。

2. 中央政府和地方政府关系的转变

20 世纪 60 年代以前的法国传统行政体系分为三级：国家(Etat)、省(department)和市镇(commune)。在很长一段时间内,省是中央政府管辖地方行政的唯一行政等级,也是管理市镇的主要行政单位。从 50 年代开始,为了促进地方发展,法国开始调整地方行政体系。在 60 年代,法国制订了 22 个"区域发展计划",确立"大区"为新的行政区划单位。但是,当时的"大区"还不是一个法律意义上的地方行政等级。70 年代,法国进入了"财政紧缩"时期。国家直接投资的大幅减少严重影响了中央政府在公共政策上的调控能力,迫使中央政府重新思考其与地方政府的关系。根据 1972 年 7 月 5 日颁布的相关法律,各个大区开始建立与国家政府平行的大区议会(le conseil regional)。1982 年法国的《权力下放法案》颁布后,大区的行政地位最终在法律层面得到确立,大区议会的议员可以通过直接选举产生,大区也成为一级决策和管理机构。

实际上,法国政府从 20 世纪 60 年代就已经开始加强地方的主动权,并在交通运输设施以及协议开发区(Zone d'aménagement concerté, ZAC)等领域加强与地方政府和私营投资的合作。在第五个计划(1969—1974 年)期间,国家政府尝试通过签约的方式进一步加强与地方政府的合作,这在 70 年代后的领土整治内容中也有所体现,如"中等城市合约"。

# 第三节　发展不均衡的背景

## 一、巴黎与法国其他地区

巴黎长期以来都是法国的政治、经济和文化中心。这一绝对的中心地位经久不衰,"二战"结束之后巴黎的中心地位得到了进一步强化。

首先,巴黎迎来了新一轮人口迁移潮,大批来自外国和外省的人群涌入巴黎。1954—1962 年,巴黎的人口增长了 15%,而与之相比,法国全国人口的增长幅度则只有 8%(MacLennan,1965)。更重要的是,巴黎人口的增长不仅反映在"数量"上,还体现在"质量"上。据法国国家统计与经济研究所的统计,20 世纪 60 年代初,巴黎的人口中有近 40% 拥有中学及以上学历(Monod & De Castelbajac,2010),工程师、学者和熟练工的数量约占全国的一半。除此之外,巴黎与外省居民的生活条件也相差极大。1962 年,巴黎的平均年薪为 12452 法郎,而当时法国全国的平均年薪仅为 9466 法郎。1964 年,巴黎居民所拥有的私家车数量占全国的 22%,电话数量则占到全国的 39%(regionalisation du budget,1966)。

其次,巴黎的绝对中心地位不仅体现在人口的优势上,还表现在经济的优势上。经济过度集中首先体现在产业(尤其是先进制造业)的分布方面。例如,约 60% 的汽车和航天公司以及近 50% 的机械和制药公司都集中在巴黎。1955 年法国年营业额超过 1 千万法郎的国有企业有 55% 分布在巴黎(Charpentier 和

Lebrun,1987),1958 年世界 500 强企业中的法国企业有 75％将总部设在巴黎。1960 年,巴黎为法国贡献了 48％的直接生产税和 40％的间接生产税(Institute d'amenagement et d'urbanisme de la region ile-de-France,2001)。此外,法国的交通和通信网络的"中心放射状"布局也反映出巴黎的中心地位——这一切都显示了一种两极化的结构。

许多人说,巴黎在一定程度上剥夺了其他地区的发展机会,获得比其他地区更多的国家投资。例如,1964 年,国家向巴黎地区投入了 24.6％的教育拨款、31.0％的医疗和福利拨款、38.9％的特殊教育拨款,以及 55.5％的文化建设拨款(regionalisation du budget,1964)。巴黎与外省的这种不均衡状况因此成为法国学者和社会各界批评的对象。

**二、东部地区与西部地区**

19 世纪(工业革命)以来,整个法国被"勒阿弗尔—马赛线(Le Havre-Marseille)"一分为二,形成了东、西部差异显著的经济地理格局。东部地区[包括上诺曼底(Haute-Normandie)、庇卡底(Picardie)、北部—加来海峡(Nord-pas-Calais)、罗讷—阿尔卑斯(Rhone-Alpes)、勃艮第(Bourgogne)、弗朗什—孔泰(Franche-Comté)、普罗旺斯—阿尔卑斯—蓝色海岸(Provence-Alpes-cote d'Azur)、香槟—阿登(Champagne-Ardennes)、阿尔萨斯(Alsace)、洛林(Lorraine)]是法国主要的工业化地区。西部地区[包括下诺曼底(Basse-Normandie)、布列塔尼(Bretagne)、卢瓦尔(Loire)、中央地区(Centre)、利穆赞(Limousin)、普瓦图—夏朗德(Poitou-Charentes)、阿基坦(Aquitaine)、朗格多克(Languedoc)、比利牛斯大区(Pyrenees)]则属于传统的农业地区,即 Jean-Francois Gravier 在其著作中所提到的"法国沙漠"。

第二次世界大战结束初期,法国东西部的差距仍然十分明显。在"光辉 30 年"的第一个阶段,东部地区以工业为主,工业就业人数众多。同时东部地区交通运输网络密集,拥有若干个重要的城市(例如巴黎、马赛、里昂、里尔)、港口、工业区(巴黎、北部—加来海峡、洛林和罗讷—阿尔卑斯)以及一些矿区。相反,西部地区的城市化程度则相对较低,不仅农业人口所占比重较大、工业欠发达、交通运输网络稀疏,而且缺少国家级的大都市。从表 2-10、2-11 中可以看出,法国东、西部地区在经济总量、产业和就业结构、工业生产率等指标上差异显著。

表 2 - 10    1954 年法国东部地区和西部地区的产业结构

|  | 农业 | 工业、建筑业和公共工程 | 服务业 |
|---|---|---|---|
| 西部地区 | 44.3 | 23.7 | 32.0 |
| 东部地区(不包括巴黎大区) | 21.4 | 42.2 | 36.4 |
| 东部地区(包括巴黎大区) | 15.6 | 42.8 | 41.6 |
| 法国 | 26.8 | 35.3 | 37.9 |
| 法国(不包括巴黎大区) | 34.0 | 32.5 | 33.5 |

注:表格中的东部地区和西部地区并未将法国所有大区包含在内,仅供参考。
资料来源:Labrousee & Braudel,1990。

表 2 - 11    法国东部和西部地区基本指标比较                (单位:千)

|  | 人口 (1954) | 劳动力指数 (1946—1948) | 产值 (1951) | 收入 (1951) |
|---|---|---|---|---|
| 西部地区 | 388.0 | 267.1 | 299.1 | 318.7 |
| 东部地区(不包括巴黎大区) | 435.2 | 451.5 | 450.6 | 424.9 |
| 东部地区(包括巴黎大区) | 606.2 | 729.6 | 699.0 | 678.8 |

注:表格中的东部地区和西部地区并未将法国所有大区包含在内,仅供参考。
资料来源:Labrousee & Braudel,1990。

　　法国国家统计与经济研究所在 1951—1958 年进行的一项研究表明,法国西南部六个大区的人均收入仅为巴黎大区的一半,与一些东部大区(例如北部—加来海峡、罗讷—阿尔卑斯、洛林和上诺曼底)相比,也只达到其水平的 70%。上索恩省(Haute-Saone)、上阿尔卑斯省(Haute Alpes)、涅夫勒省(Nievre)、瓦尔省(Var)和约讷省(Yonne)等最欠发达的省份全部分布在法国西部。

　　此外,从其他一些指标也可以看出东西部发展的不均衡,例如商品(汽车、电视、冰箱等)拥有率、教育资源分配和"二战"后新住房的建设情况等。另外,法国西部还集中了大部分基础设施比较落后的地区,如布列塔尼大区、中央高原地区。经过法国"光辉 30 年"一系列领土整治措施的实施,法国地区间发展不均衡的状况得到了较大幅度的改善。

# 第四节　法国的城市化进程

　　长期以来，法国在城市化进程上落后于英国和德国。直到"二战"结束时，法国仍有近一半的人口是乡村人口，近三分之一的劳动力仍在从事农业活动。战后法国得到"马歇尔计划"的援助，在内需和外需的推动下，大量乡村劳动力开始向城市迁移。1954 年到 1968 年期间，共有 434 万名农民离开乡村，其中 37.5％是 20 岁至 34 岁的青年（Gégot，1989）。这一时期，乡村人口主要的迁移流向是：巴黎、其他大城市和东部工业区。

　　与其他西欧国家相比，法国在"二战"前乡城人口迁移的规模相对较小，且持续时间较长。"二战"后，随着工业化和农业现代化进程的加快，城市化也进入快速发展阶段。1950 年，法国的城市化水平为 55.4％，1975 年达到 72.9％（表 2-12）。法国的快速城市化阶段在 70 年代基本结束，进入了稳定发展的新阶段。

表 2-12　法国城市/农村人口演变　　　　　　　（单位：千万）

|  | 1950 | 1954 | 1962 | 1968 | 1975 |
|---|---|---|---|---|---|
| 总人口 | 41740 | 42705 | 46425 | 49712 | 52592 |
| 城市人口 | 23124 | 24456 | 29370 | 34834 | 38351 |
| 农村人口 | 18616 | 18249 | 17055 | 14878 | 14241 |
| 城市化率（％） | 55.4 | 57.3 | 63.2 | 70.1 | 72.9 |

　　资料来源：法国国家统计与经济研究所（INSEE），法国国家人口研究所，1975。

# 第三章 法国"光辉 30 年"期间
领土整治及演变

## 第一节 问题与规划目标

法国的领土整治一直贯穿着"均衡发展"的理念,特别是在"光辉 30 年"期间。实际上,法国"不均衡"发展的现象存在已久,主要反映在三个方面:(1) 巴黎与外省之间的发展不均衡;(2) 发达地区与落后地区之间(尤其是东部地区和西部地区之间)的发展不均衡;(3) 乡村和城市之间的发展不均衡。这些不均衡现象导致了许多问题,影响了法国的发展,包括经济发展、基础设施建设、社会福利及人口迁移等多个方面。

"巴黎大区发展过于集中"的状况很久以前已在法国引起过关注。在 Balzac(19 世纪 30 年代)笔下,巴黎经常被描述成既是令人向往的文化和权力中心,又是一个给其他地区("外省")带来威胁的地方。第一次世界大战后,学界和政界的一些专家、官员开始就如何缩小不同地区之间(尤其是巴黎与其他大区之间)的发展差距展开争论,并进行了一些初步尝试,比如 1919—1924 年的城市扩展和美化行动,1934 年的巴黎地区规划(也称普鲁斯特计划)等。然而,当时他们更为关心的是巴黎与其他大区之间的发展差距,并且只关注经济和人口方面的不均衡问题。

法国在"光辉 30 年"期间首次实施了领土整治措施,这与 Jean-Francois Gravier 在"二战"后(1947 年)所著的《巴黎和法国沙漠》(*Paris et le desert Français*)一书有着密切关系,书中提出了"不均衡"的概念。这本书不仅采用了地理学视角,还运用大量文字阐述了"不均衡"的状态。书中写道:"如果城市继续扩张,巴黎继续大规模占用法国的资源,那么无论做何努力都将于事无补。"该书是在法国战后重建与城市规划部(1949 年在该部下又设立了一个领土整治部门)成立四个月后出版的,作者认为法国的不均衡发展状况不应继续扩大,并被视为是对莫内计划的否定。这一观点随后得到了法国政府和社会各界的关注。1950年,法国政府公布了首个"国家规划"。

　　法国战后重建与城市规划部部长 Claudius Petit 认为,法国除了促进经济的全面增长外,还要对工业建设和就业进行优化配置。1955 年,孟戴斯-弗朗斯政府颁布法令,推出了"区域行动规划"。这个规划有两个明确目标:"目标一:停止重点发展大城市中心,要在资源开发不足及有可能变成'沙漠'的地区开发生产生活资源。目标二:消除经济活动过度集中在特定区域的现象,转而着力开发人力资源和自然资源未得到充分利用的地区。"

　　"二战"后,世界上很多国家都面临着迫切发展的需求以及区域均衡发展的问题。自"二战"结束至 1970 年代,领土整治通常都带有公共干预的印记,这在当时被认为是区域发展重要而又必要的推动力。法国政府在"光辉 30 年"期间,依照均衡发展的指导思想,制定了一大批领土整治项目,这些项目的实施推进了落后地区的发展,而区域间资源的重新分配也促进了法国更加强劲而有效的发展。这一时期被认为是法国领土整治的黄金时期。图 3-1 展示了 20 世纪 50 年代至 60 年代的主要领土整治项目。包括成立区域规划公司,建立乡村更新区,平衡型大都市等。其中,1966 年法国实施了一系列领土整治项目,具体包含:(1)巴黎大区规划:巴黎大区的规划范围拓展至巴黎盆地;(2)工业转型区:洛里昂—埃内邦(Lorient-Hennebont),圣艾蒂安市(Saint-Etienne)和一些工业区(诺尔和洛林大区);(3)平衡型大都市:在图卢兹设置航空航天综合设施,以及法国国家高等航空航天学校的分散化布局;沿海地区的旅游规划:阿基坦大区下的朗德省(Landes)和郎格多克—鲁西永大区;在港口城市福斯(Fos)建造工业港口综合设施;建造瓦努瓦兹国家公园(Vanoise),等等。

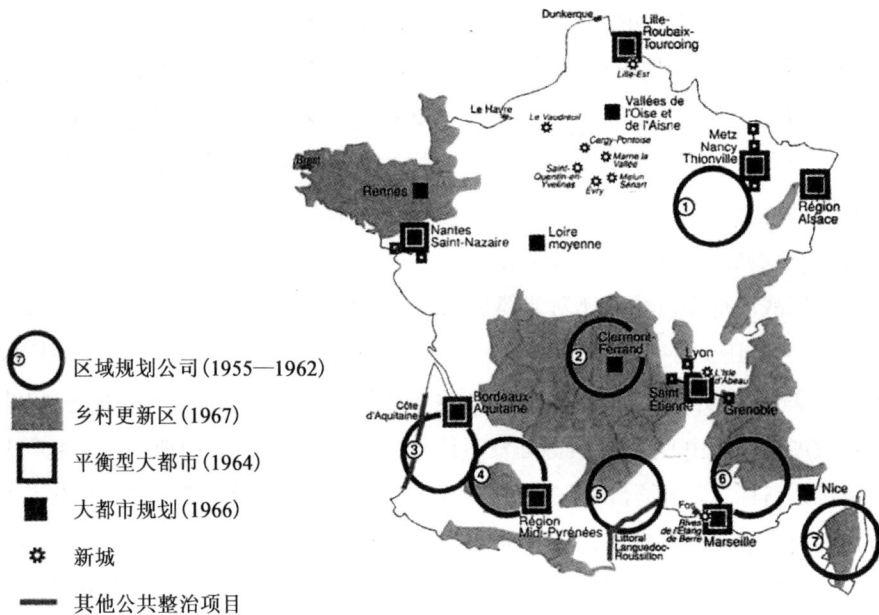

图3-1　法国1950—1960年代的领土整治主要项目
资料来源:法国空间规划暨区域行动署(DATAR),1988。

# 第二节　几个标志性事件

在"光辉30年"期间,有几个标志性的事件反映并影响了法国领土整治的实施
进程:(1)《巴黎和法国沙漠》的出版;(2) 首个国家规划的发布(国家领土整治规
划,1950年);法国空间规划暨区域行动署的建立(1963年);(3)"不可接受图景"的
发布(1971年)以及空间规划暨区域行动署工作方向的转变(1975年),等等。

■《巴黎和法国沙漠》出版:这本书出版于"二战"后初期。在那一时期,法国
面临着重建和快速城市化的双重压力。随着大批移民从欠发达的偏远地区向经
济发达且人口稠密的地区(尤其是巴黎大区)迁移,情况开始变得越发严峻。与
"莫内计划"(1948—1952年)不同,该书从地理学的视角切入,并引发了政府的思
考。此外,根据作者提出的界定,领土整治的实施应围绕着均衡发展的理念,具体
包括三个方面:为各区域发展提供帮助;协调各部门行动(行政管理及工业的分散

化);建立区域组织。总之,这本书对法国领土整治产生了较大影响。

■ **首个国家规划发布(1950 年)**:1950 年,首个国家规划发布,该工作由时任战后重建与城市规划部部长的 Claudius Petit [1] 负责。规划中首次提出了"平衡经济活动和自然保护"的理念,其中包括四个主要目标:推动工业分散化,推进农业创新,改善旅游设施建设和促进文化资源的分散化。尽管该计划更像是一个远景预期,缺乏实际可操作性,但它确实推动了几个项目的开展,比如"控制城市集中化和过度发展的趋势(尤其是巴黎大区)","推动其他区域(尤其是西部地区)的设施布局和建设","为领土整治提供资金"以及"创立领土整治部际组织"。

■ **法国空间规划暨区域行动署的建立(1963 年)**:自 20 世纪 60 年代起,法国政府已逐步接受了"区域均衡"的理念。当时法国面临两个必要且紧急的任务:对整个领土进行"均衡"规划,并制定"巴黎大区"发展规划。领土整治的内容非常广泛,涉及多个政府部门,因此需要组建部际组织,负责推动、激励和协调相关工作。此外,法国空间规划暨区域行动署有两个基本职责:负责制定中长期区域规划;在各部委间进行协调,确保在领土整治实施过程中酌情调整决策。第五共和国于1958 年建立后,法国中央政府的权力得到强化。法国总理直接负责该组织的创建,确保并提升了在此期间法国领土整治行动的效率。

■ **发布"不可接受图景"(1971 年)**:这是首个回顾过去 20 年间领土整治的文件。该文件系统分析了法国社会和领土的未来图景,并指出了当时仍存在的三个主要问题:贫富不均、城乡发展不均衡,以及巴黎大区过度发展。根据预测,这份文件对三个不同时期的发展图景(1970—1975 年、1980—1985 年和 1990—2000 年)(图 3 - 2)得出了负面的结论。如果任其发展,最终都将导致法国各地区发展的不均衡。因此,这一图景是"不可接受的"。由此政府制定了一系列公共政策,旨在避免出现这种发展趋势。这一文件出现的背景是,法国经过一个快速发展阶段后,人们开始有了新的社会、政治诉求。在快速发展阶段,经济和社会发展迅速:城镇社会和服务部门开始占据主导地位;新的社会矛盾出现(如工会和雇员之间、国有公司和中小型私有企业之间以及体力劳动者和脑力劳动者之间的矛盾);贫富差距扩大;人们开始有新的需求(如积极参政、追求更好的生活条件等)。各种矛盾导致了1968 年危机的爆发,迫使戴高乐将军于 1969 年辞职并导致了随后的政治分权行动。

---

[1] 他于 1948 年至 1952 年担任法国战后重建与城市规划部部长。

空间格局变化的初始阶段(1970—1975年)　　　极化区的形成(1980—1985年)

极化区的形成(1990—2000年)

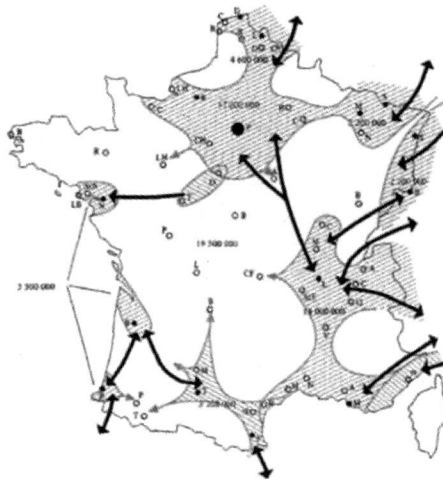

图 3-2　"不可接受图景"示意图

资料来源：Alvergne 和 Musso,2009

■ 法国空间规划暨区域行动署工作方向转变(1975年)：法国空间规划暨区域行动署工作方向的转变伴随着时代背景的变化(如"光辉 30 年"结束、政治分权、国际经济危机和工业衰落等)。"危机时期，国家应把领土整治作为一项经济和社会发展政策(Chirac,1975)。"相对于以"数量"为目标的发展，"质量"成为新阶段关注的焦点。此次转变共包含五个方面的内容：西部、西南部以及中央高原成为工业的优先发展区域；在服务部门中进一步加强政治分权，特别是行政管理的分散化；城市方面的重点是减缓大城市群的人口增长，加强各类城市之间的联系；而对于乡村地区，重点则在于稳定乡村人口，特别是青年人口；关于设施建设，当务之急是加强国内外与西部、中西部以及中央高原的联系（Alvergne & Musso，2003）。

# 第三节　主要阶段和特点

"光辉 30 年"期间，法国领土整治的发展阶段有几种不同的划分方式。若按照政治体制演变来划分，这一时期可分为三个阶段：重建阶段（1945—1958 年，法兰西第四共和国）、快速发展阶段（1958—1972 年，法兰西第五共和国）和尾声阶段（1972 年及以后）。其中，在尾声阶段，政治分权得以实现（最早于 1972 年发生在布列塔尼大区），"凯恩斯主义"政策终结。当然，我们也可以根据领土整治的内容和建设目的来划分。一些学者还根据法国空间规划暨区域行动署的成立时间（1963 年）（Philipponneau，2002）或依据地方政治分权的发展过程（1964 年的区域发展计划，1972 年的地方政府法和 1982 年的权力分散化法案）来划分不同阶段。此外，还有从经济角度进行的划分：重建阶段，"福特主义"阶段，石油危机阶段，然后是缓慢增长阶段，直至转向后工业时代的弹性生产阶段。

"二战"后国家规划的演变也体现了此种转变。第一个国家规划（1946—1952 年）和第二个国家规划（1952—1957 年）还没有对区域问题做重点关注（Maclennan，1965），但是第二个国家规划已提到了"要采用一些必要手段，使每个地区的经济都能够依靠其劳动所得自食其力"。第三个国家规划（1958—1961 年）则首次纳入了讨论区域问题的章节，主要涉及巴黎大区的经济活动过度集中的问题。第四个国家规划（1962—1965 年）进一步讨论了该问题并将其作为核心事项，这一规划有两个基本目标，即避免巴黎大区过于集中化，并促进关键区域的发展（如，通过设备补贴、税收优惠和其他方法吸引工业企业落户）。第四个国家规划的实施呼应了 1960 年"法国被划分为 22 个大区"的行动。因此，这一阶段不同大区的经济和社会发展规划是在国家规划的框架下制定的。第四个国家规划

是法国区域发展史上的转折点(Hackett,1963)。与第四个国家规划相比,第五个
国家规划(1966—1970年)提出了促进区域发展的"增长极战略",该战略包括"平
衡型大都市政策"和"新城政策",目的是实现巴黎大区以及巴黎盆地的发展,并在
外省发展新的大城市和增长极。第六个国家规划(1971—1975年)则提到了领土
整治中的生活质量状况,并提出要注重教育和研究,反映了经济和社会背景的
转变。

## 一、"光辉30年"的前期和中期

在"光辉30年"的前期和中期,法国迫切需要从传统农业国转变为现代化工
业国。当时法国政府已经注意到各地区发展不均衡的问题(特别是巴黎大区与其
他大区、东部与西部地区、乡村与城市之间的不均衡)以及领土整治的重要性。在
这一时期,法国政府通过以下三种主要方式对空间布局进行干预。

■ 区域生产力布局:工业发展期间,法国主要通过税收优惠和发放补贴的方
式来干预空间布局。其中首先关注的是巴黎地区的"去工业化",随后将全国划分
为不同的补贴等级,重点对在薄弱地区发展的企业给予扶持,并以此为依据对工
业企业重新进行地域安排。当时,国家的扶持符合"企业扩张"与"福特式生产"的
需求。

■ 城镇体系布局:受François Perroux 1955年提出的"增长极理论"的影响,
法国政府在大区首府城市中选出八个城市(即"平衡型大都市")来重点规划,以均
衡巴黎地区的影响。这些城市连同周边城市形成了一些城市群。

■ 乡村地区的发展和保护:在法国农业现代化和农村土地整理进程向前推
进的同时,政府从60年代开始把原先一些发展薄弱的乡村地区划分为"国家公
园"、"区域公园"、"乡村更新区"、"山区经济区"等,并制定了相应的措施。前两个
地区重点关注环境保护,而后两个地区则针对发展较落后的乡村地区,主要支持
经济发展和基础设施建设等方面。

## 二、"光辉30年"的后期

经过了十多年经济和社会的快速发展,在"光辉30年"的后期,法国经济结构
开始转型,传统工业出现衰退态势。人们变得更加富裕,对生活品质提出了更高
的要求。这个时期,法国的领土整治包括以下三个主要方面:

■ 区域生产力布局:随着法国总体经济结构的变化,法国政府的空间布局规
划开始由引导大规模工业布局方向演变为引导服务业、教育/研究机构的转移和

均衡化布局的方向。规划工作主要集中在"平衡型大都市"和其他大城市。

■ **城镇体系布局**:除大城市外,法国政府开始重点发展中小型城市。同时,伴随着政治体制的改革,国家对区域的干预逐步减弱,地方权力得以增强。国家的直接干预转而由与地方政府"签约"的形式代替。此时,领土整治的内容已不仅仅局限于经济发展领域,与"生活质量"相关的因素在此时成为实施的重要内容。

■ **法律法规引导空间布局**:城市和乡村地区(尤其是乡村地区)的空间布局规划变得比以前更为严格,这一工作由"整治和城市规划指导方案(SDAU)"或"土地占用计划(POS)"指导实施。另外,"乡村规划(PAR)"的内容与先前相比,内容更加全面,涉及的地区更加广泛。

在"光辉30年"期间,法国重点发展的区域在不断演变:60年代初优先考虑巴黎盆地的发展;60年代中期开始关注区域级大城市的发展;60年代后期和70年代开始强调"大西部"的重新建设;70年代则集中发展"中央高原"、中等城市和小城市。

### 三、主要趋势

总体来说,"光辉30年"期间法国领土整治演变的主要趋势符合经济社会和城市化发展的普遍规律,可以概括为以下几条:

■ 关注点逐步从注重经济发展转变为更加注重生活条件和环境保护;从"重数量"的经济发展到对生活质量的重视。

■ 关注点从工业生产力的分散布局转向关注服务业生产以及教育和研究机构的分散布局。

■ 从强调"平衡型大都市"的发展转向更为关注新城、中小城市的发展;从关注可均衡巴黎大区影响力的区域级大城市转向关注整个城镇体系。

■ 从关注城市发展到更为关注乡村和山区等偏远薄弱地区。

## 第四节 领土整治措施列表

表3-1、表3-2列出了"光辉30年"期间的主要领土整治措施和相关机构,可以反映法国领土整治思想和时代背景的演变历程。

表 3-1    法国"光辉 30 年"期间的主要领土整治措施

| 名　　　称 | 年份 | 内　　　容 |
|---|---|---|
| 法国第一部国家规划(国家领土整治规划,由战后重建与城市规划部部长 Claudius Petit 负责) | 1950 | 该规划由法国部长理事会于 1952 年 2 月提出,"国家领土整治规划"为法国后来几十年的规划及政策提供了指导方向。<br>规划主要包括四个方面:工业分散化、农业现代化、小城市的旅游设施建设,以及文化设施的分散化。 |
| 巴黎大区许可程序 | 1955 | 目的是控制巴黎大区的工业建设和扩张。 |
| 设备特别补贴 | 1955 | 由法国经济社会发展基金(由法国财政部提供支持的委员会)批准,用于在欠发达地区建设或重修设施,以吸引新企业入驻。这项补贴后来成为工业发展补贴和工业改造补贴。<br>超过 20% 的投资用于 30 个"关键区"的工业分散化行动。 |
| 转型区(关键区) | 1956 | 转型区指工业发展欠佳而无法吸引劳动力的地区,主要为一些传统工业区,如煤炭业、纺织工业等。 |
| 项目实施大区 | 1956 | 1956 年 10 月 28 日法国政府颁布法令,设立 22 个项目实施大区。 |
| 大区发展规划 | 1957 | 1957 年 8 月 7 日颁布的法案提出大区发展规划,目的是促进人口及各种活动的协调布局。<br>这些项目包括布列塔尼大区经济发展规划(1968年),洛林大区和北部加来海峡地区的工业转型项目(1968 年),以及科西嘉岛规划(1971 年)。 |
| 服务业许可政策 | 1958 | 目的是实现巴黎大区的服务业分散化。 |
| 土地整治和乡村部署公司框架法 | 1960 | 在农业指导法(1960 年)的基础上设立,创建了一批半国营的区域/乡村规划公司(土地整治和农村部署公司),初期目的是促进农业生产,后期以维护土地的可持续性,保持农业空间在经济、社会和环境方面的均衡发展为目标。该框架法在土地整合的过程中发挥了主要作用。 |
| 国家公园 | 1963 | 国家公园:以保护自然空间为主要目的。 |
| 区域公园 | 1966 | 区域公园:在保护自然空间的同时保持乡村生活和居民休闲之间的平衡。 |
| 工业发展补贴 | 1964 | 通过税收优惠和发放补贴的方式干预法国工业的空间安排,划分工业补贴等级。 |
| 工业改造补贴 | 1964 | 与工业发展补贴类似,主要针对传统工业区,如北部—加来海峡大区的煤炭区,洛林大区的铁矿区和孚日、阿尔萨斯的纺织区。 |

续 表

| 名 称 | 年份 | 内 容 |
|---|---|---|
| 平衡型大都市规划 | 1964 | 选取八个平衡型大都市(1970 年选取了其他类似城市)以均衡巴黎大区的影响。"平衡"指的不仅仅是这八个大都市之间的平衡,还包括全国范围内的均衡发展。<br>该规划有两个基本作用:(1) 接纳从巴黎地区迁移来的高校、科研院所和大型企业。(2) 自身发展成为区域经济和文化中心,推动区域整体发展。<br>规划包括四个主要内容:(1) 交通设施,具有投资公路、铁路、机场和港口的优先权;(2) 城市建设,主要是城市中心的改建,住房和公共交通的建设;(3) 工业方面,推动工业发展和产业结构调整;(4) 服务业分散化。 |
| 大巴黎地区规划(整治和城市规划指导方案) | 1965 | 该规划首次提出在巴黎大区建设新城的概念。 |
| 新城规划 | 1965 | 在巴黎大区及外省一些大城市周边(如里昂、里尔)建立新城,以解决城郊就业少、服务业发展不充分以及交通设施欠缺的问题,并控制城市的无序扩张。 |
| 福斯港港口产业规划 | 1966 | 针对福斯港工业区和港口区制定的发展规划,目的是完成马赛港的设施建设,供现代化作业和新型海上交通使用,并在中长期弥补法国东南部工业化的缺陷(DATAR,1970)。 |
| 服务业分散化 | 1967 | 通过给服务业提供补贴的方式来引导该行业的分散化,涉及的服务业主要包括银行业、保险业、教育/科研机构等。 |
| 土地指导法 | 1967 | 根据《土地指导法》制定了"整治和城市规划指导方案"和"土地占用规划"两类规划。<br>整治和城市规划指导方案:在都市区域范畴,确定城乡用地的整体利用方向,包括土地功能、大型基础设施、交通运输和服务设施等方面;维持城市发展、农业生产和自然保护三者之间的平衡。<br>土地占用规划:每一个地方集体的用地规范,划定了城市/城市化地区和自然区域。保护自然区域的目标是保护其农业价值和预防可预见的自然风险。 |
| 乡村更新区 | 1967 | 完善基础设施,以消除社区隔离,维护并优化公共服务和信息服务,加强乡村劳动力培训,促进农业现代化,发展乡村工业及服务业。 |

续　表

| 名　　称 | 年份 | 内　　容 |
|---|---|---|
| 山区经济区 | 1967 | 完善山区基础设施,实现农牧业生产现代化,保护水资源和森林资源,限制非生产性建筑用地,改善山区生活环境(杨芬,1997)。 |
| 乡村整治规划 | 1970 | 以《土地指导法》为导向,是一种地方级别的规划。目的为推动乡村发展和优化地方设施,规划包含以下三个方面的内容(Laborie et al.,1989):<br>(1) 推动社会经济发展:包括农业、林业、手工业、工业、服务业、住房和旅游业;<br>(2) 设施建设:需求与布局;<br>(3) 自然空间保护:具体实施要求以土地占用规划相关规定为准。 |
| 区域发展补贴 | 1972 | 包括先前的工业发展补贴和工业改造补贴。主要涉及两类地区:有区域发展补贴的地区、有大项目补贴的地区。 |
| 中等城市政策 | 1972 | 针对拥有20000～100000居民的城市,旨在推动当地经济发展,提高居民生活质量。<br>政策目标:(1) 吸引农村流动人口,为其提供工作、住房的生活环境,从而避免他们往各区域的首府城市和其他大都市大量迁移;(2) 为周边区域的居民提供必要的经济、社会和文化服务。<br>主要内容:城市美化和城市空间整治(包括对步行街、居民区的改造),主要针对市中心区域和文化/社会/教育服务。 |
| 山区政策 | 1973 | 山区政策源于山区特别补贴的设立。山区特别补贴为山区的社会经济发展划定了区域界限,设立了专门机构并部署详细安排。 |
| 管理部门分散化 | 1973 | 根据1972年7月颁布的法律,一些国家管理部门开始在地方设立办事处,例如区域农业议会(农业部)、区域移民办(就业部)、工业和矿业地区服务处(工业部)等。 |
| 小城市政策 | 1975 | 针对拥有5000～20000人口的小型城市,主要关注这类城市的社会经济发展和环境建设。 |
| 中央高原发展规划 | 1975 | 针对中央高原(以农业为主导且多为山区)的发展制定的规划。主要包括基础设施建设和山区政策。 |

表 3-2 法国"光辉 30 年"期间主要相关机构和基金一览

| 名 称 | 年份 | 工 作 内 容 |
|---|---|---|
| 第一个国土整治领导机构（由战后重建与城市规划部设立） | 1949 | 1949 年,城市规划与居住指导机构正式命名为"国土整治领导机构"。 |
| 全国土地整治基金 | 1950 | 1950 年 8 月 8 日颁布的法令中提出设立全国土地整治基金,其目的在于加大对居住区与工业区的投资。 |
| 领土整治半国营公司 | 1951 | 1951 年设立迪朗斯河领土整治委员会以及下罗讷—朗格多克大区规划委员会,为首个领土整治半国营公司。 |
| 发展与改造基金 | 1953 | 该基金在现代化与设备基金的框架下创建。 |
| 经济社会发展基金 | 1955 | 通过低息贷款的形式来资助就业不足和欠发达地区。设立的主要目的是将区域政策付诸实施(Bye,1957)。 |
| 区域发展公司(6 月 30 日颁布的法令规定) | 1955 | "通过向就业不足和欠发达地区的工业企业投放资金,实现融资合作"的股份公司(Faucheux,1959)。 |
| 分散化委员会 | 1955 | 与区域行动方案的建立相关,在国家规划总署的支持下成立。 |
| 部际领土整治委员会 | 1960 | 该委员会主要关注由总理直接管辖的领土整治问题。 |
| 空间规划暨区域行动署 | 1963 | 空间规划暨区域行动署由总理直接管辖,因此能直接通过部际委员会了解区域活动和领土整治的相关问题。<br>主要作用:(1) 依照国家规划制定实施行动;(2) 负责安排并协调政府在领土整治决策中的各项要素;(3) 确保技术管理部门灵活调整不同领域的工作;(4) 以区域政策目标为导向采取行动(Hansen,1968)。 |
| 土地整治干预基金 | 1963 | 为某些必要活动提供资助,以便较好地实现区域政策的各项目标(De Lanversin,1965)。 |
| 朗格多克-鲁西永海岸领土整治部际委员会 | 1963 | 该行政机构主要通过管理大型基础设施来发展朗格多克—鲁西永海岸地区,计划将其改造成一个现代化的旅游胜地。<br>该机构的职责是管理并规定朗格多克—鲁西永海岸地区规划总项目的相关事宜;确定实施方法;通过国家机关、当地社区以及在国家帮助或监管下运作的公共机构与民间机构来监督该项目的实施。 |

| 名　称 | 年份 | 工 作 内 容 |
|---|---|---|
| 22个经济规划大区活动组织 | 1964 | 即设立一个区域性行政组织(地区经济发展委员会),负责协调国家政策在地方的落实。 |
| 国家领土整治委员会 | 1964 | 1964年,该委员会发布了第一份有关领土整治的报告。 |
| 乡村更新委员会和乡村改造基金 | 1964 | 负责乡村更新政策。 |
| 流域委员会和流域财政机关 | 1965 | 法国将全国水系分成六大流域,每个流域都有相应的流域委员会和流域财政机关。 |
| 巴黎盆地规划事务委员会和都市地区研究组织 | 1966 | 该法国机构负责在一些平衡型大都市(里尔—鲁贝—图尔宽、马赛、里昂、南锡—梅斯和南特—圣纳泽尔)制定发展规划。 |
| 科西嘉岛委员会 | 1966 | 负责有关科西嘉岛的领土整治活动。 |
| 阿基坦海岸规划部际委员会 | 1967 | 根据规划指导实施,负责协调阿基坦海岸区域发展。 |
| 产业转型委员会(北部—加来海峡、洛林以及卢瓦尔大区) | 1967 | 负责洛林和北部—加来海峡大区产业转型项目。 |
| 乡村更新委员会(奥弗涅大区、利穆赞大区、洛特省、山区和西部地区) | 1968 | 负责乡村更新政策。 |
| 沿海区域保护机构 | 1975 | 该公共机构制定了有关保护自然区域、海滨湖滨景观以及海外省沿海地区的土地政策。 |
| 欧洲区域发展基金 | 1975 | 该欧洲结构基金主要通过减少区域间的发展不均衡来加强欧盟各成员间的经济和社会凝聚力。 |

　　根据表3-3,"光辉30年"期间法国领土整治伴随着政治权力下放的进程。法国的政治体制改革始于50年代,在60年代到70年代初期快速推进,特别在戴高乐总统辞职后发展势头更为迅猛。1968年戴高乐总统发表声明指出:"综合改革使法国再度实现了均衡发展。持续了数个世纪的中央集权化管理在较长的一段时间内对于实现和维持国家团结统一是必要的,但是现今开展的区域活动才是推动未来经济发展的良策。"中央政府逐步不再发挥绝对领导的作用,而是与地方政府(例如大区政府和大都市区政府)进行协调合作。地方政府与以前相比拥有了更多的主动权,地方权力的提升主要依靠财政手段与民选议会。由此,领土整

治逐渐成为中央政府的目标以及地方政府发展的双重措施。相对于前期关注全面发展,中央政府开始逐渐关注一些发展薄弱的地区,例如乡村地区以及山区等。

表 3-3　法国"光辉 30 年"期间主要政治变革一览

| 名　　称 | 年份 | 内　　容 |
|---|---|---|
| 区域发展规划 | 1955 | 该规划旨在推动不同区域的经济和社会发展,特别是在就业机会少、经济发展不足的地区。 |
| 22 个大区规划 | 1956 | 针对 22 个大区,实施发展规划。根据 1956 年 10 月 28 日颁布的法令制定,所提出的区域发展规划的目的是使人口分布及人类活动在 1957 年达到均衡。 |
| 领土整治部际委员会 | 60 年代 | 指导三个区域级的规划:朗格多克—鲁西永地区的旅游规划(1963 年)、科西嘉岛规划(1966 年)和阿基坦地区规划(1967 年) |
| 区域经济发展委员会 | 1964 | 区域首次被视为一个独立的经济个体,成为决策的权威机构。1964 年 3 月 14 日颁布的法令指出,中央和省政府需要通过区域行动的调节才能达到经济领域协调一致的状态。 |
| 设施现代化发展规划 | 1965 | 该规划主要针对人口在五万人以上的城市。第三个国家规划执行后,马赛和里昂的一些地方政府开始运用一些社会经济发展规划,并在第四个和第五个国家规划期内继续采用这些方法。第五个国家规划由两个独立部分组成:一部分主要涉及若干城市群十年的发展前景;另一部分是关于住房和公共设施的发展规划。 |
| 特大城市发展指导纲要 | 1967 | 该纲要规定了领土整治的基本准则,特别是扩大城市规模的基本准则,同时列出了针对城市层面的政策。 |
| 区域公共机构 | 1972 | 该机构要求民选议会明确该地区的未来图景并制定发展规划(根据 1972 年 7 月 5 日法律)。另一项新举措是设立了区域预算制度。 |

# 第二部分

# 法国"光辉 30 年"的领土整治

# 第四章 法国"光辉30年"领土整治措施之一
## ——工业分散化

这个时期的领土整治属于国家干预措施,主要目的是使法国的工业布局更为合理,区域分布更加均衡。其内容包括:(1)改变工业活动持续集中在巴黎地区的现状;(2)调整之前以"勒阿弗尔—马赛"为分界线的工业布局,以求区域间的均衡发展(Lacour et al.,2008)。

## 第一节 工业分散化政策的发展过程

### 一、20世纪50年代:政策初始阶段

第二次世界大战后,法国政府开始意识到均衡发展的重要性,制定并实施了若干个国家级政策,并首先在经济领域开始实施(表4-1)。这种思想最早被写入第一个领土整治规划和第二个国家规划(1954—1957年)中:前者提出法国应避免经济活动集中在某些特定地区(尤其是巴黎地区),应开发那些劳动力和资源未得到良好利用的地区;后者提出法国必须采取一些必要的措施,促使所有地区都能具有一定的工业基础和经济发展前景。

1954年,法国政府颁布了相关的官方法令(1954年9月,关于为工业分散和公司转移事宜提供财政援助的法令)。这项政策首先着眼于工业方面,尤其针对一些欠发达地区。法国政府当时主要实行了两大干预措施:(1)向巴黎大区的产业布局征收特别税;(2)为某些地区吸收工业投资提供补贴(Savy,2009)。1950年至1954年,全国领土整治基金(FNAT)特许各省在工商会的支持下创建一些工业园区(图4-1)。1954年以后,政府采取了更多有效的措施,如降低分散项目

或转型工业园区的贷款利率;为各省的劳动力培训和本地化进行拨款;通过行政优先审批的方式控制巴黎地区和瓦兹省南部五大行政区中占地面积500平方米(1955年)以上的产业建设或产业拓展;为"转型区"内的工业分散措施提供特殊设备补贴;创立"地区发展公司"和设立地区项目等。到50年代后期,根据不同的资助标准,法国分成了四大地区:无资助区、常规资助区、主要补贴区和最高补贴区(Fabries-Verfaillie 和 Stragiotti,2000)。

表4-1 1950年代法国工业分散化相关政策

| 名 称 | 年份 | 内 容 |
|---|---|---|
| 第一个领土整治规划 | 1950 | 提出均衡经济和社会发展的目标 |
| 第二个国家规划 | 1954—1957 | |
| 全国领土整治基金 | 1950 | 提供基金促进领土整治规划目标的实现主要为支持创建一些工业园区 |
| 1954年法令 | 1954 | 为工业分散和企业转移举措提供财政援助 |
| 经济和社会发展基金(FDES) | 1955 | 主要目标是欠发达地区(就业不足和经济欠发达)的经济扩张 |
| 特殊设备补贴 | 1955 | 针对工业活动(高达投资额的20%),特别是对传统工业的再转型(如矿业、钢铁产业、纺织和皮革)给予补贴,以及对某些地区工厂的分散化进行补偿 |
| 地区发展公司 | 1955(首次出现) | 鼓励在欠发达地区进行私人投资 |

1955年1月的法令并没有限制巴黎地区的发展,而是为领土整治指明了方向,如,法国政府批准巴黎地区的企业在各省(尤其是西部或西南部的省份)建立同一企业的分公司或工厂(Deyon & Fremont,2000)。

总体而言,在20世纪50年代,法国政府为了均衡国内的经济布局开始采取一些措施,主要集中在巴黎地区和某些欠发达地区(如转型区)。

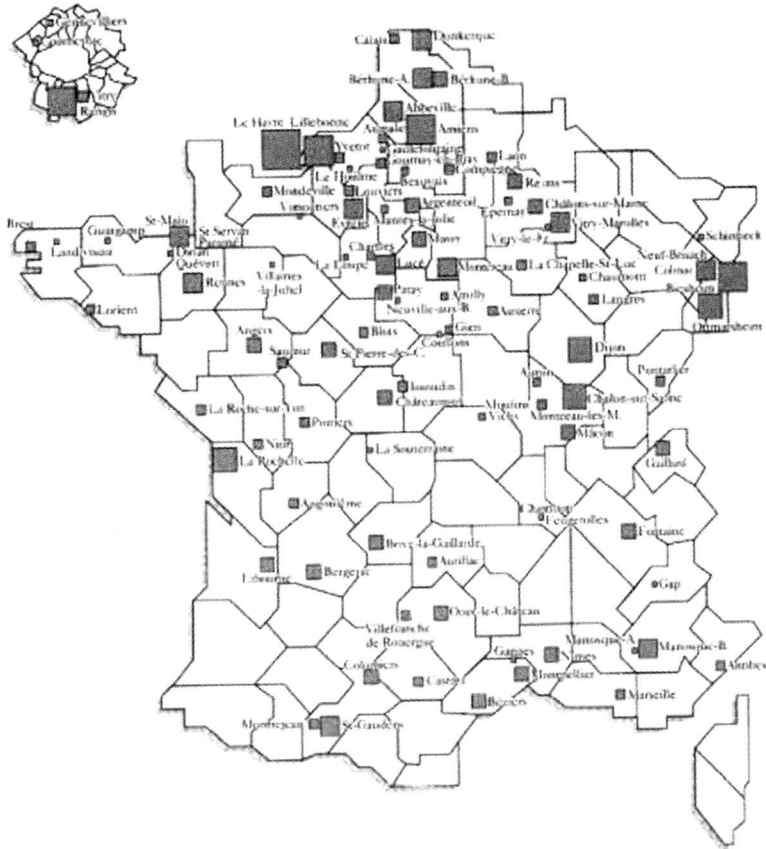

图4-1　全国土地整治基金协助创设的工业区(截至1961年12月31日)
资料来源：DATAR,1988。
注：很多新区的前身是19世纪的旧工业区,亟须向现代经济方向转型。

## 二、1960年代：政策发展阶段

在20世纪60年代,随着第五共和国的成立,法国经济和社会快速发展,步入了领土整治的黄金时期(表4-2)。政府提出了一系列目标,旨在将法国变成欧洲乃至世界的主要工业国;将法国从一个由农业主导的国家转型成一个现代化工业国。为了实现这一目标,具有明显凯恩斯主义特征的工业分散政策逐渐成为政府的公共行动之一(由于法兰西第五共和国成立之后政治权力高度集中,增强了政策的执行力度)。在此期间,该政策仍然主要在巴黎地区和一些欠发达地区实施,但比以前更加系统化。此外,与前一阶段不同,法国政府开始提升一些地区大城市(特别是大区的首府城市)的经济影响力,以削弱巴黎的绝对支配地位。

表4-2　20世纪60年代法国工业分散化相关政策

| 名　　称 | 年份 | 内　　容 |
|---|---|---|
| 领土整治部际委员会(CIAT) | 1960 | 建立专门机构,缓解就业转移问题和执行领土整治 |
| 空间规划暨区域行动署 | 1963 | 该阶段的重心:降低巴黎地区的工业发展速度,加快法国西部和西南部某些主要农业地区的工业发展 |
| 工业发展补贴或工业调整补贴 | 1964 | 工业发展补贴用于建立和拓展工业企业;工业调整补贴用于支持传统工业区 |
| 矿业转型区 | 1967 | 包括北部-加来海峡大区,洛林大区,南部-比利牛斯大区,卢瓦尔河地区,香槟-阿登大区 |
| 区域发展补贴 | 1972 | 工业发展补贴和工业调整补贴合并而成 |

在此期间,一方面,法国政府积极支持国有企业转移,特别是从巴黎地区转向其他各省。同时一些私营企业也在采取行动解决生产过于集中的问题。另一方面,法国政府积极改善全国城市和乡村基础设施的发展,为从事交通设施建设和通信网络等新兴业务的企业创造良好的环境。法国政府还继续实施并扩大了该政策前一阶段的某些内容。例如,自1960年起,法国政府规定,在巴黎地区(除该区的一小部分区域外)新建办公场所或厂房需要缴纳一笔特殊费用(罚金,而不是补贴);而1964年法国开始推行"分散补贴"的系统化政策(Charpentier & Lebrun,1987)。

### 三、1970年以后:政策转变和结束阶段

在这一时期,法国面临产业结构全面调整的局面:传统工业(如纺织、煤矿开采和钢铁冶金业)危机四起,生产经营困难,就业人数明显减少。同时,法国政府开始关注产业结构从传统工业向新兴产业(如电子、通信和材料行业)的转型;并着重关注一些获得国家发展补贴、再投资资助和银行贷款支持的公私合营企业(SEM)的发展。例如,化学产业和电子产业成为"第六个国家规划"的发展重点;制药和电子产业则是"第七个国家规划"的重点。需要指出,公私合营企业的发展与新城政策和中等城市政策的实施密切相关。

在经济结构转型的背景下,一些区域型大城市的服务业(如管理、咨询、商务

等)发展受到重视。同时,科研和新技术逐渐成为新时期的发展动力。在 80 年代,一些大城市(如图卢兹、里昂和格勒诺布尔)的工业发展更依赖于"技术节点(techno-poles)"。此外,随着欧洲经济一体化,更紧密的国际合作和竞争取代了单一国家的发展,这与"二战"后初期阶段的情况有所不同。在新的时代背景下,工业分散化政策开始弱化,并逐步走向尾声。

# 第二节　工业分散化政策的具体措施

## 一、税收、补贴和贷款的干预措施

工业分散化政策主要通过税收、补贴和贷款(主要通过地区发展公司及经济和社会发展基金等途径)这三个方面实施。此外,也通过对某些地区进行基础设施投资(如通信、住房等)的方式提供间接投资。

法国财政部每年向经济和社会发展基金提供贷款,用于工业分散举措或创办新公司;根据国家和区域级领土整治活动,财政部通常以优惠利率来提供此类贷款(Délégation a l'aménagement du territoire et a l'action regional,1967)。

## 二、地区发展公司(SDR)

地区发展公司创建于 1955 年,属于股份制公司,其"唯一的宗旨是在失业率高或经济发展不足的地区通过参与资本的方式为工业企业融资"(Faucheux,1959)。地区发展公司主要目的是为地区规划所批准的项目进行融资(表 4-3)。正如 Viot(1963)所说,地区发展公司的功能并不是"确定地区投资导向的工具,而是附属性的融资工具"。地区发展公司可以为企业组织集体债券发行,但这些企业必须在符合地区发展公司项目要求下的地区进行经营。资金的形式、拨款方式和用途需得到政府专员的批准。根据 1960 年 8 月 14 日颁布的法律,地区发展公司可批准与相关企业签约五年以上期限的贷款。

表 4-3　法国地区发展公司提供的贷款(1957—1064 年)

| 公司名 | 总部 | 贷款项目数量 | 受益公司数量 | 贷款金额(千法郎) |
|---|---|---|---|---|
| Bretagne | 雷恩 | 5 | 66 | 47130 |
| Centrest | 第戎 | 5 | 81 | 79255 |

续　表

| 公司名 | 总部 | 贷款项目数量 | 受益公司数量 | 贷款金额(千法郎) |
|---|---|---|---|---|
| Champex | 兰斯 | 3 | 52 | 44905 |
| Expanso | 波尔多 | 5 | 88 | 70030 |
| Lordex | 南锡 | 4 | 73 | 64240 |
| Mediterranee | 马赛 | 4 | 75 | 73670 |
| Normandie | 鲁昂 | 5 | 85 | 81130 |
| Nord et Pas-de-Calais | 里尔 | 6 | 158 | 133275 |
| Picardie | 亚眠 | 3 | 43 | 45250 |
| SADE | 斯特拉斯堡 | 5 | 119 | 93280 |
| Sodecco | 利摩日 | 5 | 122 | 79930 |
| Sodero | 南特 | 7 | 160 | 149350 |
| Sodler | 蒙彼利埃 | 2 | 23 | 25425 |
| Sud-Est | 里昂 | 5 | 119 | 91675 |
| Tofinso | 图卢兹 | 6 | 116 | 89830 |
| 总计 | — | 71 | 1380 | 1168375 |

资料来源:Dixieme rapport du Conseil de Direction du Fonds de developement economique et social,1965。

### 三、经济和社会发展基金(FDES)

经济和社会发展基金是法国国库的特殊基金,在落实领土整治中起到了关键作用(Bye,1957)。其为了确保列入现代化与设备计划的项目、区域扩展项目,以及提高生产力、促进工农业转型、工人再培训和工业分散化等各类项目的融资都能顺利开展,而统一成立(Faucheux,1959)。

该基金成立于1955年,由财政部部长统筹管理,基金会的日常运作由一个管理理事会负责,理事会由另外七名涉及经济职能的部长组成。除了分配资金之外,该基金也发放长期贷款,对象主要是国有工业企业。经济和社会发展基金与地区发展公司相互关联,因为财政部向地区发展公司下达的某些决议必须事先与经济和社会发展基金协商后才能下达。具体援助类型和投资金额见表4-4、表4-5。

表4-4　法国通过经济和社会发展基金及其合作组织的援助而实现的投资(1963—1964 年)

(单位:千法郎)

| 援 助 类 型 | 1964 | 1963 |
|---|---|---|
| 经济及社会发展基金与委员会协商后提供的补贴或贷款 | 742460 | 638794 |
| 与区域扩展委员会协商后一致批准的补贴 | 31962 | 61909 |
| 用于海军建设的经济和社会发展基金特殊临时贷款和补贴 | — | 167532 |
| 用于集体旅游设备的经济和社会发展基金贷款 | 34776 | 16463 |
| 地区发展公司的分类贷款 | 1010070 | 817366 |
| 生产力贷款 | 10432 | 5403 |
| 总计 | 1829700 | 1707467 |

资料来源:Dixeme rapport du Conseil de direction du Fonds de developement economique et social,1965。

表4-5　法国与区域支持相关的投资　　　　(单位:千法郎)

| | 经济和社会发展基金的补贴和贷款 | 经济和社会发展基金的贷款 | 地区发展公司的贷款 | 免许可证 | 投资支持(补贴和贷款)在工业固定资产投资(FBCF)中所占份额,% |
|---|---|---|---|---|---|
| 1960 | 777 | 无 | 无 | 无 | — |
| 1962 | 463 | 无 | 无 | 无 | 3.0 |
| 1964 | 659 | 无 | 1010 | 无 | 2.3 |
| 1968 | 1372 | 550 | 610 | 无 | 2.0 |
| 1970 | 4318 | 38 | 无 | 无 | 4.0 |
| 1973 | 3296 | 14 | 2344 | 13317 | 3.0 |

资料来源:Rapporte annuels du FDES et ENEIDE。

# 第三节　工业分散政策实施的重点

工业分散化政策的实施重点可按地域空间简单划分为巴黎地区和法国全境两类。

## 一、巴黎大区和巴黎盆地

1955 年设立的审批程序是防止更多企业集中在巴黎地区的一项重要措施。自 1955 年起,在巴黎地区成立和扩张的企业必须得到相关机构的审批。开发面积500平方米以上或扩张面积1000平方米以上的工业企业,必须得到设备部门签发的审批文件。该程序也要求占用现有办公场所超过3000平方米的企业持有建设许可证。根据1960年8月2日颁布的法律,在巴黎地区的某些区域建造办公场所或厂房需缴纳特定税费。不同种类的税费有所不同:工业场所及其附属设施每平方米缴纳25~100法郎;办公场所每平方米缴纳100~200法郎(见图4-2)。

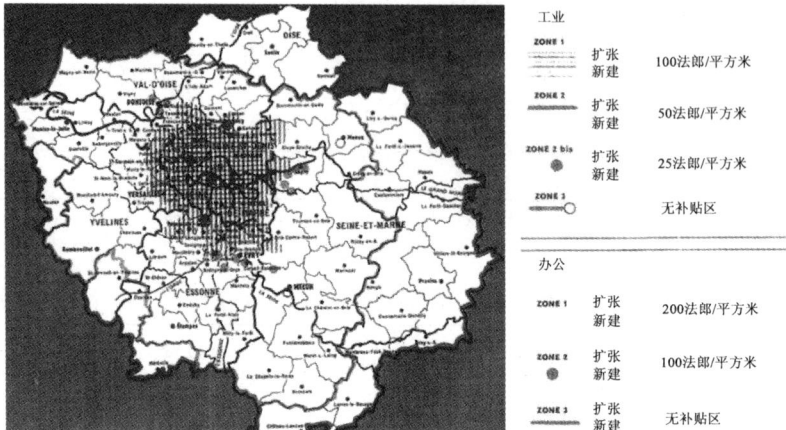

图4-2　巴黎大区补贴和缴税的地区
资料来源:DATAR,1969。

自1960年起,该政策根据巴黎地区的发展进行了调整。在以下四个地区设立办公场所的税费减少为每平方米100法郎(而非200法郎):拉德芳斯(la Defense)、缅因—蒙帕纳斯(Maine-Montparnasse)、萨尔塞勒(Sarcelles)和马西(Massy);自1968年起,靠近埃夫里新城(Evry)、塞尔吉—蓬图瓦兹新城(Cergy-Pontoise)和马恩河谷(Vallee de la Marne)的14个工业区的税费仅为每平方米25法郎。

此外,补贴主要针对拆迁或建筑功用发生转变(改为居住或教育用途)的情况。其目的是抵消设备转移的部分成本,即因转移而产生的交通开支和一些额外开支。获得分散补偿的补贴需要符合两个条件:(1)在巴黎地区内腾出至少500平方米的工业用地;(2)新建地址在巴黎盆地外地区(DATAR,1969)。

1955年之后近十年内,工业分散政策的措施主要集中在巴黎盆地,并将其分成了若干补贴区,这些补贴区的范围后来又有所调整。具体援助类型和范围见表4-6、图4-3。

表4-6 巴黎盆地的公共财政援助(20世纪50—60年代)

| 设备特殊补贴 | 20%(最高比例)用于投资已获批准运行的项目和必要开支 |
| --- | --- |
| 转型区 | 包括：亚眠(Amiens)、欧坦—蒙索莱米讷(Autun-Montceau-les-Mines)、罗莫朗坦(Romorantin) |
| 减免税 | 减少转移税和部分或全部免税(最长期限5年)等 |
| 国家直接提供的贷款或担保,以及利息补贴 | 用于为已获批准运行的项目融资 |
| 恢复专业劳动力补贴 | |
| 经济和社会发展基金 | |
| 地区发展公司 | |
| 工业发展补贴 | 如,芒什省的瑟堡(Cherbourg):20%(用于成立公司);12%(用于扩展公司) |
| 工业调整补贴 | 布朗济(Blanzy)和沙托鲁(Chateauroux)城市群的煤矿盆地:20%(用于成立公司);12%(用于扩展公司) |
| 分散补偿 | 资助几乎整个巴黎盆地材料转移中60%左右的开支 |
| 职业训练援助 | |

资料来源:SODIC & CREDOC,1966。

图4-3 巴黎盆地区域发展援助(截至1968年10月1日)
资料来源:DATAR,Groupe interministeriel d'amenagement du Bassin Parisien,1968。

## 二、全国补贴的总体划分

空间规划暨区域行动署(DATAR)于 1963 年成立之后,法国政府从 1964 年开始划分全国范围的工业版图,并基于此,系统性地对全国的工业补助区进行划分。对于工业的补贴由巴黎大区、巴黎盆地覆盖到法国全境。根据图 4 - 4(1964 年)所示,补贴主要包括:工业发展补贴(各地区补贴比例不同,用于建立、拓展工业企业)和工业调整补贴。其中,工业调整补贴主要用于支持传统工业地区(如应对传统工业的衰落),例如北部—加来海峡大区(Nord-pas-de-Calais)、勒克鲁佐—蒙索莱米讷地区(Le Creusot-Montceau-les-Mines)和圣埃卢瓦莱米讷地区(St-Eloy-les-Mines)的煤矿区,洛林大区(Lorraine)的铁矿区,以及孚日省(Vosges)和阿尔萨斯大区(Alsace)的纺织区。1964—1971 年,这两类补贴的规模和范围进一步扩大。

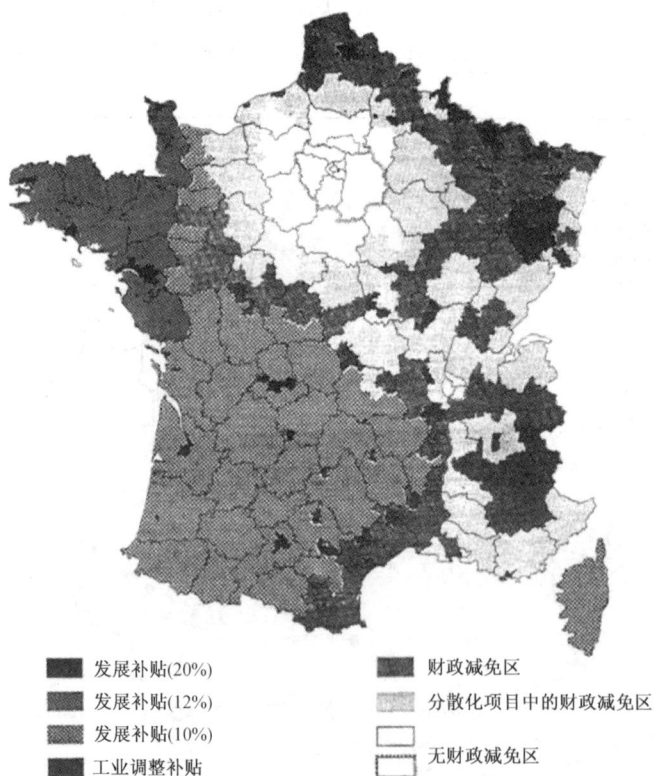

图 4 - 4　法国工业补助情况(1964 年)
资料来源:DATAR,1964。

除了补贴之外,分散后的公司在购买土地或楼房时还可享受一定的转移税优惠(减少转移税、免征许可税、特别折旧、减少地价税),并获得经济和社会发展基金或信贷机构(国家信贷机构、地区发展公司等)的长期贷款(一般为 8～12 年)。根据图 4-5 所示,减免税地区可分为:(1) 特殊分期偿还税、营业税和财政转移减免地区;(2) 营业税和财政转移减免地区;(3) 企业分散的营业税和财政转移减免地区;(4) 巴黎大区;(5) 无减免税许可地区。具体而言,当时法国可分为以下几个地区:减免税地区、通过转移实现企业分散的减免税地区、许可地区和无减免税地区。相比减税范围,补助的范围有所调整(图 4-6)。

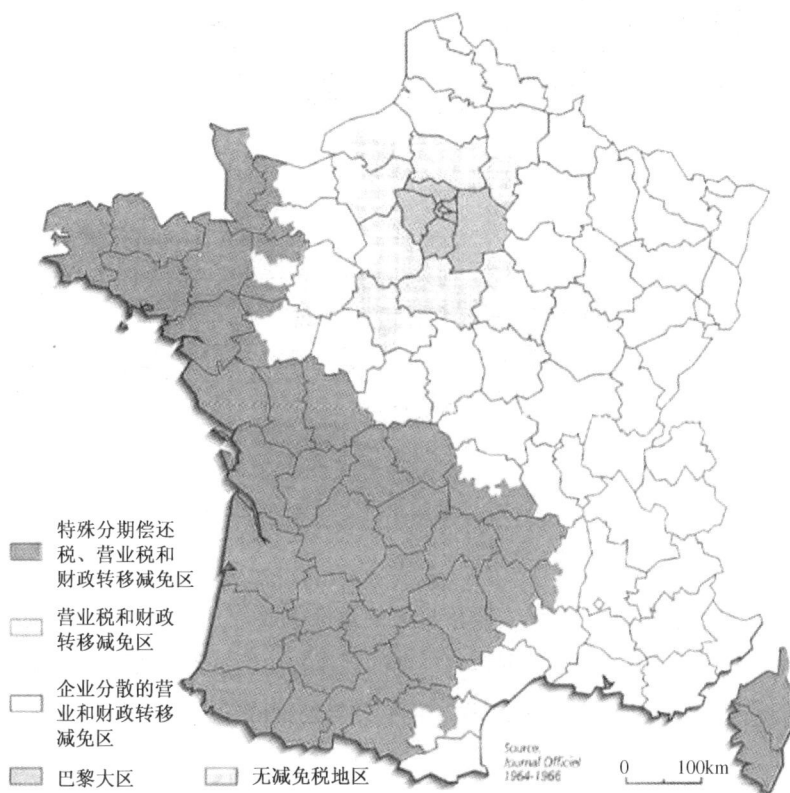

图 4-5　法国对建立或扩大工业企业的减免税优惠(1964—1971 年)
资料来源:Saint-Julien,1997。

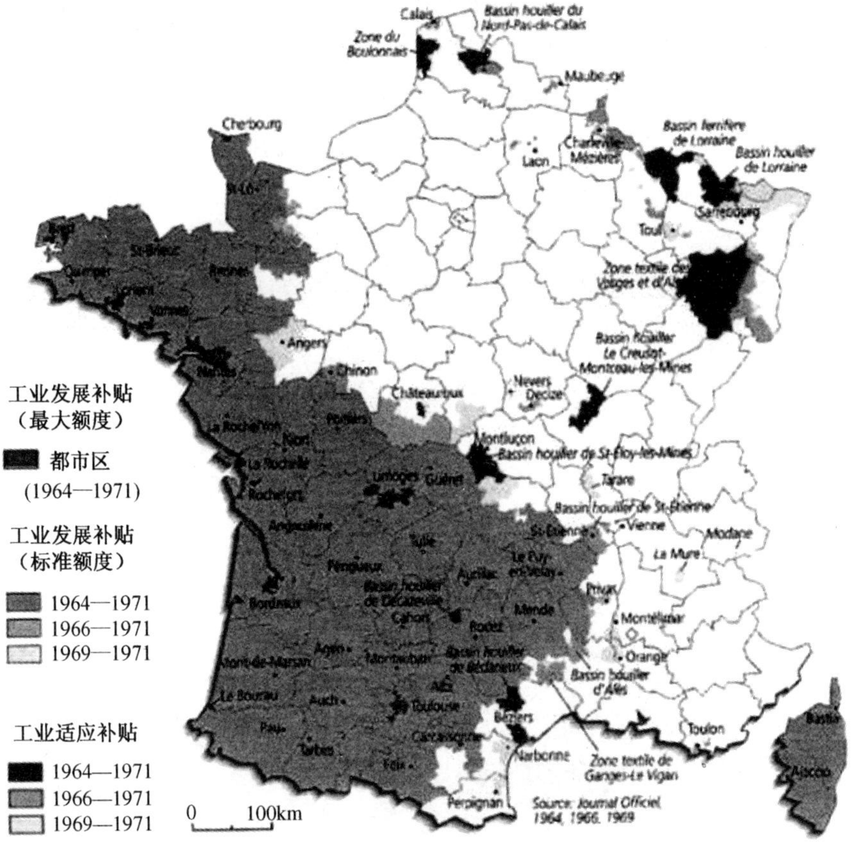

图 4-6　法国对创造工业就业机会的支持(1964—1971 年)
资料来源：Saint-Julien,1997。

在 20 世纪 70 年代,伴随着政治权力的逐渐下放,上述两种补贴合并为区域
发展补贴,并根据当地发展情况调整补助的规模和比例。整个法国可被划分成若
干地区(图 4-7):无补贴地区、补贴比例有差异的区域发展补助地区、开发重大项
目的区域发展补助地区。

例如:1975 年,法国政府决定增加对勒皮城市群(Puy)的领土整治补贴(25%
用于建立公司,20%用于拓展公司);调整沙勒维尔—梅济耶尔(Charleville-
Mézières)和色当地区(Sedan)的补贴比例(12%用于建立公司,12%用于拓展公
司);调整利摩日郊区(Limoges)部分社区的补贴比例(针对 500 万法郎以下的项
目,以便提升中等城市的功能)(DATAR,1975)。

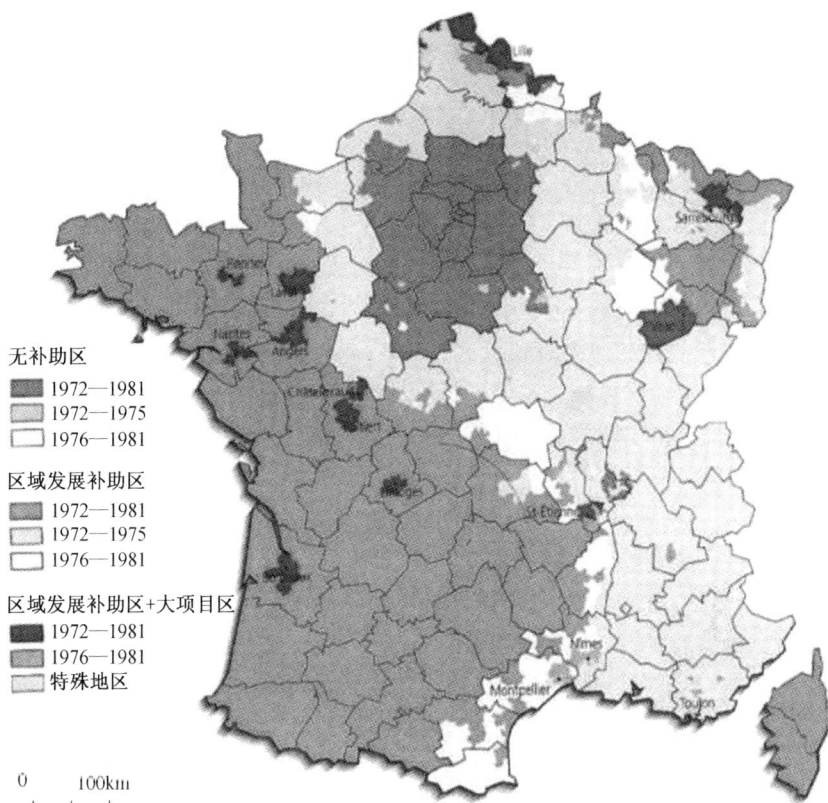

图 4-7 法国区域发展补助(1971—1981 年)

资料来源:DATAR,1982。

## 三、转型区和临界区

临界区(1955 年)和特别转型区(1959 年)出现于 50 年代,早于法国补贴地区的划分。转型区享有特殊的优惠待遇,其设备补贴比例比临界区的平均水平(约10%)高,最高可达 20%。

20 世纪 50 年代,以纺织业为例,法国首先集中关闭了一批纺织公司。1953年至 1955 年,特别转型区[例如加来(Calais)、富尔米(Fourmies)、欧谢勒—布鲁埃—贝蒂讷(Auchel-Bruay-Bethune)]获得创建公司或创造就业机会方面的支持。1955 年至 1956 年间,敦刻尔克(Dunkerque)开展了一项大型港口产业工程。

自 60 年代起,传统工业(包括煤炭、纺织和钢铁业)地区开始遭遇危机。到了60 年代中期,法国政府提出振兴洛林大区(Lorraine)的冶金工业区,发布了第一份"钢铁工业重组计划",并于 1967 年设立矿业转型区(图 4 - 8)。空间规划暨区域行动署同时鼓励引进新企业,发展新产业。例如,HBNPC 公司有两个转型目标(至 1965 年):(1) 管理或组织员工遣散和关闭工厂;(2) 将矿场闲置地转化成住宅区、公用设施区、休闲区或绿地。

许多举措都得以实施,其范围包括:法国东北地区的煤炭和钢铁冶炼业产区、中部地区的煤炭业和孚日地区的纺织业产区(Vosges),北部大区和弗朗什—孔泰大区(Franche-Comte)的汽车工业产区等。大部分措施集中于传统工业区的北部拱形地带,包括北部—加来海峡大区(Nord-pas-de-Calais)、北部洛林大区(Nord de la Lorraine)和阿登省(Ardennes)。部分措施也实施于法国西部地区的一些传统工业区。

图 4 - 8　1960 年代法国转型政策与工业转型委员会的主要目标
资料来源:Journal officiel,1956,1960,1967。

## 四、港口工业区的设立

除了振兴传统工业区之外,法国还新设了许多经济增长点。其中以港口工业区[例如敦刻尔克(Dunkerque)和滨海福斯(Fos-sur-Mer)形成的重工业聚集区]最为典型(图 4 - 9)。

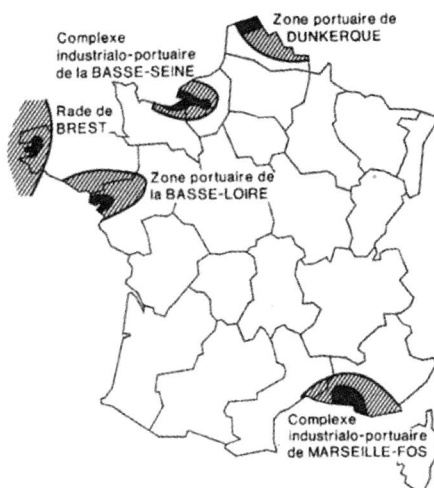

图 4-9 法国港口工业区,1968 年

资料来源:Industrialisation et aménagement du territoire, Notes et Etudes Documentaires,1968。

以敦刻尔克为例(图 4-10):法国政府规划了占地 120 英亩(48.56 万平方米)的港口工业区;特别支持创造女性就业岗位的公司;在敦刻尔克建造蒸汽裂解厂和聚乙烯生产中心;在加来建立理工大学;并改善加来和敦刻尔克之间的公路、铁路状况(DATAR,1975)。

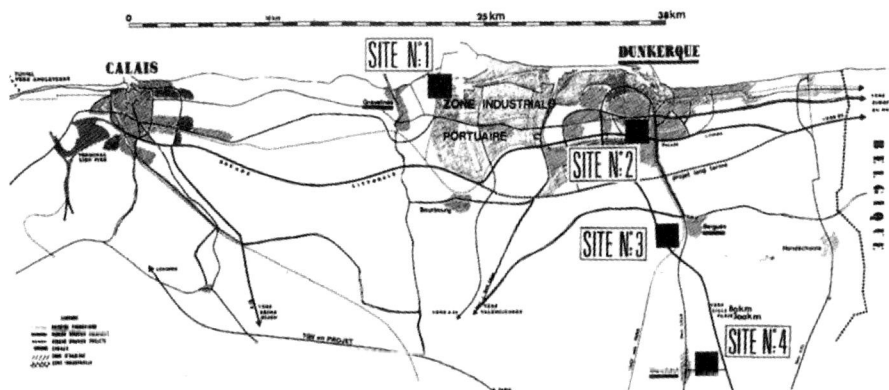

图 4-10 敦刻尔克的企业园区

资料来源:Ministere de l'industrie,1986。

20世纪60年代,在关税与贸易总协定的推动下,法国重工业发展迅速,港口工业转移并整合到了沿海地区,整体推动了工业和港口工业区的发展,例如敦刻尔克和马赛的钢铁冶炼行业及勒阿弗尔、鲁昂和马赛的炼油行业。自70年代起,炼油业逐渐衰退,一些工厂关门倒闭(例如在波尔多)。

然而,这些港口工业区仍然聚集了法国75%的钢铁冶炼公司与80%的炼油和石油化学公司。之后,法国提出整合六大主要港口的政策,旨在建立沿海体系,将港口工业区转变为石油、化学和冶炼基地。

# 第五章 法国"光辉 30 年"领土整治措施之二
## ——服务业分散化

　　服务业涉及了生产、生活的众多方面,是经济的重要组成部分。"二战"后,法国的服务业也像工业一样主要集中在大城市,尤其是集中在巴黎地区。法国在"光辉 30 年"期间针对服务业也制定和出台了一系列领土整治措施,推动了服务业的分散化进程,促进了各地区服务业的发展。

## 第一节　服务业分散化政策的发展过程

　　服务业分散化政策自 1958 年开始实施,一直持续到"光辉 30 年"之后。该政策首先出现于巴黎地区。在 20 世纪 50 年代,该政策只在巴黎地区实施(图 5 - 1),其后该政策的实施范围逐步从巴黎地区扩展到巴黎盆地(图 5 - 2)和其他省份,这样做的目的是促进服务业的均衡发展,并为巴黎以外的城市提供支持。服务业分散化政策始终跟随着工业分散化政策的步伐。

　　随着经济背景的变化,法国服务业分散化的政策内容有所调整,增加了更多关于管理服务、教育和研究机构转移的内容。政策覆盖范围也有所扩大,先从巴黎地区扩大到了平衡型大都市和某些大城市,之后又覆盖到中等城市和新城。20世纪 50 年代—60 年代法国服务业分散化相关政策见表 5 - 1。

　　70 年代,服务业分散化政策已经扩展到巴黎大区以外的地区(表 5 - 2)。这一过程中,政策的实施主要依靠政府补贴。服务业补贴主要集中在法国西部地区和部分东北、东南地区。

　　在这一阶段,该类政策的目标为:赋予地区级大都市(里昂、波尔多、南锡、雷恩、鲁昂、斯特拉斯堡、里尔、图卢兹、尼姆、昂热、亚眠、奥尔良、蒙彼利埃、尼

斯和普瓦捷)极大的决策权；将特定的行政服务（部门管理、信息等）下放至各省主
要城市和中等城市；在小巴黎限制企业或金融机构的发展，仅发挥必要的"国际水
平金融平台"的功能；将服务活动安排在巴黎大区内的新城之中(DATAR,1974)。

图 5-1　巴黎大区办公场所的补贴与税收空间划分
资料来源：RB,1971。

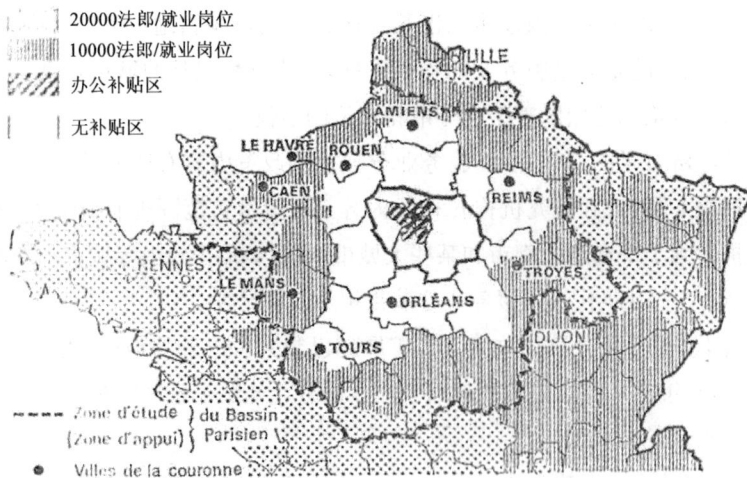

图 5-2　巴黎盆地第三产业活动的本地化补贴和办公场所的收费区域划分
资料来源：Pinchemel,1979。

表5-1 1950—1960年代法国服务业分散化相关政策

| 名 称 | 年份 | 内 容 |
|---|---|---|
| 1958年12月31日法令 | 1958 | 针对巴黎地区私人房屋用作办公场所的情况(面积>1000 m²)。 |
| 1960年8月2日法律 | 1960 | 该法律规定对办公场所的建设提供200法郎/平方米的补贴(是当地工业补助的2倍),曼恩—蒙帕纳斯(Maine-Montparnasse)、拉德芳斯(la Defense)以及萨尔塞斯(Sarcelles)、加尔热莱戈内塞(Garges les Gonesse)、马西—帕莱索、尚普兰(Champlan)和安东尼(Antony)为100法郎/平方米。<br>为巴黎地区的办公场所拆迁提供补贴,覆盖范围扩大至巴黎周边方圆20公里的地区。<br>巴黎地区的公共服务业需经过行政审批。 |
| 1967年10月24日法令 | 1967 | 开始关注"平衡型大都市"和巴黎盆地以外区域首府城市的服务业分散化情况;对成立公司(雇员>100人)提供补贴;对教育或研究机构(雇员>50人)提供补贴;<br>巴黎地区所有建筑的建设、改造、地方拓展和用途变化都必须经过分散委员会的批准。<br>新城和郊区中心[例如克雷泰伊(Cretail)、圣德尼(Saint-Denis)、罗尼(Rosny sous Bois)和博比尼(Bonbigny)]是巴黎大区的重点地区。而巴黎内的重点地区是贝尔西—里昂车站、意大利广场、蒙帕纳斯(Montaparnasse)、塞纳河沿岸和拉德芳斯地区。公共服务业之外的私营部门进行办公和研究活动须经过行政审批。<br>根据1967年10月24日法令,巴黎大区所有建筑的建设、改造、地方拓展以及用户或用途的变化都需经过公共权力部门的许可,涉及法国境内或受法国政府控制的服务或设施由分散委员会直接批准或否决。 |

表5-2 1970年代法国服务业分散化相关政策

| 名 称 | 年份 | 内 容 |
|---|---|---|
| 1972年4月11日法令 | 1972 | 建立了服务业分散化体系,增加了其他省份的相关内容;<br>补贴范围扩大到工业补贴地区之外的主要城市群(里尔、鲁贝、图尔昆、爱克斯、贝桑松、夏纳、卡昂、第戎、格勒诺布尔、马赛、蒙彼利埃、梅茨、尼斯、南锡、里昂、圣艾蒂安和斯特拉斯堡);<br>投资比例:10%用于管理服务;15%用于学习和研究;20%用于总部撤离巴黎大区的公司。 |
| 1976年4月14日法令 | 1976 | 开始在大城市之外的中等城市实施;<br>补助不再以投资为依据,而是取决于创造就业机会的情况;<br>拓展和成立公司享受同种补贴。 |

在这一阶段法国全境可被划分为几个补贴区(图 5-3):无补贴地区(巴黎盆地)、特殊服务项目地区(里昂地区)和实行两种补贴比例的地区。其中,西部地区和部分东北、东南地区由于享受双重补贴,比其他地区获益更多。就研究机构而言,巴黎盆地之外的一些城市群(大多数属于平衡型大都市)相比其他地区可获得更多补贴。

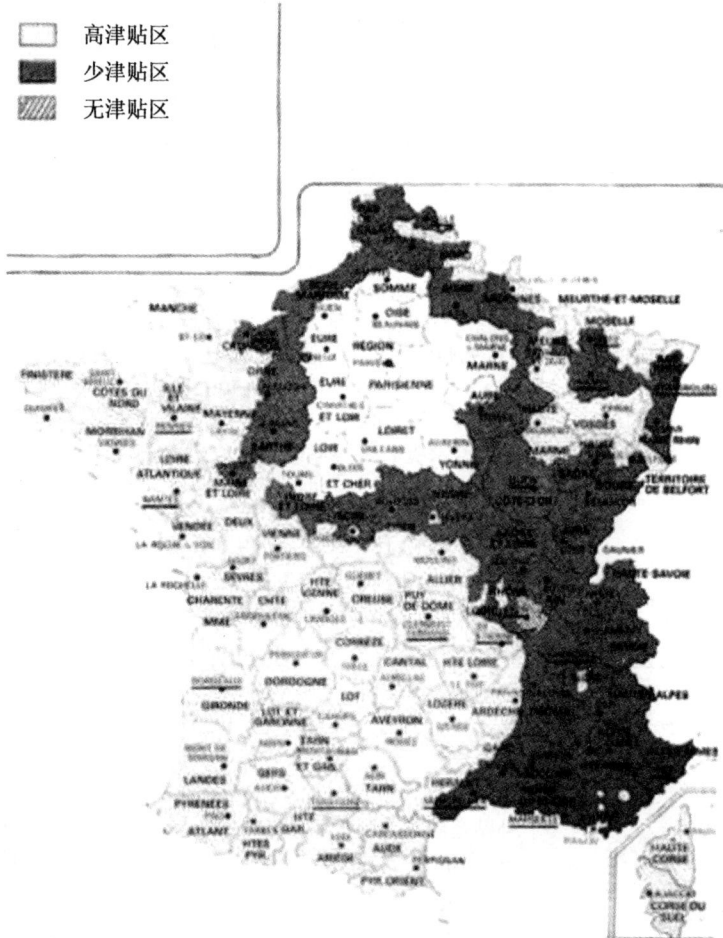

图 5-3  法国服务和研究活动补贴空间划分
资料来源:DATAR,1976。

# 第二节  服务业分散化政策的具体措施

服务业分散化措施主要通过三种方式实施:第三产业的企业和机构分散(行政、公共和半公共部门);通过补贴和税收制度调节第三产业发展;大公司服务岗位的本地化。自 70 年代起,大量的第三产业活动,例如管理部门、金融部门(银行、保险等)和社会机构逐渐分散,转而集中于平衡型大都市以及巴黎盆地外的一些大城市之中(图 5 - 4、图 5 - 5)。

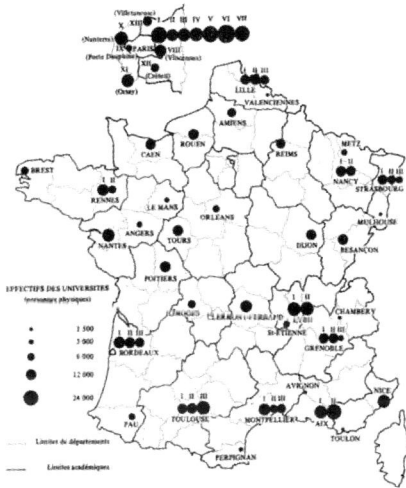

图 5 - 4  法国大学布局情况

资料来源:Ministere de l'education nationale direction chargee de la Prevision,1975。

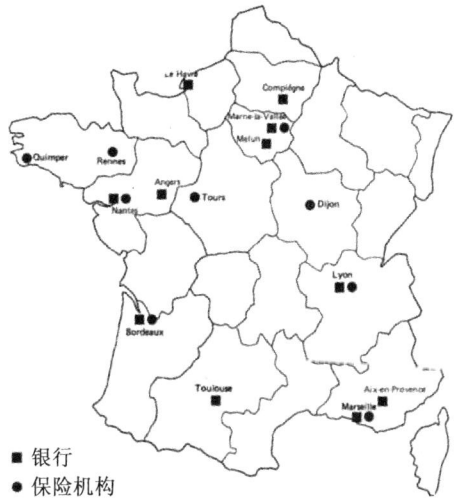

■ 银行
● 保险机构

图 5 - 5  法国部分金融部门分散情况
(1974 年批准)

资料来源:DATAR,1975。

根据空间规划暨区域行动署的年度报告:截至 1974 年,75% 的研究贷款被分配给巴黎地区之外的各省,该比例还将提升至 85%;研究补贴的一般比例是 15%,但在一些城市群该比例为 20%,这些城市群包括:里尔—鲁贝—图尔昆(Lille-Roubaix-Tourcoing)、里昂—圣艾蒂安—格勒诺贝尔(Lyon-Saint-Etienne-Grenoble)及其新镇利思尔达博(l'Isle d'Abeau)、爱克斯—马赛(Aix-Marseille)、南斯(Nantes)、梅茨—南锡(Metz-Nancy)、斯特拉斯堡(Strasbourg)、波尔多(Bordeaux)、图卢兹(Toulouse)、卡昂(Caen)、雷恩(Rennes)、克莱蒙费朗

(Clermont-Ferrand)、第戎(Dijon)、蒙彼利埃(Montpellier)和尼斯—瓦尔邦(Nice-Valbonne);自1972年起,国家科学研究中心(CNRS)将50%以上的研究和技术岗位分散到了各省(DATAR,1974)。

此外,"第五个国家规划"和"第六个国家规划"实施期间的研究经费主要分配给工业化程度较低的地区;西部地区(布列塔尼、阿基坦、中央和南比利牛斯大区)多于东部地区;就东部地区而言,普罗旺斯—蓝色海岸地区多于诺尔大区、阿尔萨斯大区、洛林大区和弗朗什孔泰大区;而就罗讷—阿尔卑斯大区而言,格勒诺布尔大区多于里昂—圣艾蒂安(DATAR,1974)。

一些教育机构也从巴黎转移出来,或者在外省新建学校,这些措施促进了巴黎以外地区的教育事业的发展,也加强了这些地区的科学研究力量(表5-3)。

表5-3 法国大(ecole)"学校"的转移

| 公共卫生学院和高等电力学校 | 雷恩 |
|---|---|
| 法官学校 | 波尔多 |
| 高等航空学校 | 图卢兹 |
| 税务学校 | 克莱蒙费朗 |
| 商船学校 | 勒阿弗尔 |
| 热带农业学校 | 蒙彼利埃 |
| 圣克卢高等师范学校 | 里昂 |
| 国家行政学校 | 斯特拉斯堡 |

资料来源:Monod & De Castelbajac,1993。

根据空间规划暨区域行动署1974年的年度报告,服务业分散化(金融方面)措施的目标是:关注与巴黎联系不太紧密省份的金融活动;通过分散化行动增强各省的决策权;均衡巴黎大区的发展,将重点放在新城上;控制巴黎大区金融活动的增长速度;在巴黎,协助成立公司,鼓励革新项目。这些目标不仅与大城市相关,也关系到中等城市(例如坎贝尔)的发展(DATAR,1974)。

行政管理部门的分散化政策始于1955年,但直到70年代初期,该政策仍仅涉及少数行政机构。例如,1960—1972年,该政策涉及12家教育机构、6个工业服务部门、10个研究组织和4个特别行政单位(DATAR,1974)。但自1972年起,行政权力下放已逐渐成为第三产业发展政策的一个重要组成部分。行政管理部门分散与(1964 年开始的从国家到地方的)政治权力分散相对应。一些国家机构开始向区域转移或拓展,例如就业部的移民中心、农业部的国家粮食办公室、工业部的工业和矿区服务中心等(图 5 - 6)。

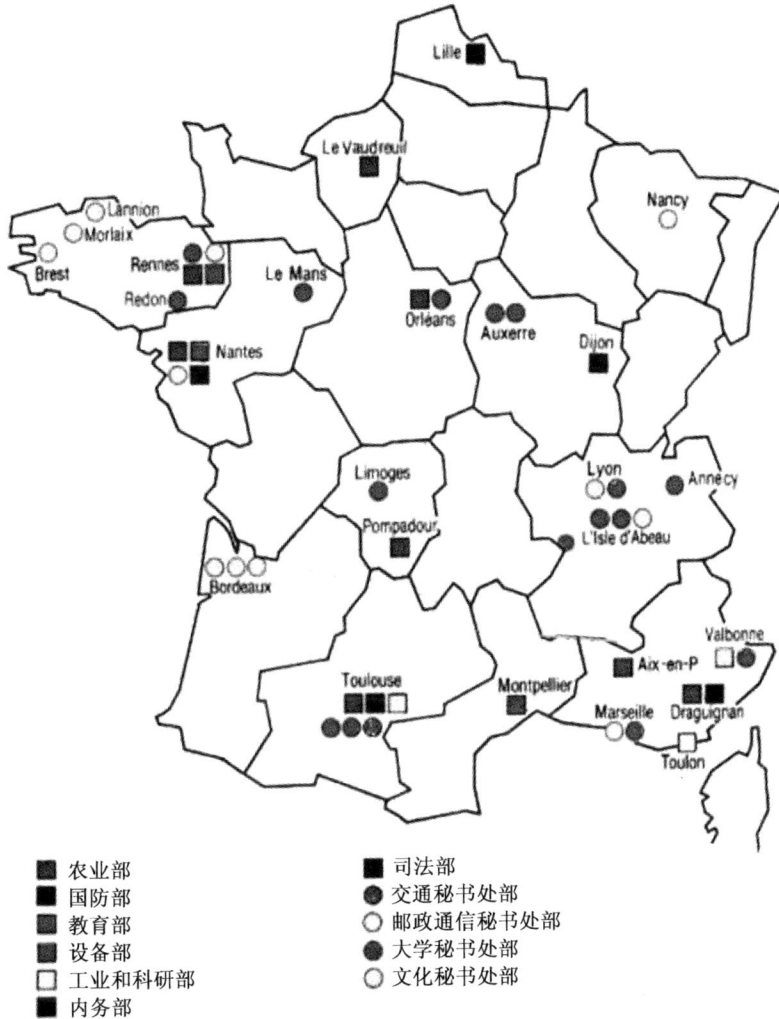

农业部　　　　　　　司法部
国防部　　　　　　　交通秘书处部
教育部　　　　　　　邮政通信秘书处部
设备部　　　　　　　大学秘书处部
工业和科研部　　　　文化秘书处部
内务部

图 5 - 6　法国行政管理部门分散(1972—1975 年)
资料来源:DATAR,1975。

# 第六章 法国"光辉 30 年"领土整治措施之三
## ——城市体系构建

城市化快速推进时期是人口大量迁移的时期。众多农村人口不断涌入城市，如何安置这些人口，如何构建科学的城市体系，如何合理引导人口的流向，都是城市化进程中的关注重点。在城市体系构建方面，法国在"光辉 30 年"期间制定了一些重大领土整治措施，主要包括平衡型大都市政策、中小城市政策和新城政策。

## 第一节 平衡型大都市

### 一、背景及基本内容

"二战"后，法国政府开始更多关注区域发展的不均衡问题，继而提出必须发展多个地区级大城市来均衡巴黎的影响力。1950 年，第一个国土整治规划中提出了关于大城市的政策内容。随后，总规划委员会及城市和土地规划部（DAFU）提出，应建设包括大城市、中等城市和小城市三个层次的城市体系（Girardon，2010）。

继 1963 年成立了空间规划暨区域行动署（DATAR）后，法国又于 1964 年出台了"平衡型大都市政策"。领土整治部际委员会（CIAT）根据各城市的人口、功能和地理位置等因素（同时也是在 Francois Perroux 的"增长极"理论和政治平衡思想的影响下）选出了八个平衡型大都市，包括里尔（Lille）、南锡—梅斯（Nancy-Metz）、斯特拉斯堡（Strasbourg）、里昂（Lyon）、马赛（Marseille）、图卢兹（Toulouse）、波尔多（Bordeaux）和南特（Nantes）。当时的主要目标是增强这些城市的综合实力,改变巴黎功能过度集中的局面。而到了 70 年代,其主要目的则是促进这些区域的经济和社会文化发展,从而与欧洲其他大都市展开竞争(DATAR,1974)。

此外,这八个平衡型大都市还分别与其周边城市联合,最终形成八个都市区,包括里昂—圣埃蒂安—格勒诺布尔大区(Lyon-Saint-Etienne-Grenoble)、马赛—艾克斯大区(Marseille-Aix)、里尔—鲁贝—图尔昆大区(Lille-Roubaix-Tourcoing)、波尔多大区(Bordeaux)、图卢兹大区(Toulouse)、斯特拉斯堡大区(Strasbourg)、南锡—梅斯大区(Nancy-Metz)、南特—圣纳泽尔大区(Nantes-Saint-Nazaire)。1970 年,又有四个城市被纳入平衡型大都市之列(所谓的"相似大都市"),即克莱蒙费朗(Clermont-Ferrand)、第戎(Dijon)、尼斯(Nice)和雷恩(Rennes)(图 6-1)。

图 6-1 法国高等级城市分布(1964 年)
资料来源:Monod,1974。

这些平衡型大都市在这一时期有两个基本任务:(1)接收从巴黎转移过来的大学、研究机构和大公司;(2)发展成为区域经济、社会和文化领域的中心城市,从而引领区域发展。这项政策主要涉及四个方面的内容:(1)交通设施:优先投资公路、铁路、机场和港口设施;(2)城市建设:更新城市中心、完善住房建设和公共交通等;(3)产业:推动产业发展,调整产业结构;(4)服务业分散。通过这些举措,这些城市聚集了多个公司的总部和一些高层经济活动(管理、商业服务、研究中心等)。需要注意的是,这项政策还涉及一些大的城市项目,比如更新老城[里昂的巴蒂区(La Part-Dieu)、里尔的圣索沃尔(Saint-Sauveur)、波尔多的梅里亚德克(Meriadeck)]以及兴建新城[里尔附近的阿斯克新城(Villeueuve d'Asq)、里昂附近的利斯尔达博(l'Isle d'Abeau)、马赛附近的贝尔—福斯(Berre-Fos)]。在70年代,这项政策又增加了一些新的内容:提高对中等城市区域的发展补贴;控制大规模"社会住房集中区"的建设(DATAR,1974)。

这些城市在70年代还承担了一些特定的新任务(DATAR,1974):(1)控制城区的无序扩张;促进中小城市的均衡发展;保护绿地和农林区。(2)改善当时郊区的"生活条件";改善法国城市体系中二级城市的生活条件,以吸引更多人口。(3)明确各大城市在国际上的地位,确定优先措施以强化其服务活动(如商业服务、国际贸易机构、金融机构、研究机构等)。

## 二、实施方法

政府为实施这项政策,需要制定一些具体措施,包括:(1)由区域政府负责并由区域设备部支持的都市区发展规划;(2)根据土地定向法(1967年12月30日)制定的领土整治发展规划(整治和城市规划指导方案,SDAU)和土地占用规划(POS)(Mazet,2000)。

此外,一些组织也参与了领土整治措施的制定。1966年,第一批都市区研究机构(OREAM)在马赛—艾克斯—贝尔—福斯(Marseille-Aix-Berre-Fos)、下塞纳(Basse-Seine)、里昂—圣艾蒂安—格勒诺布尔(Lyon-Saint-Etienne-Grenoble)、瓦兹河谷省(Vallees de l'Oise)和埃纳省(l'Aisne)、里尔—鲁贝—图尔昆(Lille-Roubaix-Tourcoing)、南锡—梅斯—蒂永维尔(Nancy-Metz-Thionville)、南特—圣纳泽尔(Nantes-Saint-Nazaire)成立,目的在于"明确政府允许采取的方法和举措,并实施规划方案(SDAU)"。同时,类似的组织也在阿尔萨斯大区(阿尔萨斯研究与发展组织)和南比利牛斯大区(南比利牛斯区域研究小组)成立。这些组织主要负责编写"白皮书"和都市区指导方案。平衡型大都市政策随即按照这些规划的指导实施。

　　例如,里昂和圣艾蒂安的整治及城市规划指导方案包括三个主题(图 6-2):(1)协调圣艾蒂安和里昂的发展,并通过一项全面规划对其进行指导;(2)推动罗讷省西部(里昂传统的城区中心)扩建;(3)更新圣艾蒂安市中心。具体措施包括:(1)重建里昂的巴蒂区,开建首条地铁;(2)连接圣艾蒂安和格勒诺布尔之间的公路(A6/A7),并新建一条公路(A43);(3)在里昂周围规划"绿化带",在都市区东部新建国际机场,在东南部建设新城,新建东部开发区。

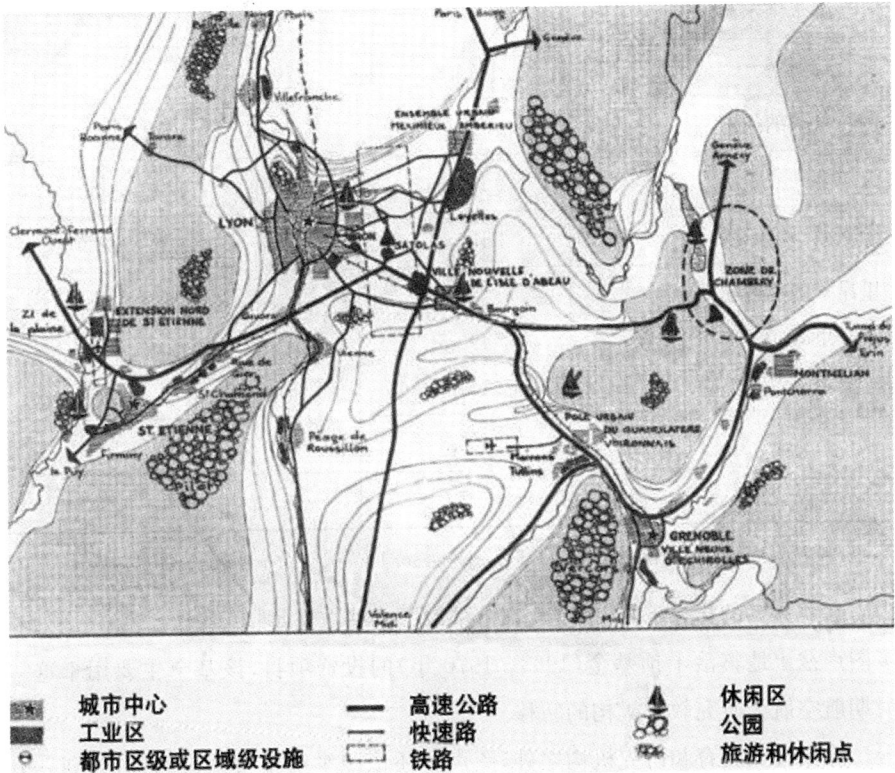

图 6-2　里昂—圣艾蒂安—格勒诺布尔都市发展规划

　　平衡型大都市政策还涉及工业分散化政策和服务业分散化政策的部分内容。平衡型大都市的项目资金来自国家和地方两个层面(表 6-1)。在"光辉 30 年"期间,国家投入的资金比重较大,全部资金中有相当部分来自1963年设立的土地整治干预基金(FIAT)。1963年至1970年间,三分之一的土地整治干预基金都用于此类政策(约5亿法郎)。

表6-1 国家和地方集体投入的资金对比

| 城市群 | 项目资金总额 | 国家 | 地方集体 |
|---|---|---|---|
| 里尔—鲁贝—图尔昆 | 463.0 | 229.3 | 233.7 |
| 洛林都市区: | | | |
| —南锡 | 237.0 | 187.9 | 49.1 |
| —梅斯 | 310.6 | 236.1 | 74.5 |
| —蒂永维尔 | 37.5 | 19.9 | 17.6 |
| 斯特拉斯堡 | 124.8 | 70.0 | 54.8 |
| 南特—圣纳泽尔 | 153.0 | 76.8 | 76.2 |
| 波尔多 | 267.5 | 130.9 | 136.6 |
| 图卢兹 | 128.4 | 59.5 | 68.9 |
| 里昂—圣艾蒂安都市区 | | | |
| —里昂 | 490.5 | 252.8 | 237.7 |
| —圣艾蒂安 | 141.0 | 87.0 | 54.0 |
| 格勒诺布尔 | 120.3 | 37.8 | 82.5 |
| 马赛—艾克斯—贝尔—福斯 | 647.0 | 399.9 | 247.1 |

资料来源:Groupe central de planification urbaine sur l'aménagement du territoire,1967。

在总方针的指导下,平衡型大都市采取了一些重点举措。例如,表6-2列出了图卢兹土地整治干预基金(1963—1970年)的投资项目,该基金主要用于这一时期航空航天研究教育机构的转移。

除了迁入教育和研究机构之外,图卢兹还依照平衡型大都市政策,规划并开展了一些其他项目,如兴建住房、公路以及创办大学和工程学校(表6-3)。

表6-2　南比利牛斯大区的国土整治干预基金(1963—1970年)

| 区　　域 | 项　　目 | 金额(千法郎) |
|---|---|---|
| 南比利牛斯 | 代卡泽维尔的技术高中 | 4200 |
| | 加龙河中游的农业灌溉 | 6300 |
| | 在图卢兹修建克鲁瓦—圣皮埃尔高架桥 | 3400 |
| | 将国家航空工程学校迁至图卢兹 | 6000 |
| | 将国家登山滑雪学校迁至图卢兹 | 55000 |
| | 对代卡泽维尔建设钢厂的补贴 | 15000 |
| | 修建加龙河运河和"坡面水系工程" | 7000 |
| | 改善塔恩省的公路交通 | 3000 |
| | 将国家太空研究中心迁至图卢兹 | 18000 |

资料来源:Loi de finances pour 1972,1973。

表6-3　图卢兹的部分建设项目[根据"第五个国家规划(1966—1970年)"编制]

| 图卢兹 | |
|---|---|
| **优先城市化区和居住区的住房项目** | **总　　额** |
| 　—在建项目 | |
| 　勒米哈伊优先城市化区 | 11100 |
| 　巴加特勒优先城市化区 | 4100 |
| 　安归伊尔优先城市化区 | 1200 |
| 　科洛米耶居住区 | 6600 |
| 　—规划项目 | |
| 　居住区平台 | 2500 |
| **公路项目** | |
| 西南、东南和北部公路;西部和南部的环线公路 | |
| **兴办大学项目** | |
| 法律、文学、科学、医学、图书馆 | 工程学校、技术学校 |

资料来源:Groupe central de planification urbaine sur l'aménagement du territoire,1967。

表6-4则列出了1966年这些大都市在城市设施、城市更新等城市设备方面开展的一些具体项目,包括城市基础设施建设、城市更新等。

表6-4　国家设备预算(城市)　　　　　　　　(单位:千法郎)

| | | 1966 年 |
|---|---|---|
| 城市用水及卫生设施网 | 巴黎大区 | 28.339 |
| | 平衡型大城市 | 175.332 |
| | 其他城市群 | |
| 城市道路 | 巴黎大区(1) | 118.860 |
| | 平衡型大城市 | 34.653 |
| | 其他城市群 | 66.639 |
| 国道 | 巴黎大区(2) | 365.725 |
| | 平衡型大城市 | 106.670 |
| | 其他城市群 | 116.983 |
| 土地储备 | 巴黎大区(3) | 90.000 |
| | 平衡型大城市 | —— |
| | 其他城市群(3) | 10.000 |
| 城市更新 | 巴黎大区 | 36.700 |
| | 平衡型大城市 | 10.700 |
| | 其他城市群 | 29.200 |

(1) 包括巴黎大区各区的统计数据和指标;
(2) 包括巴黎大区(城郊的国道除外);
(3) 1968 年国家土地和城市规划基金专用款项;
资料来源:Délégation a l'aménagement du territoire et a l'action regional,1967。

# 第二节　中等城市和小城市发展

**一、中等城市政策和小城市政策的发展**

　　法国政府在 70 年代初期出台了中等城市(居民人数为 2 万~10 万人)政策(图 6-3),随后又在 1975 年出台了小城市(居民人数为 5000~20000 人)政策。

　　由于人口迁移流向的改变,这两类城市在不断发展,政府开始对其给予关注。这些政策也反映了空间规划暨区域行动署关注方向的转变:(1) 除了实现法国地区均衡经济发展的目标外,还增加了改善"生活条件"的内容;(2) 改变过去长期依赖国家扶持和引导的局面,采取国家与地方之间订立合约的方式,使地方能够更直接地介入当地项目的实施。

图 6-3　法国与国家签订合约的中等城市(1973—1979 年)
资料来源:DATAR,1980。

　　中等城市政策的目标包括:(1)通过提供第二、三产业的就业机会和住房等,吸引乡村人口迁入,防止大量人口涌入首都和地区级大城市;(2)作为"桥梁"向周边乡村地区提供必要的服务(经济服务、社会服务、文化服务等)。其中,改善生活条件是该政策的首要任务(DATAR,1974)。

　　这些规划还提出了一些目标:(1)引进工业企业;(2)降低城市设施升级的成本,使其低于特大城市和大城市;(3)进一步实现地区均衡,构建城市体系网络;

(4) 大幅改善生活环境（改善自然环境，提高社会归属感，提供更多公共空间等）。

**二、中等城市政策和小城市政策的内容**

中等城市政策的演变可以根据发展背景划分为两个阶段。第一阶段（1973—1976年）的目标是改善城市生活环境，内容包括更新市中心（如人行道、地下停车场、历史遗迹、公共空间、市中心与周边地区关系的处理）和城市美化。

其中，市中心的建设包括：修建人行道、公园，以及对闲置建筑物进行改造；城市美化包括：利用闲置空间、完善墙体和照明设施、规划河岸、美化城市入口。表6-5列出了第一批与国家订立合约的28个中等城市政策中的具体项目。

表6-5　法国中等城市的补贴分配

| 项　　目 | 金额（千法郎） | % |
|---|---|---|
| 公共空间、美化和建筑遗产 | 173.2 | 40.5 |
| 改善住宅区环境 | 30.3 | 7.1 |
| 街道和步行区 | 52.4 | 12.2 |
| 公路和停车场 | 72.8 | 17.0 |
| 公共交通 | 0.7 | 0.1 |
| 文化设施 | 18.6 | 4.4 |
| 社会教育 | 44.1 | 10.3 |
| 教育、娱乐及其运营 | 16.1 | 3.8 |
| 其他 | 19.7 | 4.6 |
| 总计 | 428.0 | 100.0 |

资料来源：Régionalisation du budget d'équipement pour 1976 et aménagement du territoire,1976。

由于70年代发生的经济危机，第二阶段（1976—1979年）的主要目标转变为创造更多就业，包括建设工作场所、为企业提供服务支持等。应该注意，"生活环境"不仅包括物质方面的内容，还涉及社会、经济和文化方面的内容。例如，中心城市及其周边住宅区的社会问题后来得到了政府的关注。

例如，在70年代，贝蒂讷（Betune）的中等城市政策主要关注老城与一些集中型住宅区之间的关系；布卢瓦计划（Blois）在周边地区建设一些公园和休闲娱乐设施；欧坦（Autun）的政策内容包括：保护和改善城市空间（如老城和新城间的水资源规划）、建设和规划一些公共空间（如人行道、Vallon公园的休闲娱乐区）、改善老城的生活条件等；圣庞塔莱翁优先城市化区(Saint-Pantaleon)则着力改善老城和新城的关系(DATAR,1974)。

表 6-6 列举了 1979 年波城(Pau)与国家订立合约所包含的一些具体项目。

表 6-6 波城中等城市政策项目

| 老城项目 | 规划一条参观 16 世纪古迹的线路(部分地区有工业建筑物)<br>建造公园和一个历史游览中心<br>规划一条车站街<br>建设公共游乐运动空间<br>维护旧建筑和老街(如玛格丽特女王住处、Serviez Aragon 步行街) |
|---|---|
| 新城项目 | 扩建 Dufau Lyautey 公园,将市中心与图卢兹—巴约讷(Toulouse-Bayonne)高速公路连接起来<br>北部的项目 |

小城市政策主要是关注小城市的社会经济发展、乡村环境建设和一些涉及当地工业、农业的问题。1975 年至 1982 年间,国家(即后来的区域公共机构)与地方(地方代表)之间共签订了 360 份合约,签订合约的城市主要集中在"卡昂—马赛"线的西侧。

与中等城市政策相比,小城市政策中增加了更多为乡村地区提供服务的内容。以法国中央高原地区为例,许多小城市(包括一些位置比较偏远的城市)都从这项政策中获益。政策内容主要包括:重新利用老建筑、改善市镇福利以及增加社会文化活动(如修建电影院)。

### 三、规划形式

中等城市政策和小城市政策均采取了国家与地方政府(地方代表)之间签订合约的形式。这些政策由市长和国家行政机关(一个跨部门的中央行政小组)直接协调,可以视为对地方有干预的城市政策。在合约中,国家并不是规划者或决策者,而是作为谈判和参与的一方,与地方政府处于平等的地位。

根据这些合约的规定,国家和地方各自承担一部分资金。地方承担的部分在全部资金中所占比重较大。此外,还鼓励地方政府通过税收或信贷的方式筹措资金,承担建设和管理责任,发挥其主动性。

# 第三节 新城建设

## 一、新城政策的发展

新城政策是城市化发展大背景下的产物,也是规划思想演变的结果。"二战"后,随着城市化进程的加快,大量务工人员涌进城市,对城市设施和住房的需求大大增加,导致城市(特别是大城市)的无序扩张。与此同时,一些城市(特别是巴黎大区)的郊区也面临着工作岗位有限、设施(比如购物商场、剧院、电影院等)缺乏、住房供应不足和交通网络不完善等问题。

从整体上看,还有一些因素影响新城政策的形成,主要包括:"光辉30年"中经济与社会的快速发展,城市化的迅猛发展和市郊对城市设施的迫切需求;现代化进程的推进,生活区域、工作区域、公共区域均衡发展的理念(如《雅典宪章》)和"多中心结构"区域概念的形成,等等。

1965年,新城政策的内容首次出现在巴黎大区的规划中。此后,相关内容被写入第五个国家规划(1966—1970年)中。实际上,在1960年,巴黎大区的主要规划《巴黎地区区域开发与空间组织计划》就已经提出要限制郊区扩张(或者至少是限制城市无限扩张),并批准建设公共设施,尤其是建设交通网络(公路网、区域快铁和地铁),但当时还没有提及建设新城。几年后(1965年),巴黎地区规划框架《巴黎大区国土开发与城市规划指导纲要》发布,提出要在巴黎周边建设若干新城。

建设新城的宗旨是确保在人口高度集中的区域更好地实现社会、经济、人的均衡分布和发展,保障就业和住房,并且提供配套的公共和私人设施。新城政策成为规划中的一个重要部分,内容包括:(1) 在市郊建造新城;(2) 确定城市化优先发展方向和保护自然空间;(3) 根据需求扩大都市区域;(4) 改善市郊就业、缓解上下班交通压力;(5) 建立公共交通网络。其他地区的一些城市(主要是平衡型大都市)在1965年到1970年间的区域框架中也提到了新城政策的相关内容。新城的目标是建成一座综合性的城市,而不是原有大城市的无序蔓延,其将住宅区、工作区、公共设施和商业娱乐区等通过交通线路连接起来,从而实现生活、就业、设施的均衡发展。

1970年,首部关于新城的法律(loi Boscher)出台。自70年代开始确定了9个新城(其中 5 个在巴黎大区,4 个在靠近平衡型大都市的其他省)建设项目(图 6-4)。在第六个国家规划(1971—1975 年)和第七个国家规划(1976—1980年)期间,新城的建设需求进一步扩大。第八个国家规划(1981—1985 年)之后,由于受到经济危机和政府换届的影响,新城建设进程逐渐放缓。

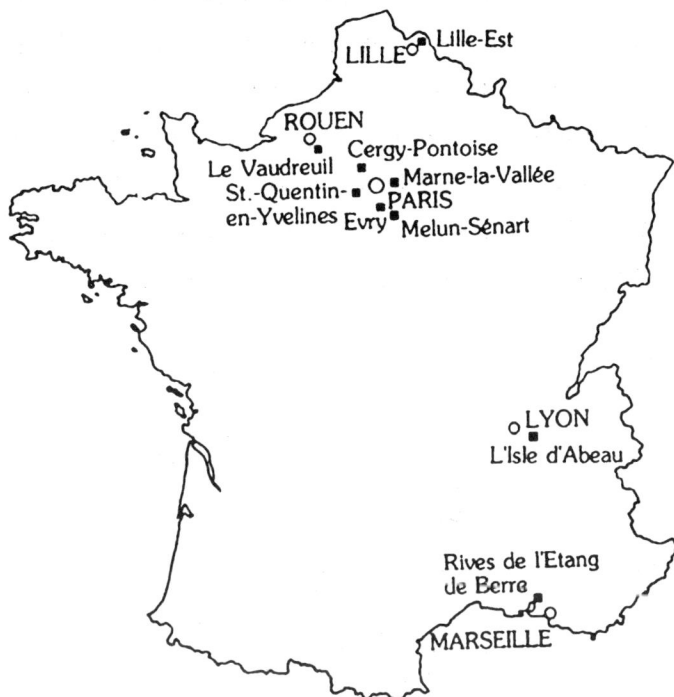

图 6-4 法国新城的空间分布
资料来源:Lee,1993。

此外,从国家层面来看,新城核心小组负责协调融资项目、制定总体经济社会发展政策以及组建地方政府。核心小组秘书处则作为分析、监管每个新城成果和经验的特殊"渠道"(Lee,1993)。从地方层面来看,每个新城都拥有公共发展公司。

二、新城政策的内容

■ 巴黎大区

根据《巴黎大区国土开发与城市规划指导纲要》,新城政策的内容主要包括(图 6-5):(1) 在巴黎大区的郊区建设 8 个新城,其中包括凡尔赛、拉德芳斯、圣德尼北部、塞纳—圣德尼省博比尼市、罗斯尼苏布瓦、瓦勒德马恩省克雷泰区的舒瓦西勒鲁瓦兰吉等;(2) 规划并建设道路网络:外环(巴黎环城公路)和郊环(A86和A87);(3) 建造区域快铁线:一条由东向西从圣日耳曼昂莱和蒙泰松到布瓦西—圣莱热和马恩河谷地,两条由南向北,一条西线从特拉普到塞吉—蓬图瓦兹和瓦尔蒙杜瓦,一条东线从提格雷利维桑特到鲁瓦西机场。在1969年规划做出了修改,仅确定了5个新城的建设[埃夫里(Evry)、塞尔吉—蓬图瓦兹(Cergy-Pontoise)、圣昆廷—伊夫林(Saint-Quentin-en-Yvelines)、马恩河谷(Marne-la-Vallee)和默伦—斯纳特(Melun-Senart)](图6-6):(1) 确定建设距巴黎不远的埃夫里(26公里)、塞尔吉—蓬图瓦兹和马恩河谷;(2) 将原先计划在特拉普附近建立的两个新城合并为一个,并且命名为圣昆廷—伊夫林;(3) 由于博尚的城市化速度很快,考虑将其建设为一个新城;(4) 取消曼特斯附近的新城。

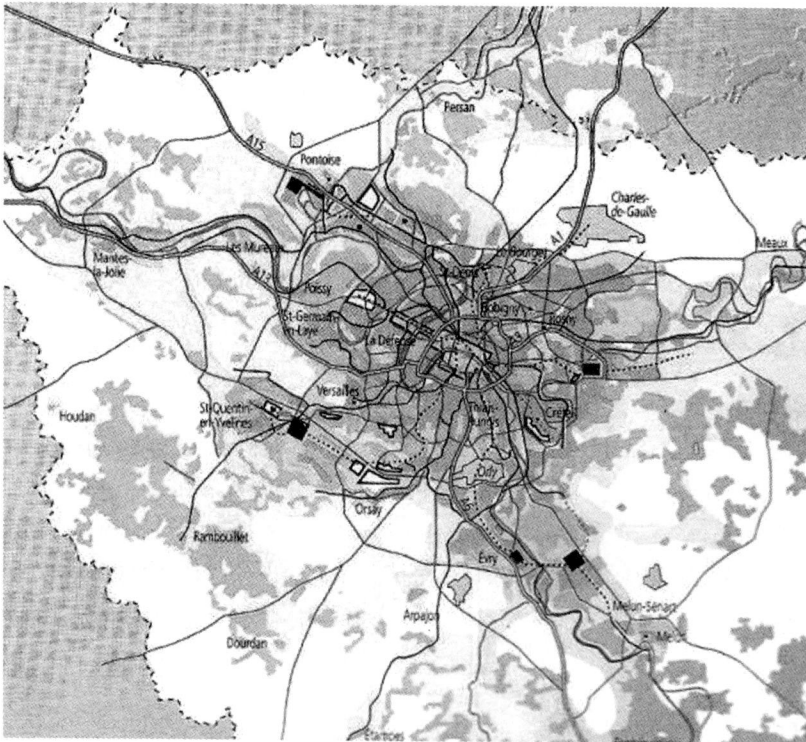

图6-5　巴黎大区国土开发与城市规划指导纲要(1965年)
资料来源:Saint-Julien,1997。

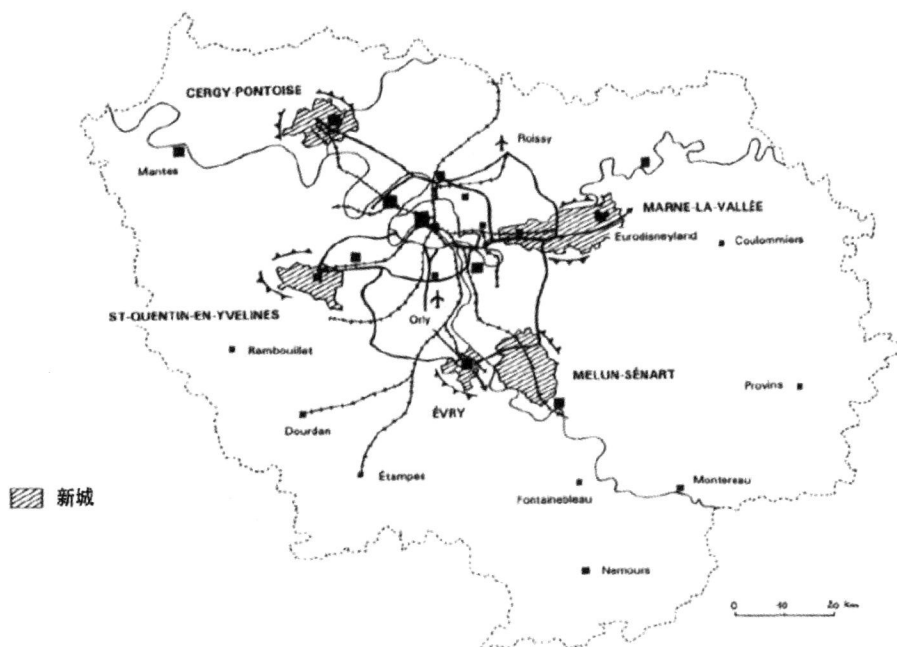

图 6-6　巴黎大区五个新城

资料来源：Steinberg，1990。

　　以埃夫里新城为例（图 6-7），其位于巴黎郊区（往南 30 公里）的偏远地区，主要用以平衡住房和就业，并与 A6 公路和公共交通网络（1975 年建成铁路，后来与快铁线相连）相连接。马恩河谷新城沿 A4 公路和快铁 A 线（往东 14 公里）而建，呈线型结构布局，快铁 A 线的站点成为发展节点。该区域可以划分为四个部分：第一部分围绕着诺伊斯—勒—格兰德（Noisy-le-Grand）而建；第二部分瓦尔茂布伊（Val-Maubuee）主要是一个居民区；第三部分布西圣乔治（Bussy-Saint-Georges）在 1980 年规划，人口密度较低；第四部分布局了迪士尼乐园和大型购物中心。

　　新城的建设优先于巴黎大区其他地方的建设，例如：1975 年，巴黎和新城之间建设了交通线路；马恩河谷到努瓦西的快铁线在 1977 年开工，并在 1980 年延伸至托尔西；塞尔吉的铁路线在 1978 年末开工建设；A15 高速公路也加快建造等（DATAR，1976）。

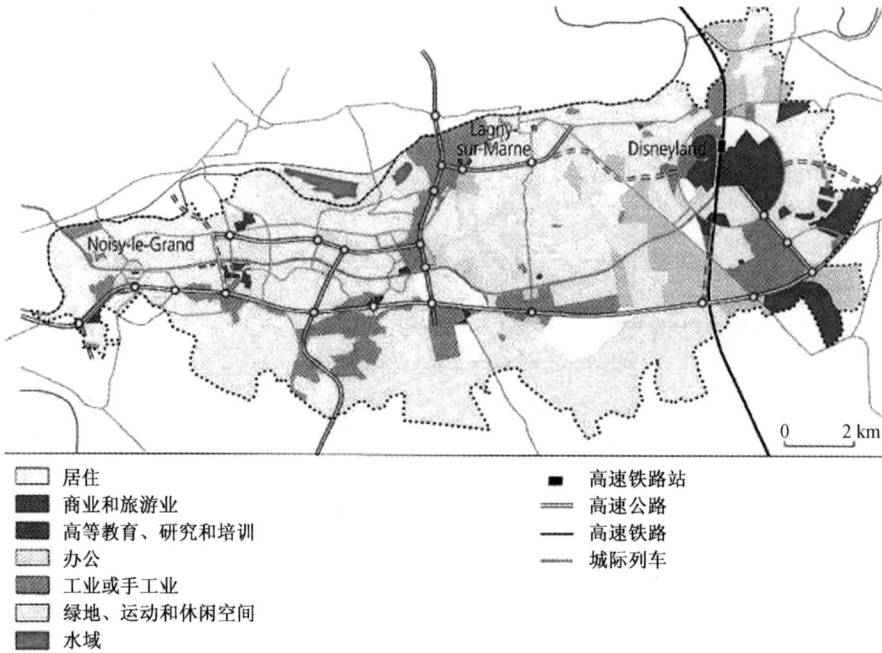

居住
商业和旅游业
高等教育、研究和培训
办公
工业或手工业
绿地、运动和休闲空间
水域

高速铁路站
高速公路
高速铁路
城际列车

图 6-7　马恩河谷新城规划

资料来源：EPA de Marne-la-Vallée,2000。

　　需要指出，这一时期，社会住宅的建设开始与新城的建设相结合，并伴随着城市空间的结构性扩展。新城中社会住宅占全部住宅的比例远高于巴黎或整个大区的比例(表6-7)。新城主要位于巴黎和法国一些大城市的郊区，与先前的大型集中住宅区有所区别，新城的建设更强调本地就业/居住平衡和混合功能，公共设施的建设以及交通的配套，并且注意避免前一时期的"大体量、大量居住集聚"的问题。不再建造单纯的居住单元，以建立真正的城市(vrai ville)为目标。

表 6-7　大巴黎地区新城社会住宅(1990 年)

| | 社会住宅数量 | 占租房客的比例(%) | 占住宅比例(%) |
|---|---|---|---|
| 新城 | 62553 | 70.5 | 28.1 |
| 巴黎 | 134455 | 19.5 | 10.3 |
| 大巴黎地区 | 871608 | 40.1 | 18.4 |

来源：Direction de l'architecture et de l'urbanisme (DAU) et al.,1995。

■ 外省

除了巴黎大区,其他省还建了四个新城:(1)塞纳河下游:计划在鲁昂东南部建设勒沃德勒伊新城(le Vaudreuil),用来连接巴黎和塞纳河流域并促进鲁昂(Rouen)的发展;(2)在诺尔省大区建设东里尔阿斯克新城(Villeneuve d'Asaq),吸引公司和大学;(3)在里昂地区的东南部建立了利斯尔达博(l'Isle-d'Abeau);(4)在马赛的西北方建立了贝尔湖滨新城(Rives de l'Etang de Berre),与工业区滨海福斯(Fos-sur-Mer)相连。

例如,法国政府在 1967 年决定建立东里尔新城(Lille-Est)(图 6-8),并在1969 年完成了新城规划。这个新城的建立旨在实现大都市周围新极点的增长。东里尔围绕着两个大学城而建。城镇中心(如商业中心、市政厅、住宅、办公楼等)

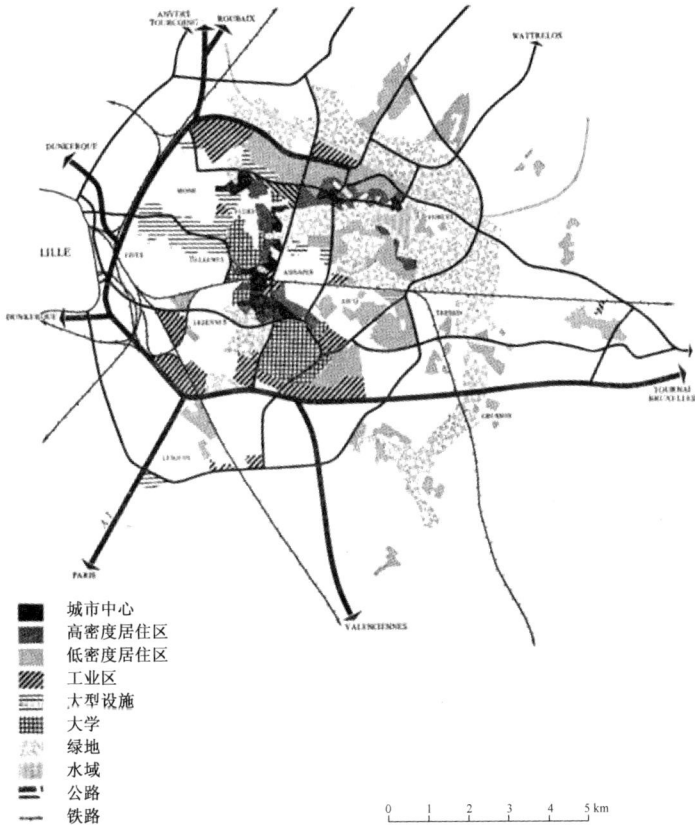

图 6-8 东里尔新城

和一些娱乐设施(如公园、湖泊等)位于两个大学城中间，两个大学城由一条轻轨相连。实际上，大学城早在60年代就已建成(1967年，大学城占地135公顷，共有12000名学生，其中20%的学生住在大学城)，但是设施(如咖啡店、电影院、交通线)配套不足。与工业企业相比，新城更易于吸引大学研究中心和实验室(如食品技术与工业研究中心、纺织研究与高等教育中心及化学研究所)。该新城由国家(3.75亿法郎)、里尔市(1.7亿法郎)和阿斯克新城共同出资在1971—1982年期间建立(Baudelle,1984)。

# 第七章 法国"光辉 30 年"领土整治措施之四

## ——薄弱地区发展

　　乡村地区和山区通常是一个国家发展最为薄弱的区域,如何在工业化和快速城市化进程中改善这些地区经济、社会的状况,历来是政府的重要工作。法国政府在"光辉 30 年"期间在促进薄弱地区的经济发展、基础设施建设、居民生活条件改善,以及生态环境和文化保护等方面制定了若干规划、政策,并取得了较好的成效。

## 第一节 落后的乡村地区发展

　　图 7-1 显示了"光辉 30 年"间乡村地区的主要规划。这些规划在这一期间逐步制定和实施,大致可以分为三个阶段(表 7-1)。乡村规划的实施同时伴随着基础设施建设、土地集中、农民退休补助等其他乡村政策的执行。

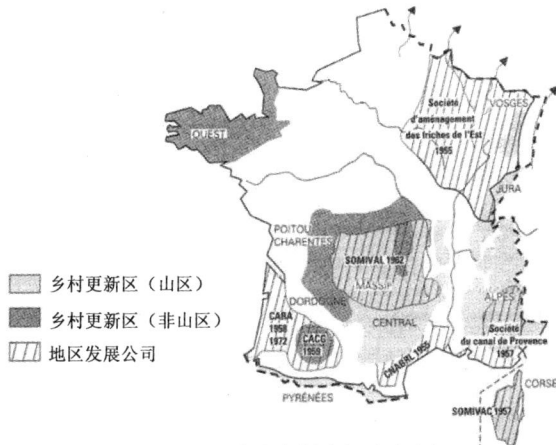

图 7-1　法国乡村空间和规划

资料来源:Brand 和 Durousset,1991。

表7-1　法国乡村规划历程

| | 1950—1965年 | 1965—1970年 | 1970—1980年 | 1980年后 |
|---|---|---|---|---|
| 主要概念 | 农业,农村基本发展 | 领土整治的需求 | 援助 | 发展,复兴 |
| 目标 | 设施 | 经济与社会发展 | 发展和设施 | 经济发展,就业 |
| 优先选取的手段 | 传统行政管理网络 | 乡村更新区 | 乡村整治规划 土地占用规划 | 乡村整治规划 土地占用规划 乡村开发部际基金 |
| 应用 | 所有区域 | 发展落后地区讨论中 | 发展缓慢地区,山区 | 山区,生态脆弱区 |
| 总体背景 | 重建 | 规划 | 扩张,危机 | 危机 |

资料来源:Kayser,1990。

## 一、地区发展公司

自50年代开始,法国政府针对主要乡村地区(如奥弗涅大区、利穆赞大区、洛特省、西部地区等)成立了一些半官方公司(称为地区发展公司)(表7-2),提高了地方的积极性。这些公司最初的目标是促进法国欠发达地区的经济发展(特别是农业现代化),后来又增加了其他内容,比如工业发展和环境保护。

表7-2　法国地区发展公司

| 1955 | 下罗讷—朗格多克的国家规划公司 |
|---|---|
| 1957 | 普罗旺斯运河和普罗旺斯地区开发公司 |
| 1957 | 科西嘉的农业发展公司 |
| 1959 | 加斯科尼山区的规划公司 |
| 1959 | 加斯科尼的土地规划公司 |
| 1962 | 东部森林和湿地规划公司 |
| 1962 | 奥弗涅和利穆赞地区开发公司 |

但是,这些公司的具体任务却有所差别。例如,成立于1955年的下罗讷—朗格多克国家规划公司主要负责灌溉工程和罗讷河与科比埃地区之间的沿海开发。后来,这家公司的业务又增加了乡村空间、旅游区和住房(即农村住宅和旅游村)开发的内容。成立于1962年的奥弗涅和利穆赞土地开发公司主要负责促进奥弗涅和利穆赞的发展,尤其是当地农业和林业的发展,还包括旅游、供水系统、工业和乡村地区手工业的开发。

加斯科尼山区开发公司则主要负责开发比利牛斯中部山脚下的灌溉工程。公司建设了覆盖巴伊斯河、热尔河、萨瓦河和加仑河河谷地区全域的灌溉网,而原先由农民协会管理的一些小型灌溉网也得到利用。公司还建立了一个人工播种中心、一个生猪检测中心、一家食品工厂和一家罐头加工厂。此外,该公司还在人口稀少的地区倡导土地调整,改变土地的利用方式(Brunet,1980)。

**二、乡村更新区**

1967年,法国政府将一些发展落后的乡村地区划定为乡村更新区。时任法国总理乔治·蓬皮杜深知其故乡康塔勒省的落后情况,因而大力推行乡村更新政策(Carron et al.,1999)。该政策参照1960年法国《农业指导法》中对"特别乡村行动区"的界定标准,即生产活动以农业为主、经济欠发达、人口密度过低(或过高)、外迁人口多的地区,并且扩展了"特别乡村行动区"的范围,将其大体分为四个区域(西部地区、利穆赞大区、奥弗涅大区和蒙塔涅地区)。

该政策主要关注两大任务:(1) 发展经济和创造就业;(2) 建设和改善公共设施。第一个任务包括:推进农业现代化,组织生产活动和市场活动,扶持手工业和中小型企业,发展乡村旅游业。第二个任务则主要包括道路、电信和电气化网络等公共设施建设。例如,1974年法国乡村更新政策的基本方针是:继续为公共投资提供特别财政支持;推动农业现代化,提高农民收入和竞争力;扶持第二、三产业的发展(尤其是乡村地区食品业和旅游业的发展);促进对潜在劳动力的技能培训,扩大劳动力市场的需求(DATAR,1974)。

然而,各区域政策的侧重点有所不同。例如,布列塔尼大区注重土地集中、乡村公共服务和道路建设;奥弗涅大区则更注重发展畜牧业和旅游业,鼓励植树造林。例如,1969年奥弗涅大区实施的乡村更新政策主要关注基础设施建设和畜牧生产项目,如肉制品、奶制品的实验检测项目和牛羊养殖项目;建设旅游接待区;改造道路和电信系统等。1973年,法国乳制品加工业开始导入现代化进程;道路和通信系统建设、学校建设等其他方面的现代化进程也在法国大区投资规划框架下展开(DATAR,1970)。1969年利穆赞—洛特地区的规划则侧重于牛羊肉生产、发展交通网、升级电信设备、建设旅游中心。1972年到1973年间,该地区优先建设大型基础设施,如道路系统和通信系统。农业生产则侧重于家畜养殖(DATAR,1974)。

土地整治干预基金为乡村更新政策提供了资金支持(表7-3),该基金主要用于建设乡村基础设施(表7-4)和促进非农业生产活动(尤其是手工业)。法国随后设立了乡村更新基金和乡村规划基金,1979年又合并了乡村规划的相关基金,成立了农村开发部际基金(FIDAR)。

表7-3 法国特殊基础设施建设项目(乡村更新区)(1971年)

(单位:千法郎)

| 政府部门 | 奥弗涅 | 布列塔尼 | 利穆赞 | 山区 | 总计 | 政府部门拨款 | 国土整治干预基金拨款 |
|---|---|---|---|---|---|---|---|
| 农业部 | 40.42 | 22.00 | 22.37 | 22.41 | 107.19 | 85.00 | 22.20 |
| 基础设施建设部 | 14.59 | 37.50 | 13.22 | 4.09 | 69.37 | 65.00 | 4.40 |
| 邮政与通讯部 | 8.00 | 78.00 | 5.00 | 2.00 | 93.00 | 93.00 | — |
| 国民教育部 | 8.25 | — | 8.06 | 5.28 | 21.59 | 20.24 | 1.35 |
| 内务部 | 1.77 | 0.10 | 0.25 | 3.85 | 5.97 | 0.42 | 5.55 |
| 青年和运动部 | 0.17 | 0.06 | 0.79 | 1.80 | 2.81 | 1.20 | 1.61 |
| 工业和科技发展部 | 3.30 | 0.99 | 0.56 | 1.27 | 6.13 | 1.01 | 5.11 |
| 文化事务部 | 0.17 | — | — | — | 0.17 | — | 0.17 |
| 民航部 | 0.80 | — | — | — | 0.80 | — | 0.80 |
| 公共卫生部 | — | — | 0.48 | — | 0.48 | — | 0.48 |
| 劳工部 | 0.53 | — | — | — | 0.53 | — | 0.53 |

资料来源:DATAR,1972。

表7-4 1963—1970年法国乡村基础设施建设项目(土地整治干预基金支持)

(单位:法郎)

| | 第四个国家规划 | 第五个国家规划 | 百分比(%) |
|---|---|---|---|
| **乡村设施建设** | | | |
| 乡村公共服务 | 10460700 | 38205700 | 3.56 |
| 大型领土整治 | 18700000 | 18800000 | 2.74 |
| 公园和周边地区 | 7000000 | 18723000 | 1.88 |
| 乡村更新 | — | 93708800 | 6.88 |
| 其他 | 10339300 | 12795000 | 1.70 |
| **道路设施建设** | | | |
| 乡村道路 | 94260000 | 226855000 | 23.65 |

资料来源:DATAR,1970。

### 三、乡村整治规划

乡村整治规划是由地方主导的一种地区层面的行动(图 7 - 2)。它与中小城市政策相类似,也是政治权力下放的产物,满足地方参与决策的需要。尽管一般认为乡村整治规划是由行政管理部门主导(处于农业部的管辖和指导之下),但实际上地方代表、专家和居民也可以参与其中。

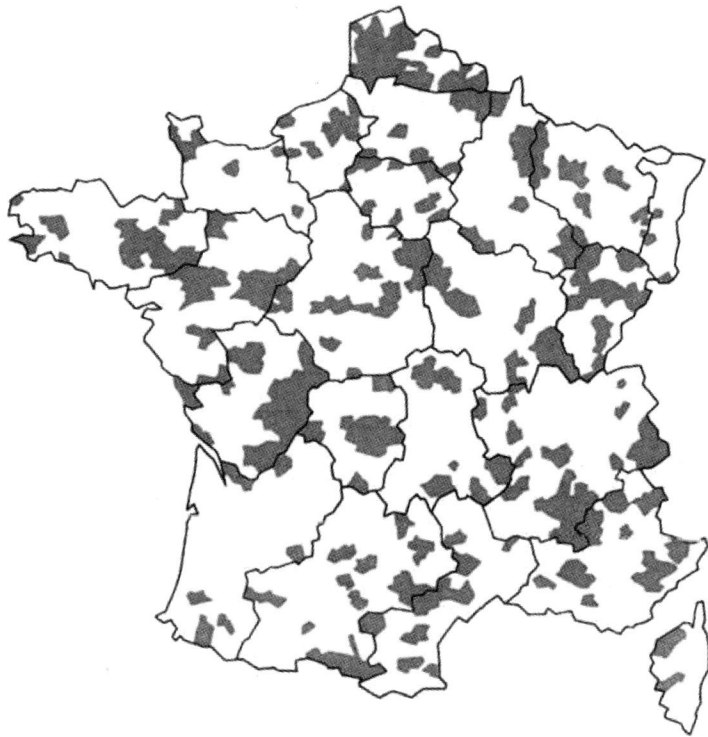

图 7 - 2  法国乡村整治规划

资料来源:法国农业部,1981。

1967 年的土地指导法颁布以后,法国于 1970 年制定了一项法令,规定了法国乡村规划的原则。这些原则决定了乡村整治规划的导向,其目标是推动社会经济发展(具体包括发展农业、林业、手工业、工业、服务业、住房建设、旅游业等),建设和改善乡村基础设施,保护自然空间(通过土地占用计划加以保护)。到 1981 年,法国已经制定了 170 个乡村整治规划。

## 第二节　山区经济区

山区经济区起初根据1961年的标准来划分,1973年又有所扩展,共包括40个省、4263个市镇(包括比利牛斯山区和孚日山区、汝拉山区、塞文山区和科西嘉山区、北阿尔卑斯山区和南阿尔卑斯山区)(图7-3)。新的山区政策制定以来,其主要内容从早期的基础设施建设、国家公园建设和滑雪设施建设转向农业、手工业和旅游业的综合发展(如1972年为放牧土地协会提供扶持,1974年为乡村建设提供特殊补助金)。

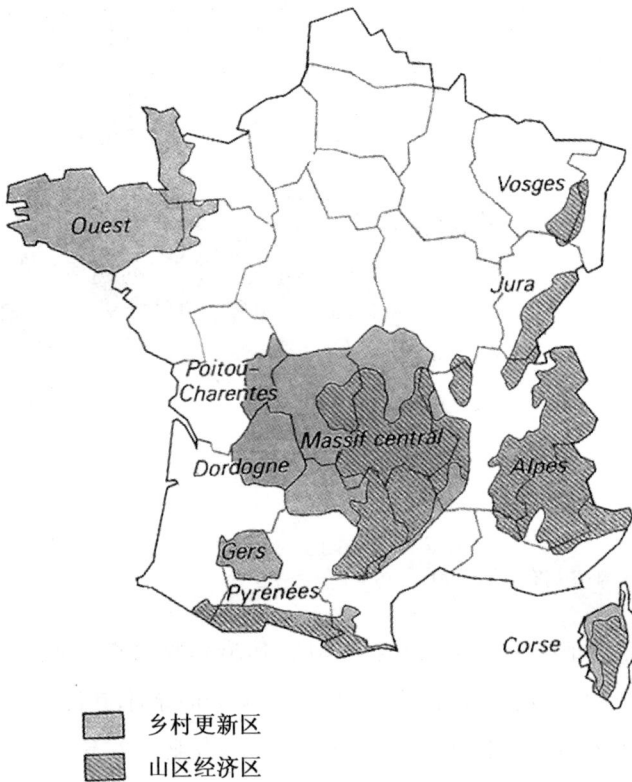

乡村更新区

山区经济区

图7-3　法国乡村更新区与山区经济区
资料来源:DATAT,1977。

　　山区经济政策的目标是:维护和重建人类活动与自然环境之间的平衡;将发展旅游业纳入乡村更新政策。具体包括保持山区的农业活动,保留手工业和中小型企业,提高居民的生活条件(DATAR,1973)。

　　以北部阿尔卑斯山脉的汝拉山区为例,当地农业区和某些不适宜开展农业活动的区域获得了山区特殊补助(ISM),不仅解决了这些地区的土地利用问题(特别是北阿尔卑斯山脉旅游区的土地利用问题),也解决了当地小型机械制造企业的生存问题,并且提高了旅游业的组织化,改善了公共服务(DATAR,1976)。

　　1975年,法国制定了一项中央高原地区综合规划,规划范围覆盖了整个奥弗涅和利穆赞大区,以及罗讷—阿尔卑斯、朗格多克—鲁西永和南比利牛斯三个大区的部分地区。规划实施区域主要是以农业为主导的地区以及山区。这些地区的特点是:人口密度不到50人/平方公里;农业人口比例较高;城市化水平较低;位于几个大型城市群的交界处;较为贫困(东南部尤为严重);畜牧业和乡村旅游业具有巨大的发展潜力(DATAR,1973)。该规划旨在达成三大目标:消除隔离(建设公路、高速公路、铁路、机场航线等);利用当地资源促进生产;改善生活条件。具体内容如表7-5所示(1978年)。

表7-5　中央高原地区综合规划的目标

| 消除隔离 | 建设普通公路网和高速公路网 |
| --- | --- |
| 促进生产 | 农业:发展饲料技术(1978年)和牲畜养殖技术(1979年),改善土地结构;优化利用现有森林资源<br>手工业:为企业创造就业岗位;雇用学徒工和成年劳工<br>工业:利用商业技术(如群体协作)开辟新市场;中央高原50%的地区得到政府的全力帮助(据1976年4月14日法令);提供工业投资,帮助当地社区购买及开发土地,推动住房建设<br>着重发展三个具体行业:食品工业、木制托盘制造业和矿产开发业 |
| 改善生活条件 | 发展公路网<br>改善城市生活条件(居住条件与生态环境)<br>提高电视普及率 |

　　资料来源:DATAR,1978。

# 第三节　国家公园与自然保护区

法国根据1957年7月1日颁布的一项法律设立了自然保护区,随后又设立了国家公园和区域自然公园,这是法国政府为保护环境而采取的重要举措。自1963年第一个国家公园诞生至今,法国已相继建立了六个国家公园(Parc de la Vanoise,de Port-Cros,des Pyrénées,des Cévennes,des Ecrins,du Mercantour)。国家公园一般选址于人口稀少或无人居住的区域,目的是保护自然空间(包括植被和动物)。另外,虽然国家公园对人类常规活动(如狩猎、收割、旅游业、商业和工业活动等)有严格的控制,但是公园的边缘区域可以被规划成一个配备社会、经济、文化设施并可开展相关活动的综合性区域。国家公园由国家出资建立,并遵守国家的相关规定。

1967年,法国设立了第一个区域自然公园。区域自然公园扩大了国家公园的保护范围,其目标是"确保生态保护、乡村生活和居民休闲活动三者之间的平衡",这与国家公园的目标有所不同(表7-6)。此外,区域自然公园受到本地区的干预较多,因而成为一种分散领土整治权力的工具。自20世纪70年代开始,经济发展的目标与前一时期相比得到了更多的重视。

区域自然公园的主要作用如下:保护和丰富人类遗产(如民族遗产、文化遗产、环境遗产、建筑遗产等);做好空间管理工作,包括细化土地占用规划、保护环境资源丰富的区域以及培训当地官员;发展旅游业;发展经济,包括杜绝重工业和污染型生产活动;发展农业,包括复垦已废弃的田地和改作他用的田地,提高当地生产能力,组织销售渠道;维护商业和手工艺系统(Laborie et al.,1985)。

表7-6　法国国家公园和区域自然公园的特征

| | 国家公园 | | 区域自然公园 |
| --- | --- | --- | --- |
| | 主园区 | 边缘区 | |
| 土地 | 具有重要的科学价值,在野生动植物群、土壤、矿产、水资源等方面具有重要意义<br>某些地区可被划为自然保护区 | 主园区周边的乡村地区 | 乡村地区,地域广阔,风景怡人,某些区域可被划为自然保护区 |

| | 国家公园 | | 区域自然公园 |
|---|---|---|---|
| | 主园区 | 边缘区 | |
| 人口 | 无人或人口稀少 | 乡村地区的总人口 | 乡村地区的总人口 |
| 主要目标 | 保护自然资源 | 利用公园资源保护周边自然资源;发展农业、林业和旅游业 | 保护、丰富自然资源和历史遗产;保持和促进乡村经济持续发展;接待市民并开展教育 |
| 管理结构 | 由隶属国家环境部的公共机构管理 | 由部级咨询委员会管理 | 由联合会、协会和基金会等当地管理机构联合管理 |
| 基础设施建设投资方 | 国家 | 按照乡村更新区补助标准获得财政资助的当地社区 | 得到资助的当地社区 |
| 运营投资方 | 国家 | 国家和地方集体 | 国家、大区公共部门、地方集体 |

资料来源:Jean-paul laborie et al.,1985。

# 第四节　沿海地区的发展

随着城市的逐渐扩张,同时为了满足发展旅游业的需要,法国政府从20世纪60年代起开始重视沿海地区的旅游发展。政府首先选定了三个沿海地区,随后出台了相应规划,如朗格多克—鲁西永(1963年)、科西嘉(1966年)以及阿基坦(1967年)三个大区均制定了旅游规划。沿海地区旅游规划的目标并非建设一个传统意义上的大城市,而是建造一座供人们休闲娱乐的假日城市。规划的目标是将沿海地区打造成为现代化的旅游区(Racine,1980)。开发的主要内容见表7-7。

法国政府意图通过旅游业来带动欠发达地区的内生发展。例如,朗格多克—鲁西永大区在经济发展过程中暴露出两个明显的问题:农业占据主导地位,工业欠发达(Lacour et al.,2008)。因此,该地区的发展目标是:建设一个大型旅游区,充分挖掘其潜在资源;发展旅游业及相关产业;吸收外来投资,吸引外国游客,促进法国旅游业的均衡发展(Laborie et al.,1985)。阿基坦大区的规划布局见图7-4。

表 7-7  法国沿海地区开发主要内容

| 基础设施建设计划 | 区域旅游胜地规划 | 公共权力为建设性项目和城市规划提供用地保证 |
|---|---|---|
| | 大型项目 | 保证新建旅游区与全国公路网快速沟通;<br>沿海沼泽区的回填和疏浚;<br>建设由 12 个港口组成的港口群;<br>沿海地区再造林,保证旅游接待站的绿地面积;<br>建立供水系统和卫生系统,防止海洋污染 |
| | 建设假日城市 | |
| 保护计划 | 土地使用规划 | 区域旅游胜地的城市规划对城市化区域和受保护区域(乡村地区、林区、生物保护区和自然保护区)有明确区分;<br>沿海地带植树造林;<br>在新规划的地区制定保护政策:种植绿地;拆除海滩小屋和帐篷营地;管理卫生和海洋弃物 |
| | 沿海地区分级与保护 | 须考虑审美作用、历史价值和生态作用的重要性 |

资料来源:Jean-Paul Laborie et al.,1985。

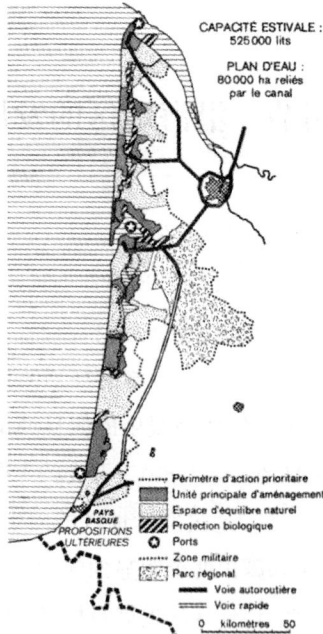

图 7-4  阿基坦海岸规划布局
资料来源:DATAR,1973。

# 第八章　法国"光辉 30 年"领土整治措施之五
## ——基础设施建设

公路、铁路、港口、机场、电信等基础设施建设与区域发展密切相关。法国"光辉 30 年"期间,基础设施建设是均衡区域发展的重要抓手。战后到 50 年代中期,是法国的建设恢复期,随着经济恢复发展,法国把基础设施的规划与建设摆上重要位置,进入 60 年代,基础设施建设也进入大发展阶段。从 1963 年到 1967年,法国政府将国土整治干预基金的 38％用于道路建设,12％用于港口及水路建设,9％投入电信领域(CAC,1967)。

# 第一节　高速公路建设

法国从 1958 年开始启动大规模的交通运输项目建设。"第三个国家规划"(1958—1961 年)实施期间出现了一些严重问题:交通运输能力不足,无法适应法国经济和社会的高速发展。例如,1960 年法国罗讷—阿尔卑斯地区的建设规划中写道:"里昂南部车流量增大,交通运输地位突出,需要促进当地高速公路的建设,使其成为巴黎—马赛高速公路的一部分(1955 年 12 月 10 日部级决定批准的建设项目)。"

因此,法国在"第三个国家规划"实施期间提出了首个高速公路建设框架:1960—1975 年,高速公路建设总里程达到 2000 公里;计划修建一些交通干线,如里尔—巴黎—马赛高速公路、爱斯特尔—蓝色海岸高速公路以及巴黎—诺曼底高速公路等。法兰西第五共和国成立后,此类建设项目继续开展,并得到新政府的进一步重视,写入"临时规划"(1960—1961 年)中。该规划的目标包括:保证大型城市群的交通顺畅,各主干线路通行无阻;连接法国主要经济中心。然而,当时第一批高速公路重点工程主要集中在城市化程度较高的法国东部地区,东西部之间由一条纵贯南北的勒阿弗尔—马赛干线隔开。

在"第四个国家规划"期间,大规模的交通建设项目与一系列领土整治(如"工业分散政策"和"平衡型大都市政策")同时开展。根据当时领土整治的导向,这一时期的投资主要集中在主干线路和干线两端的城市上。

在"第五个国家规划"和"第六个国家规划"期间,法国的主要目标仍然是建设连接巴黎和其他"平衡型大都市"的交通线路,包括高速公路和铁路。"第六个国家规划"时期的重点工程包括一些主干线路的建设(尤其是"巴黎—北部地区"、"巴黎—东南部地区"、"滨海塞纳省"、"巴黎—东部地区"、"莱茵—地中海地区"等区域的主干线路),以及法国西部地区和乡村地区交通线路的建设。另外,这一时期的规划也纳入了一些其他工程,包括东部和北部传统工业区的发展建设,敦刻尔克港、勒阿弗尔港、马赛—福斯港等主要港口的发展建设,以及巴黎、里昂、马赛等法国大都市区的区域快铁和地铁等公共交通的建设。这一时期,法国政府也开始重点建设与欧洲其他国家相连接的交通线路,如巴黎—梅斯—斯特拉斯堡高速公路(连接法国和德国)和南北主干线(即里尔—巴黎—里昂—马赛高速公路,连接法国和比利时)。

20世纪70年代,法国建造了几条主干高速公路,自首都巴黎向法国北部、西部、东南部和南部辐射,构成以巴黎为中心的放射状结构。主要项目(1971年法国主干公路连接项目计划)(图8-1)涉及两类高速公路:一类高速公路连接巴黎、平衡型大都市、相似大都市以及国际大都市;另一类则连接各个大城市和辐射区内人口在四万以上的城市群。然而在这一时期,空间规划暨区域行动署提出,法国北部、东部、东南部的高速公路密度远远高于中部和西部,这会扩大东西部地区之间的发展差距。因此,高速公路建设的重点开始向西部、西南部和中部地区倾斜。

总体来说,在20世纪70年代石油危机发生之前,高速公路的修建一直是法国交通建设的主要任务。建设的目标里程数也在一直增长,"第四个国家规划(1962—1965年)"的目标为450公里,1962年部际委员会提出了450～885公里的目标,而"第五个国家规划"设定的目标为1000公里。

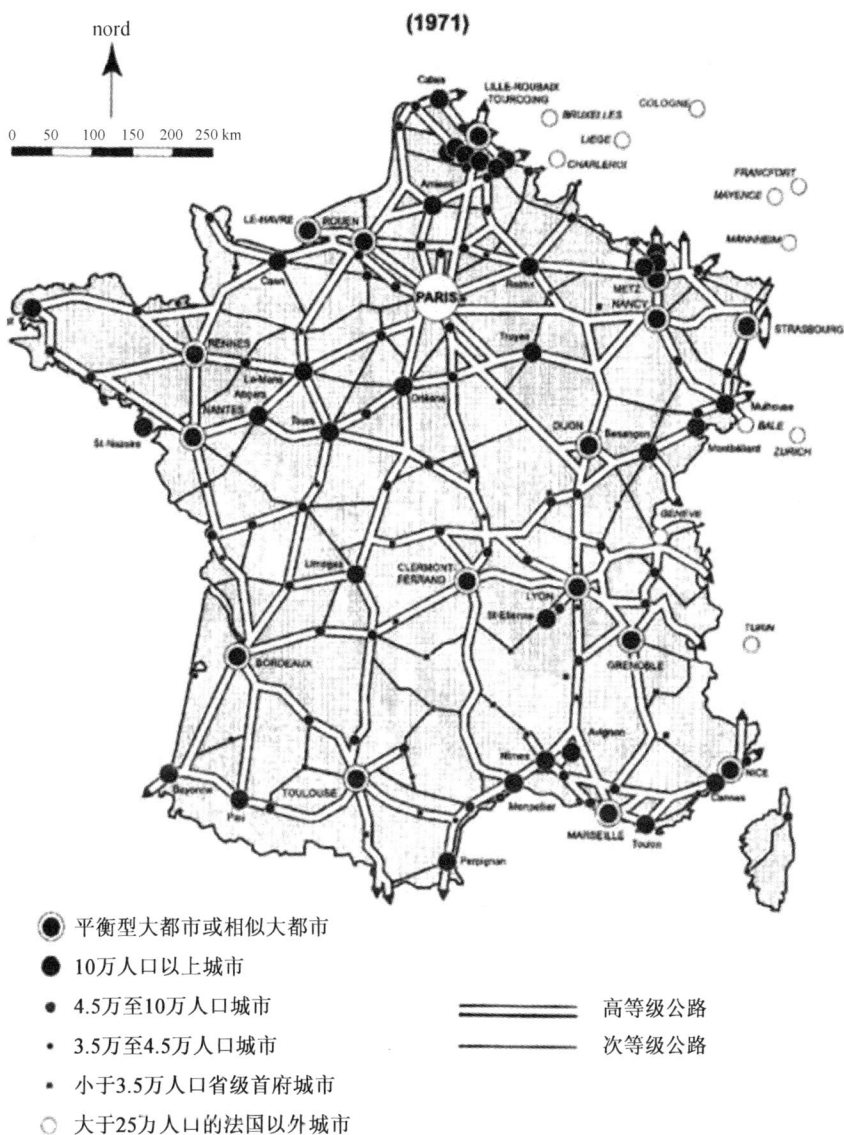

图 8-1　法国主干公路连接项目计划(1971 年)

资料来源:La Documentation Francaise,1971。

1960 年,法国的高速公路只有 175 公里。1968 年则增长到 1000 公里,1980 年达到 4000 公里。此外,在大规模修建高速公路的同时,机动车总量也在增长,从 1959 年的 600 万辆增长到 1980 年的 2200 万辆(Berion & Langumier,2002)。石油危机过后,大规模的高速公路网建设逐渐放缓,与此同时,法国开始启动高速铁路(TGV)建设项目。

# 第二节　铁路建设

在"光辉 30 年"期间,法国铁路的发展落后于高速公路的发展(表 8-1)。但在 70 年代,尤其是石油危机之后,法国重新认识到铁路运输的优势和重要性,相比之下,高速公路导致的各种问题(如环境污染)则受到了普遍批评。

电气化改造等技术进步使交通运输的"时间距离"大大缩小,政府在一定程度上开始关注以巴黎为核心的放射状结构(图 8-2)。1970 年空间规划暨区域行动署提出:应改善原有的以巴黎作为核心的放射状结构,使其促进平衡型大都市及其卫星城之间的交通联系,并使巴黎与这些城市之间的交通联系更加直接;以及完善各大区内部的交通联系。但是,电气化铁路的主干线路仍旧呈现出以巴黎为核心的放射状结构(图 8-3)。这种结构随着 70 年代以后法国高速铁路客运专线的修建得到一定程度的均衡(图 8-4)。

表 8-1　法国交通运输网的发展 （单位:千公里）

| | 公路网 | | 法国国家铁路(SNCF)网 | | |
|---|---|---|---|---|---|
| | 高速公路 | 国家交通网 | 总里程 | 电气化线路 | 高速列车线路 |
| 1954 年 | 0.2 | 80.8 | 39.8 | 4.6 | — |
| 1964 年 | 0.5 | 80.8 | 38.2 | 8.2 | — |
| 1974 年 | 2.7 | 33.9 | 34.8 | 9.3 | — |
| 1984 年 | 5.7 | 34.0 | 34.7 | 11.3 | 2.1 |

资料来源:DAEI/SES,CCFA,SNCF,1984。

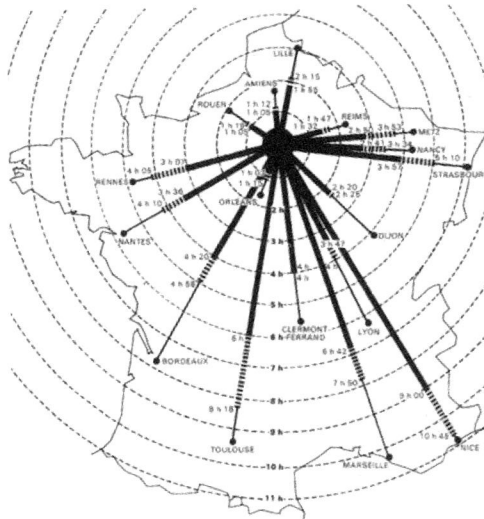

图 8-2　巴黎与法国主要城市之间的铁路
"时间距离"(1958 年和 1968 年)
资料来源:法国国家统计与经济研究所,1969。

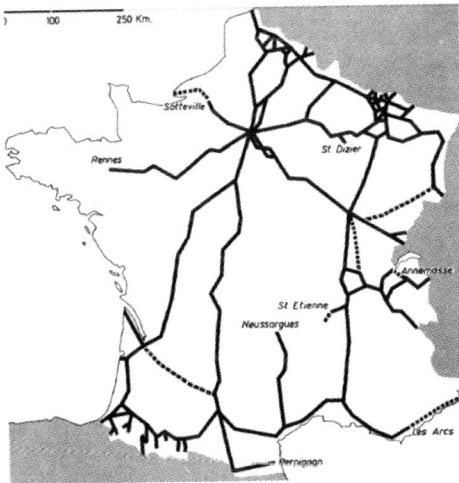

图 8-3　法国国家铁路公司电气化线路
(至 1966 年)和 1970 年前竣工的
新线路
资料来源:Schnetzler,1967。

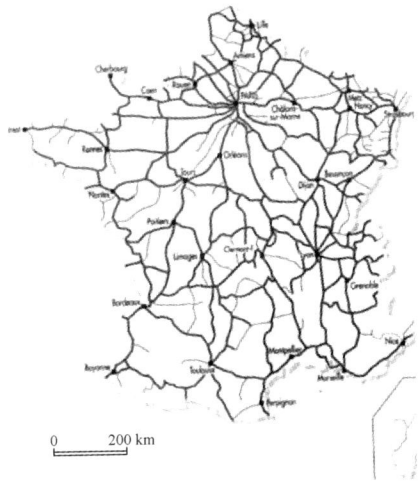

图 8-4　法国铁路客运线路(1980 年)
资料来源:FNAUT,1981。

在70年代,尤其是石油危机之后,法国政府更加重视铁路的建设,部分原因在于高速公路导致了资源、环境和交通拥堵等多方面的问题。

"第七个国家规划"实施期间,为缓解巴黎—里昂线和连接巴黎与地中海地区高速公路的压力,法国于1974年开始修建第一条高速客运铁路。这条高速铁路大大缩短了这两大区域之间的时间距离。1981年,巴黎东南线高速铁路完工。1985年,巴黎—大西洋高速铁路投入运营。自此,高速铁路成为法国乃至欧洲重要的基础设施。1980年至1985年间,里昂和巴黎间的交通流量增加了160%(Neuschwander & Sibille,1991)。高速客运铁路的建设进一步加强了巴黎与这些"平衡型大都市"之间的联系(图8-5)。

此后,高速客运铁路延伸到欧洲邻国,如比利时和德国(巴黎—布鲁塞尔—科隆线)、瑞士(巴黎—苏黎世线)以及英国(巴黎—伦敦线)。高速铁路的修建不仅完善了法国的城市等级体系,整个欧洲的城市等级体系也得到了一定程度的优化(图8-6)。

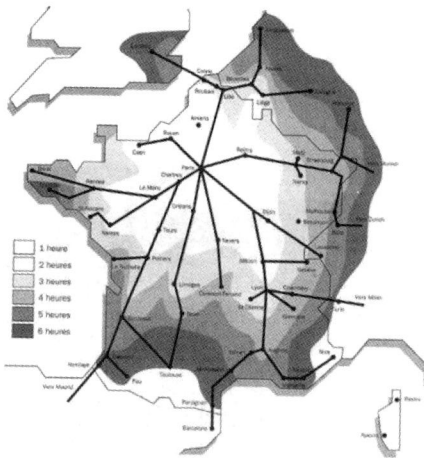

图8-5　法国高速铁路覆盖范围的变化(1990年)
资料来源:空间规划暨区域行动署(DATAR),1990。

图8-6　法国高速客运铁路线
资料来源:国际铁路联盟(UIC),1990。

随着法国城市化的发展和城市的扩张(如新城的兴起),在"光辉30年"期间,各大城市的中心及其市郊之间也修建了地区铁路线,如巴黎(图8-7)、里尔、斯特拉斯堡、波尔多和图鲁斯等,这在一定程度上满足了城市化以后日渐增长的日常交通需求。

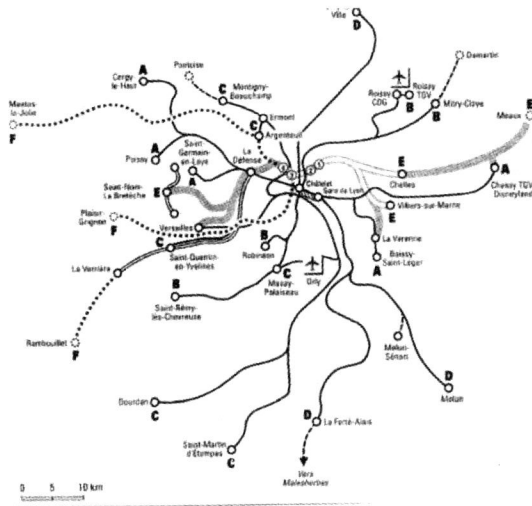

图8-7　巴黎大区区域快铁网
资料来源:Troin,1995。

# 第三节　港口建设

　　法国港口的发展在一定程度上均衡了中心放射状的交通结构。在"光辉30年"期间,法国政府支持筹建了一些港口,如敦刻尔克港(Dunkerque)、布雷斯特港(Brest)等,其中马赛—福斯港和下塞纳港的建设项目获得了重点支持。考虑到港口在国内应均衡分布,政府还扶持了位于波尔多和南特—圣纳泽尔的港口建设。国家主要对六大港口进行投资,即马赛港(Marseille)、敦刻尔克港(Dunkerque)、波尔多港(Bordeaux)、南特—圣纳泽尔港(Nantes-Saint-Narzaire)、勒阿弗尔港(Le Havre)和鲁昂港(Rouen),对于这些港口的投资占总投资的82%以上,而这其中80%的投资又集中用于敦刻尔克港、勒阿弗尔港和马赛港这三个主要港口的建设(Chapon,1996)。此外,根据空间规划暨区域行动署的规划,为了达到区域间的均衡发展,法国海岸线上的一些二级港口也得到了维护和现代化建设(Burnel,1996)。法国海港分布及运输量见图8-8。

　　"光辉30年"后,法国的大型港口连接到了欧洲和世界的主要港口,而上述三个主要港口则位于世界首批22个港口之列。但是,自20世纪80年代起,法国港口的运输量开始下降,开始不得不面对欧洲其他港口的竞争(图8-9)。

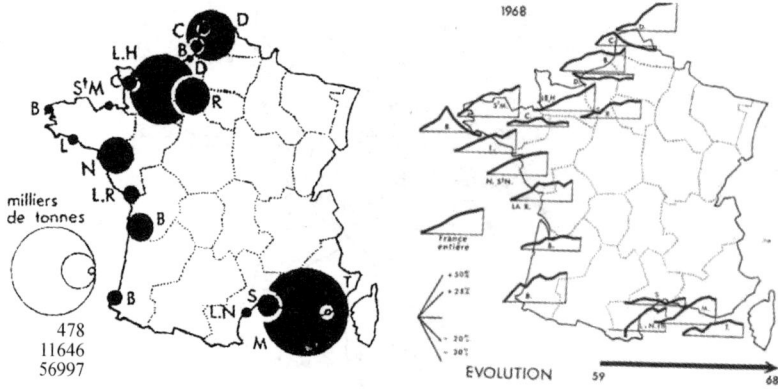

图8-8 法国海港的运输量(1968年)
资料来源:法国国家统计与经济研究所(INSEE),1969。

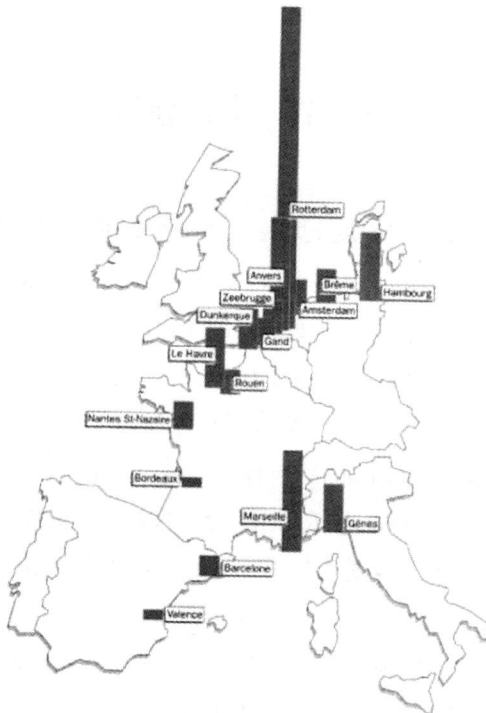

图8-9 欧洲部分港口的运输量(1990年)
资料来源:DPNM,1990。

# 第四节 开辟航空线

　　法国的"第三个国家规划"首次提到了对航空线的投资,主要针对布列塔尼、中央高原和北部—加来等欠发达地区。20 世纪 60 年代,政府在一些重要城市如南特、波尔多、图卢兹、克莱蒙费朗、里昂和马赛,开辟了一些辐射状的航空线和横向的航空线。当时的目标是确保每座平衡型大都市都有航空服务(CGP,1965)。航空线的建设同时伴随着工业和第三产业的分散化进程。国内航空网的开辟可以被认为是产业分散化和区域经济发展的重要原因。

　　根据图 8-10 所示,国内新开辟了一些航空线使法国城市之间的联系在 70 年代变得更为紧密,如巴黎与其他城市之间,以及与更多区域级城市之间的二级辐射状航空线和二级横向航空线。此外,为实现区域发展,空间规划暨区域行动署完善了已开辟的航空线,如卡尔卡松—蒙彼利埃航空线(Carcassonne-Montpellier)、卡昂—勒阿弗尔—里昂航空线(Caen-Le Havre-Lyon)和蒙吕松—巴黎航空线(Montlucon-Paris)。

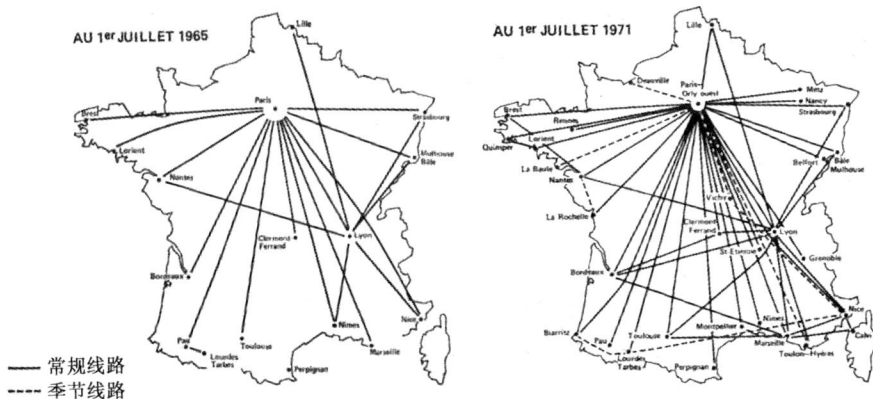

图 8-10　法国国内航空线

资料来源:CRES,1980。

　　随着欧洲一体化进程的发展,法国也加强了与欧洲其他重要城市的航空线联系(图 8-11)。空间规划暨区域行动署支持在法国区级大城市和一些国际大都市之间建立航空线,如波尔多—图卢兹—米兰线和里尔—布鲁塞尔—阿姆斯特丹线。

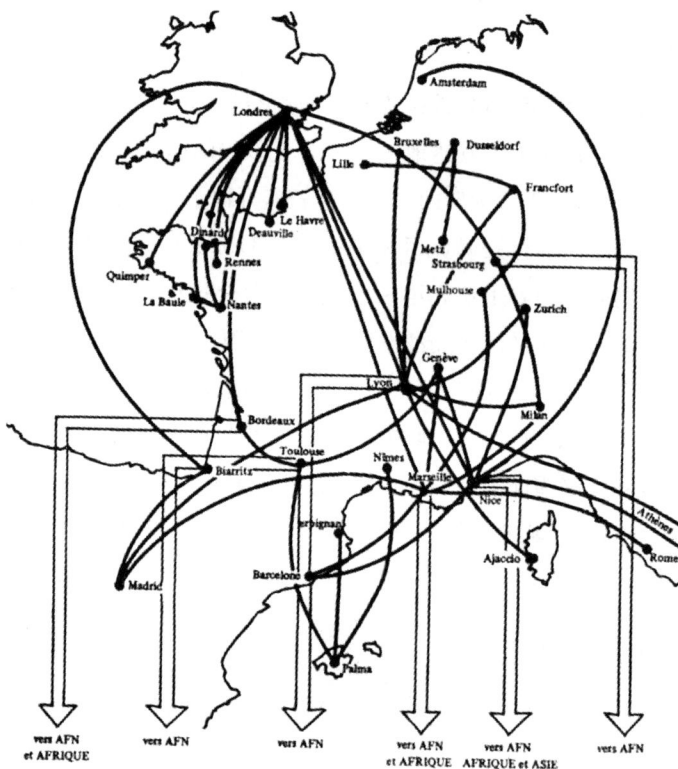

图 8-11　法国国际航空线(1973年)
资料来源:CRES,1974。

# 第五节　电信建设

法国的电信建设始于1950年代。与其他所有发达国家相比,法国的电信服务发展得相当晚,因此法国采取强有力的措施来弥补这一差距。到了70年代,长途电信服务已覆盖整个法国。

在法国国家通信研究中心(CNET)的支持下,法国逐步重建并升级了通信线路,如1960年启用的马赛—拉西奥塔(Marseille-La Ciotat)通信线(300条线),

1970 年启用的巴黎—波尔多(Paris-Bordeaux)通信线(1800 条线),以及巴黎—里昂—马赛—尼斯(Paris-Lyon-Marseille-Nice)通信线(2700 条线)和圣拉斐尔—拉福(Saint-Raphael-La Foux)通信线(3440 条线)。电信业的发展不仅反映在通信线路数量的增长上,而且体现在服务质量方面,即建立了国内和国际的通信网,呼叫效率也有所提高。

尽管电话服务在大城市和工业化大区发展迅速,但是电信服务却主要集中在巴黎地区。"第七个国家规划"提出在某些省投资电信服务,使其达到巴黎大区的电信发展水平。例如,1976 年,法国在中央高原实施了"绿色电话"规划,该规划确定优先在人口密度较低的农村地区建立长途电信线路。另外,电信技术的发展也推动了电信线路的增长。如图 8 - 12 所示,法国在 70 年代,电信自动化比率已大幅提升。

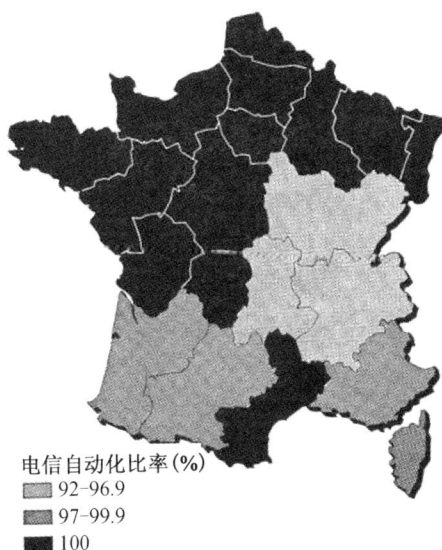

图 8 - 12 法国电信自动化比率
资料来源:PTT,1980。

# 第三部分

# "光辉 30 年"法国领土整治成效

在"光辉 30 年"期间及之后,法国领土整治的效果逐步显现,有些变化达到了领土整治的既定目标,有些所产生的效果则超出了领土整治的最初预期,也有些措施及其后果引起了法国社会各界的争议。

事实上,因受政府引导、市场和居民需求,以及时代背景变化等多方面因素的影响,规划的实施及发展过程相当复杂。在以下几章中,我们会叙述并评价在"光辉 30 年"期间及之后实施领土整治给法国的区域发展所带来的效果。我们选取了与前几章相呼应并与快速城市化进程紧密相关的四个方面:工业和服务业分散化的效果、法国人口迁移及流向的演变、法国城市体系的变化,以及对乡村地区的影响。并选择巴黎地区与巴黎盆地、法国南比利牛斯大区作为领土整治实施的案例。

# 第九章  工业和服务业分散化的效果

在"光辉30年"期间,工业和服务业分散化政策至关重要。我们认为其实际的实施和演变情况是规划指导与市场需求两方面共同作用的结果。

## 第一节  法国工业的发展变化

在"光辉30年"期间,伴随着工业分散化进程,法国工业的分布和发展发生了显著变化。首先表现在就业方面。巴黎大区的工业就业机会有所减少,而外省的就业机会则明显增加(尤其是法国西部地区)(表9-1)。其中,100人以上的大型企业明显表现出由巴黎大区外迁的趋势。

表9-1  法国工业和第三产业就业变化(1962—1968年)

|  | 工业就业变化 | 第三产业就业变化 |
|---|---|---|
| 法国东部地区 | +4.8 | +16.9 |
| 法国西部地区 | +16.8 | +15.0 |
| 巴黎大区 | -1.1 | +14.7 |

资料来源:法国国家统计与经济研究所(INSEE)。

1950—1975年,近3500个"分散化"项目给外省创造了约50万个工业就业机会(Albertini,1988)。以汽车工业为例,1959年,约75%的就业机会集中于巴黎地区,而到了1970年,这一比例已降至约50%(Ravenel,1990)(图9-1)。在这一过程中,公共政策干预起到了一定的引导作用。例如,同时期批准的工业建造许可证比例由1955年的33%降至1975年的7.5%(Aydalot,1978)。

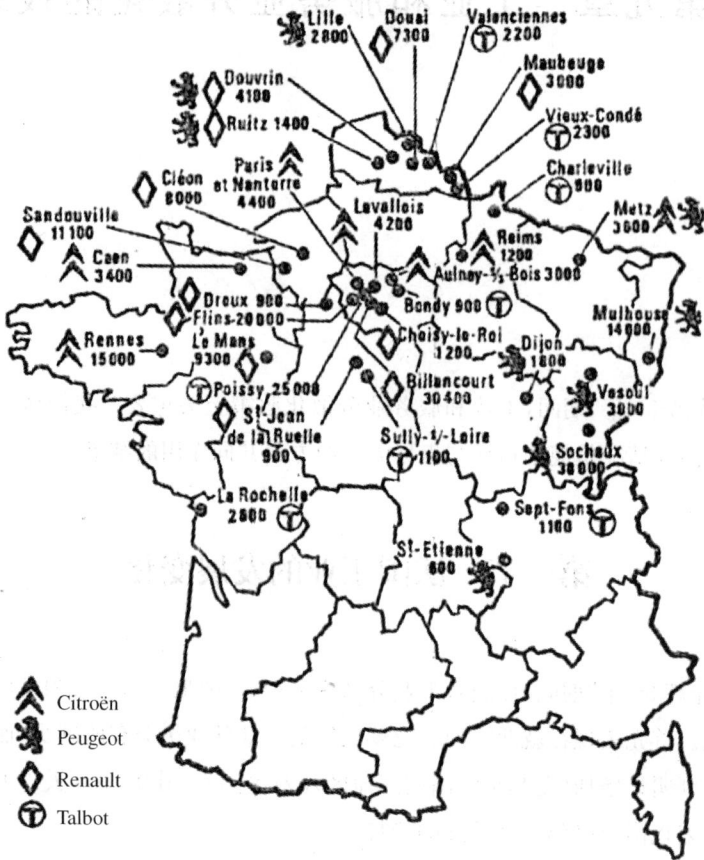

图9-1　法国汽车制造业分散化
资料来源:Le nouvel economiste,1979。

　　工业就业增长率的变化在不同地区有所差异。1954年至1962年间,工业就业增长率相对较高的地区为(图9-2):皮卡第、上诺曼底、下诺曼底、中央、勃艮第、香槟—阿登和罗讷—阿尔卑斯大区。除传统工业大区罗讷—阿尔卑斯以外,其他六个大区都临近巴黎地区,这些地区自1950年代开始就已得益于在巴黎地区施行的工业分散化政策。

　　1962—1968年,巴黎地区周边的下诺曼底、布列塔尼、卢瓦尔、普瓦图—夏朗德和中央大区(尤其是下诺曼底和中央大区)中的工业就业率明显增长。与前一阶段相比,其他一些大区的工业也在发展,包括下诺曼底、布列塔尼、卢瓦尔和中

图 9-2　法国新增工业就业的地理分布(1950—1962 年)
资料来源:Gravier,1972。

央大区。到 1968 年,工业增长最为显著的地区为上诺曼底(如雷诺汽车厂)、下诺
曼底和布列塔尼大区(尤其是机电厂)。

　　之后,法国西部地区(尤其是布列塔尼和卢瓦尔河地区)的工业就业率也逐渐
提高。但是,工业增长速度最快的地区仍主要集中在巴黎盆地(尤其是距巴黎
200 公里以内的地区)和一些法国西部地区(如布列塔尼大区)。"光辉 30 年"期
间,法国工业就业变化情况见图 9-3。

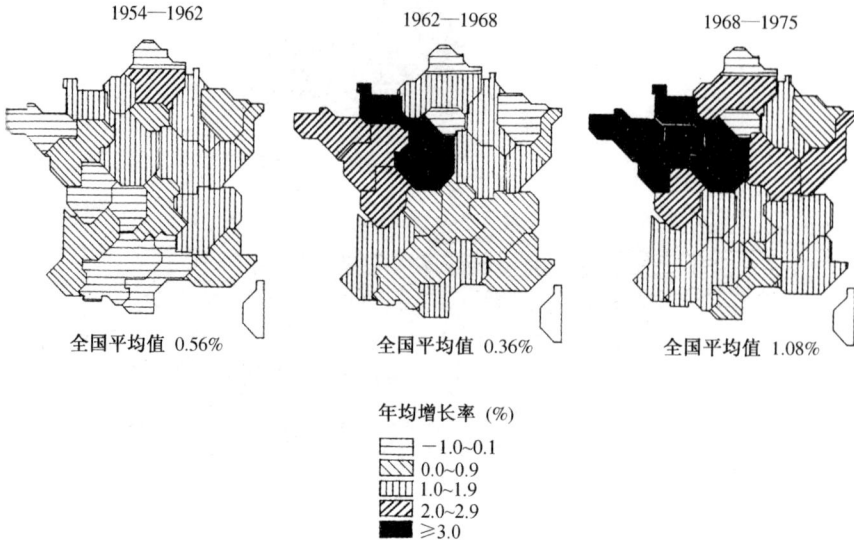

图9-3　法国工业就业变化情况(1954—1983年)

资料来源:Sirf,INSEE。

在"光辉30年"期间,巴黎盆地中的五个大区(中央、皮卡第、上诺曼底、下诺曼底和布列塔尼大区)新增工业就业机会和设备数明显多于法国的其他大区(表9-2),这得益于政策引导和本地的优势(如靠近巴黎的区位优势、丰富的劳动力资源和便捷的交通等)。此外,由于更为系统性的工业分散化政策直到1964年才涉及法国更多的地区,因此直至那时西部地区的发展才真正走上了快车道。

表9-2　法国工业分散化新增设备和就业数量(基于1968年数据)(%)

| 地　区 | 设　备 | 就　业 |
| --- | --- | --- |
| 中央大区 | 26.7 | 17.8 |
| 皮卡第 | 10.3 | 9.3 |
| 上诺曼底 | 7.9 | 11.0 |
| 下诺曼底 | 8.0 | 7.4 |
| 布列塔尼 | 4.6 | 6.0 |
| 五个大区总占比 | 57.4 | 51.4 |

资料来源:Cahiers du CREPIF,1984。

具体而言,在1964年实行的覆盖法国全域的工业分散化政策之前,巴黎盆地中各大区的发展与巴黎大区实行的工业分散化行动紧密相关。譬如,巴黎盆地西部地区创造的就业机会中有60％来自巴黎大区(Albertini,1988)。1950年至1954年,巴黎地区的工业企业给周边省创造了57个项目和26600个就业机会,且这一趋势延续了一段时期(如,1955—1960年创造了13万个就业机会;1961—1964年创造了21万个就业机会)。如表9-3和表9-4所示,巴黎盆地中三个大区的工业就业增长一直持续到"光辉30年"后期,而在各类工业部门中,"设备部门"的增长率最高。

表9-3　巴黎盆地中三个大区工业就业年增长率(%,不包括建造和公共项目)

| | 工业就业的年增长率 | | | 企业(员工数＞100,1961—1975)员工人数增长率 |
|---|---|---|---|---|
| | 1954—1962 | 1962—1968 | 1968—1975 | |
| 香槟—阿登 | 1.0 | 0.4 | 2.0 | 0.6 |
| 皮卡第 | 2.1 | 1.7 | 2.0 | 0.6 |
| 上诺曼底 | 1.7 | 1.9 | 1.9 | 3.5 |

资料来源:Labrousee 和 Braudel,1990。

表9-4　巴黎盆地中三个大区三大工业部门占比(%,不包括建造和公共项目)

| | 1954 年 | | | 1975 年 | | |
|---|---|---|---|---|---|---|
| | 设备部门 | 中间部门 | 消费部门 | 设备部门 | 中间部门 | 消费部门 |
| 香槟—阿登 | 10.2 | 35.3 | 54.5 | 22.1 | 37.0 | 40.9 |
| 皮卡第 | 14.9 | 29.6 | 55.5 | 29.4 | 33.6 | 37.0 |
| 上诺曼底 | 21.0 | 24.4 | 54.6 | 41.0 | 29.0 | 30.0 |

资料来源:Labrousee 和 Braudel,1990。

# 第二节　法国工业的新分界线

自1964年起,政府支持的重心开始转向"卡昂—圣艾蒂安—卡尔卡松(Caen-Saint-Etienne-Carcassonne)"分界线的西南部地区。其中,获得最高比例(25％)发展补贴和适应补贴的地区主要集中于南特—圣纳泽尔都市区(Nantes-Saint-Nazaire)、洛里昂(Lorient)、利摩日(Limoges)、布里夫(Brive)、波尔多

(Bordeaux)、图卢兹都市区(Toulouse)和煤矿盆地等地区。按照 1964 年的工业补贴规划，工业分散化政策在法国西部的一些地区［如，布列塔尼(Bretagne)、卢瓦尔(Pays de la Loire)和普瓦图—夏朗德大区(Poitou-Charentes)］也得到实施。但是，尽管法国西部地区(如布列塔尼大区)于 50 年代已经建立了一些工厂，但这三个大区中的工业在 1962 年至 1968 年间才开始快速增长(表 9-5)。

表 9-5　法国西部三个大区工业就业年增长率(%，不包括建造和公共项目)

| | 工业就业年增长率 | | | 企业(员工数>100,1961—1975)员工人数增长率 |
|---|---|---|---|---|
| | 1954—1962 | 1962—1968 | 1968—1975 | |
| 布列塔尼 | 0.0 | 2.5 | 2.8 | 5.1 |
| 卢瓦尔 | 0.8 | 2.1 | 3.1 | 4.5 |
| 普瓦图—夏朗德 | 0.9 | 1.8 | 2.9 | 5.1 |

资料来源：Labrousee 和 Braudel,1990。

工业分散化政策、廉价劳动力、工会组织缺位和地方优惠政策等因素推动了布列塔尼的工业发展(Jean & Vanier,2008)。在 1971 年至 1975 年间，扶持主要集中于电话设备和电信通信领域。

如，1954 年至 1972 年间，在布列塔尼新建的工业企业中，45% 是由非本地企业建立，包括汽车工厂(如雪铁龙)、电子和电信公司，该地近 70% 的新工作机会均来源于此，但是这些新增就业机会中约 40% 集中在布列塔尼首府雷恩。

据调查，法国雷诺公司在外省建厂的最主要原因是：劳动力充足(包括劳动力更年轻、勤劳，没有罢工的传统，不需要提供住宿且工资低于巴黎地区)(Daumas,2002)。其中，"雷诺公司选择雷恩"的其他原因包括：合格的劳动力、较多的专业学校、雷恩的 la Barre-Thomas 工厂(成立于 1953 年)具有良好的基础、地方上的支持(如土地、水、电等)等。在此期间，雷诺公司不仅获得了财政补贴，并由政府资助新建工厂、创造就业等，还推动了当地住房、学校和道路的建设，发展大学并改善了当地乡村的居住条件(Ravenel,1990)。

尽管 1964 年以来，法国的中部和西南地区一直享有较高的补贴率，但工业分散化政策对其中大多数地区的影响却比较有限。可能的原因包括：尽管 1963 年空间规划暨区域行动署成立后，实行了更为系统的工业补助规划，覆盖范围更广，但当时的工业化进程已经逐步放缓，新创造的工业就业机会已变得相当有限。以巴黎地区为核心的大规模工业分散化行动持续了大约十年,随后,服务业逐渐成为吸引劳动力的主要部门,并更为政府所重视(图9-4)。

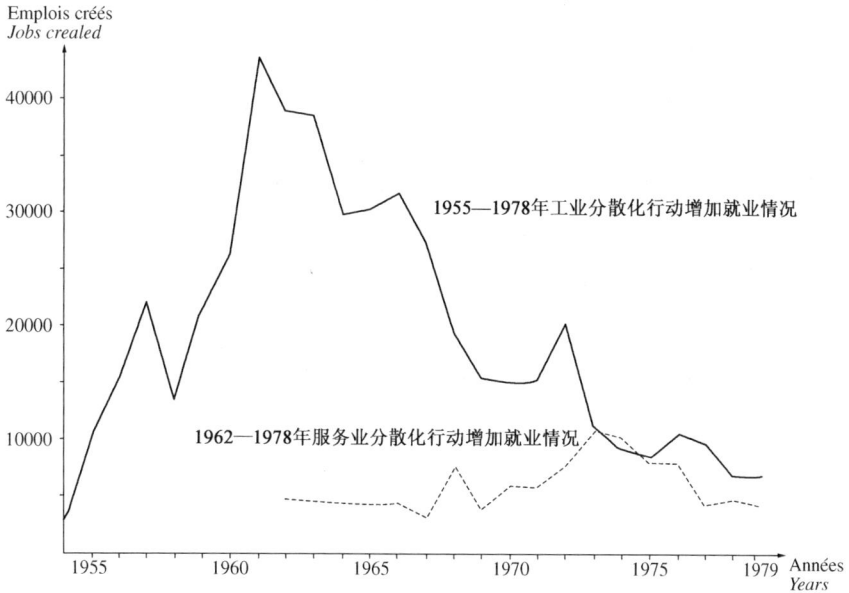

图9-4　法国工业和第三产业分散化政策创造的就业机会
资料来源:Cahiers de l'IAURIF,1981。

　　因此,中部和西南部地区从工业分散化政策中获得的工业就业机会比西部地区少了约25%,如,利穆赞大区从工业分散化行动中获得的就业机会不到1.0%,朗格多克—鲁西永大区为1.3%,奥弗涅大区为1.6%,南比利牛斯大区为1.8%,而北部的工业转型地区(北部—加来海峡大区和洛林大区)则仅占8%(Merlin,2007)。法国西南部三个大区的工业就业增长情况见表9-6。

表9-6　法国西南部三个大区工业就业年增长率(%,不包括建造和公共项目)

|  | 工业就业年增长率 | | | 企业(员工数>100,1961—1975年)员工人数增长率 |
|---|---|---|---|---|
|  | 1954—1962 年 | 1962—1968 年 | 1968—1975 年 | |
| 阿基坦 | 0.0 | 1.0 | 0.4 | 2.8 |
| 南比利牛斯 | 0.0 | 0.8 | 1.2 | 2.6 |
| 利穆赞 | 0.3 | 1.0 | 0.8 | 3.4 |

资料来源:Labrousee & Braudel,1990。

1964年后,法国政府在进行工业分散化行动的同时还实行了"平衡型大都市"政策。但此时特色和新兴工业的分散化规模已不及先前阶段,且主要集中在一些区域性城市之中。如,雷恩的军事电信服务业、布列塔尼的电子业、图卢兹和波尔多的航空航天业(Merlin,2007)。

根据法国全国统计与经济研究所的调查报告[1],一些推动工业分散化行动的原因可以部分解释工业分散化的效果:新建工厂最普遍的原因包括"发展空间不足(43.8%)"、"国家补助(38.7%)"、"改善招聘条件(32.1%)";对于企业选址而言,最重要的因素是"便于招聘技术工人"。总之,工业分散化行动的主要驱动因素有两点,即政府干预和市场/商业需求。

在"光辉30年"之后,法国的工业专业化程度有所提高。支柱型产业在一些地区开始出现,如卡昂、雷恩和拉罗歇尔的汽车工业,图卢兹的航空航天工业,波尔多的造船工业。此外,港口产业集聚区主要位于法国西部和南部的沿海地区(即勒阿弗尔、鲁昂和马赛),一些需要大运输量的产业往往落户于此。到70年代,港口产业集聚区中的钢铁产量已占全法国的75%,炼油和石化则占全法国的80%(Fabries-Verfailie,2000)。

总体而言,"光辉30年"后法国拥有了全新的工业格局(图9-5):西部地区出现了西北部工业区和两个工业增长极(波尔多和图卢兹),而东部地区的工业区则面临着衰落和全面转型(尤其是在北部和东北部)的状况。

在"光辉30年"后,法国已不能简单用"勒阿弗尔—马赛"分界线来划分。取而代之,一条南北分界线(基于就业结构和工业依赖程度)在法国出现。工业就业率和工业依赖程度较高的地区则主要集中在这条南北分界线以北(图9-6、图9-7)。

---

[1] 这是法国全国统计与经济研究所在1961年到1970年间对432家100人以上的企业进行的调查。

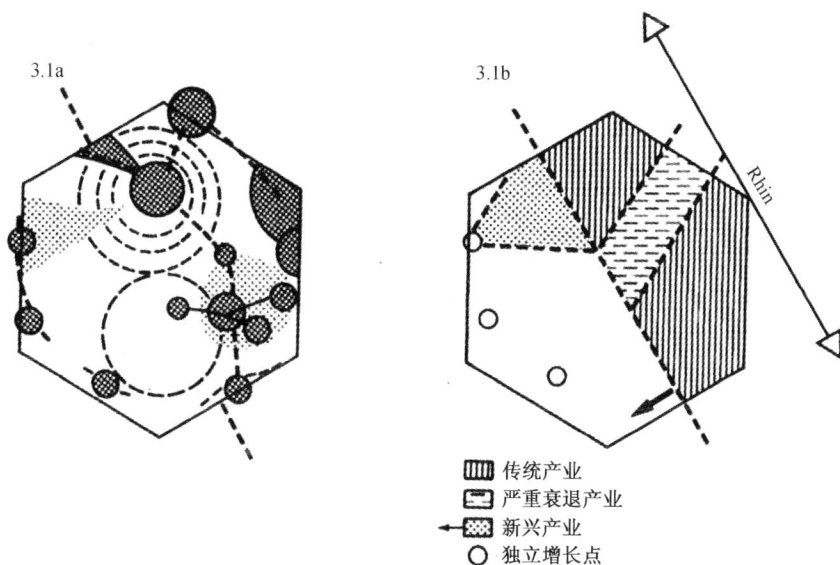

图 9-5　法国工业新格局

资料来源:Reclus,1985。

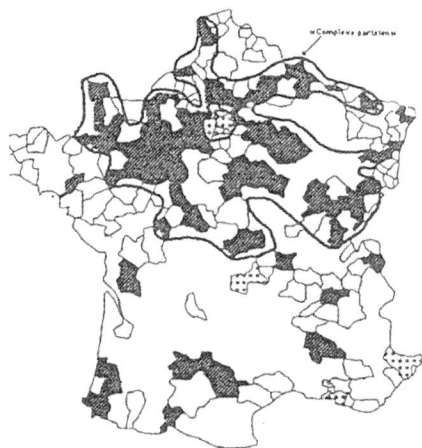

图 9-6　法国的工业就业分布(1985 年)
资料来源:UTH 2001,1990。

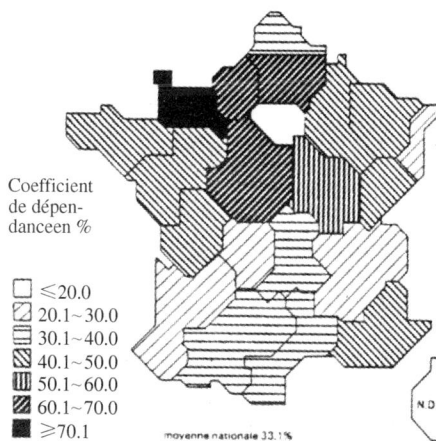

图 9-7　法国工业就业的依赖程度(1971 年)
资料来源:Laborie et al.,1985。

但由于工业就业岗位不同(如生产技术人员、合格工人等),法国又出现了新一轮的不均衡。如图 9-8 所示,除了巴黎大区,法国可以被划分为两大区域(北部和南部):高质量的产业工人、技术工人和工程师更多地集中在南部地区。而在自 50 年代即开始受益于大规模工业分散化行动的巴黎盆地中,当地劳动力层次的提高却比较有限。

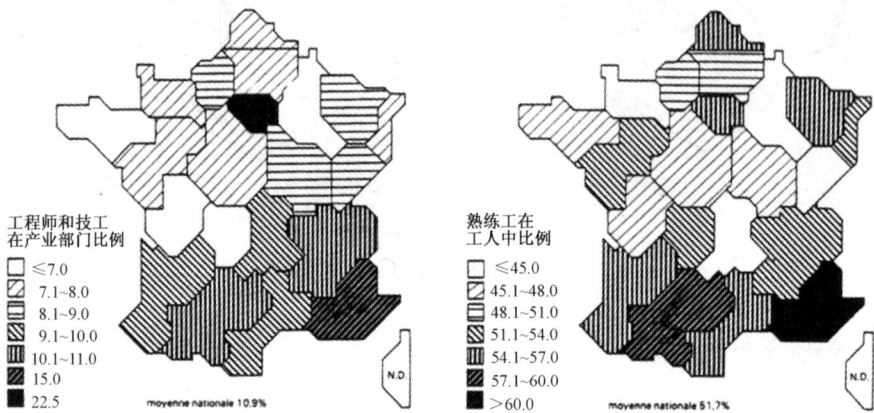

图 9-8　法国技术职业和高质量工人占比情况(%)

资料来源:Laborie et al.,1985。

# 第三节　过度依赖大企业

在"光辉 30 年"期间,新增的工业就业机会与大企业(尤其是国有制造类企业)的转移密切相关。在这一时期,法国的大企业之所以受到重视,很大程度是由于法国坚持自身的技术和生产的独立性(尤其是不依赖美国的技术和生产)。

根据法国全国统计与经济研究所的调查,1961—1970 年法国新增工业就业机会的 92%来自 100 人以上的较大企业,这些企业中 66%从事汽车、电子、机械和化工/橡胶行业(Labrousee & Braudel,1990)。在这些大企业中,国有企业在分散化进程中发挥着举足轻重的作用。4%的国有企业负责占全部 50%的分散化项目(Aydalot,1980)。尽管其他公有/私有企业也参与到工业分散化行动当中,

但所占的比例并不大。此外,当时福特生产模式所采用的垂直制造组织形式一定
程度上限制了未来产业集群的形成和发展。如表9-7所示,伴随着工业分散化
进程,100人以上的大型企业被较多地分布在法国西部地区。而法国电子、电力
和机械企业的分散化分布也反映了这一特征(图9-9)。

表9-7 法国100人以上企业的变化(1961—1969年)

| | 企业的数量变化 | 现有企业的规模变化 |
| --- | --- | --- |
| 法国东部地区 | +24.7 | +140.8 |
| 法国西部地区 | +54.0 | +188.2 |
| 巴黎大区 | −7.9 | +74.4 |

资料来源:INSEE,1972。

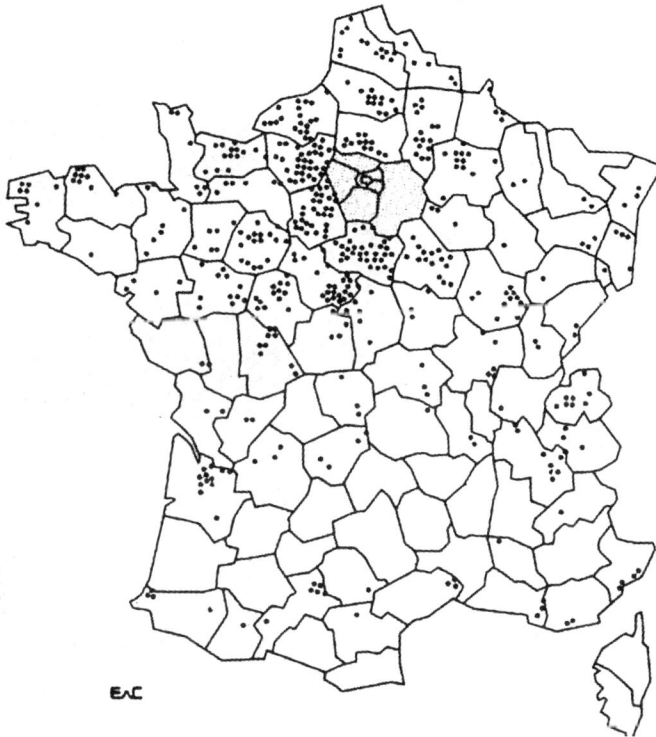

图9-9 法国电子、电力和机械企业的分散化(1951—1980年)
资料来源:Bastie,1981。

　　尽管很多工厂被迁至外省，且创造了不少工业就业机会，但仅有 20％的工业分散化企业将总部设在这些省份(Albertini,1988)，大多数企业的总部和研究机构仍留在巴黎地区。这给法国的就业结构和产业结构方面带来了新的不均衡，这种现象在巴黎盆地表现得尤为明显。

　　1970 年，将工厂迁至法国西部和西南部的企业中有 70％的工程师和技术人员仍留在巴黎地区。与此相对比，89％的操作工人则分散到其他省份，这些工人多数是来自乡村地区的年轻人(Caron & Vaisse,1999)。如图 9 - 10 所示，在"光辉 30 年"之后，与法国多数地区相比，巴黎盆地中(除巴黎大区之外)区域性工业的独立程度较低。这些分散化的工厂(研究部门不足且过度依赖大企业)无法形成高效的产业集群，这阻碍了当地工业在新时期的进一步发展。

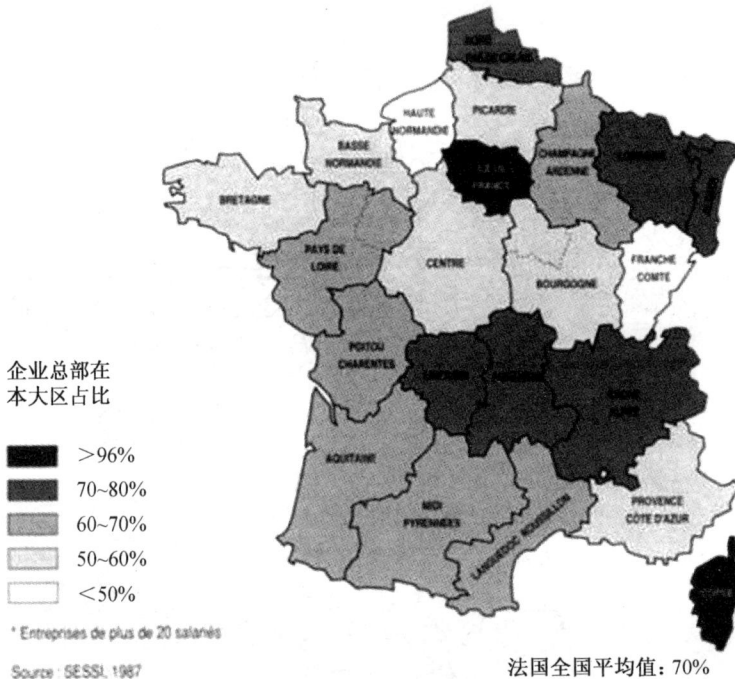

图 9 - 10　法国区域性工业的独立程度(1987 年)
资料来源：DATAR,1987。

# 第四节 服务业和教育/研究机构分散化的效果

    法国服务业的发展在不同阶段受到不同因素的影响。自 1962 年到 1968 年，法国的服务业主要在巴黎盆地、布列塔尼、罗讷—阿尔卑斯大区和地中海地区得到了相对明显的发展（图 9-11），这与巴黎大区自 1960 年代开始的服务业分散化行动相关。在 1962 年至 1968 年间，巴黎大区交通、服务、商业、行政等领域的就业比重从 27.2% 下降至 26.9%，同时金融业就业比重从 52.7% 下降至 48.2%（Gravier，1972）。如表 9-8 所示，1968 年以后，在一些受分散化政策影响较大的服务业子行业（如银行、保险、咨询等商业领域及教育和研究领域）中，这一趋势仍在延续。

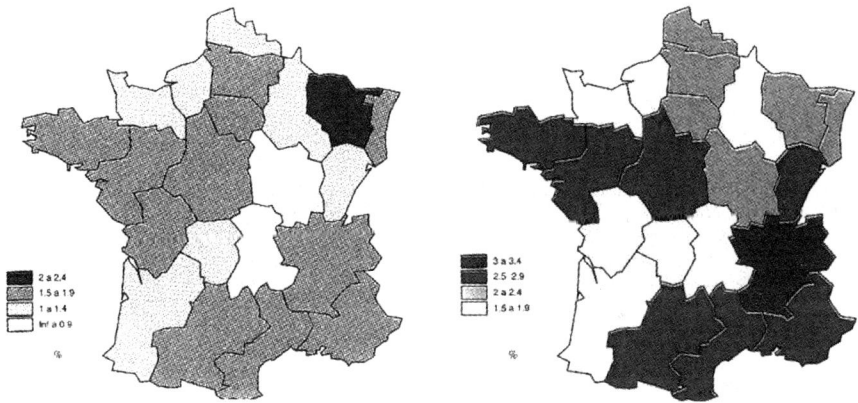

图 9-11 法国服务业就业的演变过程（1954—1962 年，1962—1968 年）
资料来源：Valeyre，1981。

表 9-8 法国第三产业、银行和保险业有效就业的演变过程

| | 1962 年 | 1968 年 | 1975 年 |
|---|---|---|---|
| **第三产业** | | | |
| 巴黎大区 | 2176780 | 2461408 | 2893385 |
| 法国 | 7733709 | 8927208 | 10722630 |
| 巴黎大区/法国（%） | 28.1 | 27.6 | 27.0 |

|  | 1962 年 | 1968 年 | 续　表<br>1975 年 |
| --- | --- | --- | --- |
| **银行和保险业** | | | |
| 巴黎大区 | 156206 | 184108 | 220570 |
| 法国 | 313674 | 406864 | 502300 |
| 巴黎大区/法国(%) | 49.8 | 45.3 | 43.9 |

资料来源：INSEE,1962,1968,1975。

从 20 世纪 60 年代后期开始，服务业分散化政策的相关补贴主要集中于"平衡型大都市"及巴黎盆地以外各大区的首府城市，随着这一政策的实施，服务业的发展逐渐遍及法国全境，尤其是南部地区。

伴随着法国整体就业结构的转型，服务业分散化政策所创造出的第三产业就业机会开始集中于法国各地的"平衡型大都市"和一些主要大城市之中。与工业分散化政策有所不同，第三产业的分散化行动更多地集中于人口在 75 万以上的大城市，近 80%的项目在这些城市开展(表 9-9)。例如，自 1958 年至 1974 年期间，在实施服务业分散化和平衡型大都市政策的背景下，公共投资(包括巴蒂区整建、都市交通网络建设、国际机场和新区建设等)大幅促进了里昂(有"第二首都"之称)的发展。

表9-9　1979 年以前法国服务业分散化项目及创造的就业数量(部分)

| 企业/机构 | 地　区 | 创造就业数 |
| --- | --- | --- |
| 电信企业 | 雷恩、图卢兹、波尔多、蒙彼利埃、格勒诺布尔和利斯尔达博 | 1000 |
| 农业部 | 图卢兹、里昂和蒙彼利埃 | 480 |
| 预算部 | 南特、图卢兹 | 300 |
| 养老金管理机构 | 欧赖、瓦尔邦 | 220 |
| 法国巴黎银行 | 勒沃德勒伊、鲁昂 | 300 |
| 法国储蓄银行 | 波尔多、昂热 | 2100 |

资料来源：La décentralisation tertiaire et l'ile de France,1980。

然而，在比较政策的实际效果与规划目标时可以发现(图 9-12、9-13)，尽管政策并不侧重巴黎盆地，但实际效果仍存在向巴黎盆地中的一些城市(如奥尔良和鲁昂等地)倾斜的现象。可能的解释是：服务业就业的发展是自主选择、政策引导和时代需求几方面共同作用的结果,并不受政策引导的单方面控制。

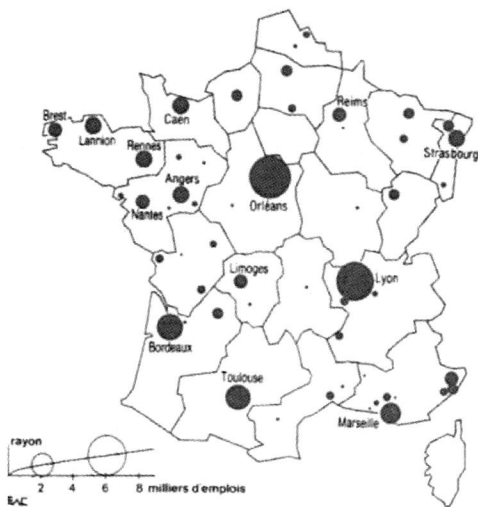

图 9-12 法国公共及私营部门服务业分散
化情况(1962—1978 年)
资料来源:Bastie,1978。

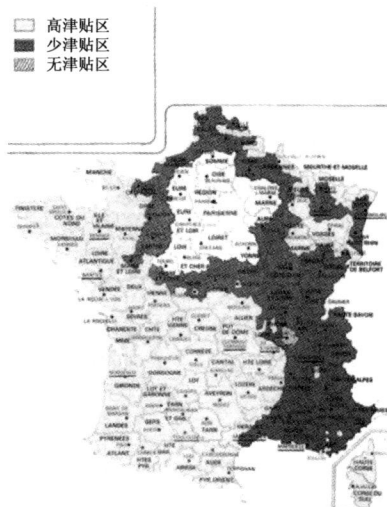

图 9-13 法国服务业和研究活动的
地方补贴
资料来源:DATAR,1976。

  一些学者认为服务业分散化政策在银行保险业、教育和研究领域的效果相对
明显(Caron & Vaisse,1996)。第三产业新增就业大都集中于外省的一些区域性
大城市。而法国教育、研究等领域的资源分布也比过去更为均衡。

  比如,银行服务:在迪南(Dinan)设立巴黎银行、在巴约(Bayeux)设立里昂信
贷银行,保险服务和转账服务;服务机构:在南特(Nantes)设立国家外交事务办事
处,在拉罗歇尔(La Rochelle)设立军队退休金发放中心,在图卢兹设立电信管理
机构;大学分散化:在里昂设立国立国家公共工程学校,在图卢兹设立航空航天大
学及国家太空研究中心(Pinchemel,1979)。

  在教育领域,除巴黎外,各地形成了一些新的教育节点(里昂、格勒诺布尔、图
卢兹、里尔、波尔多和蒙彼利埃)和国家级研究节点(里昂、格勒诺布尔和图卢兹)。
20 世纪 60 年代以来,在巴黎盆地(如,奥尔良—图尔、兰斯、南特、亚眠和鲁昂)及
各大区中的主要城市(如,艾克斯—马赛、蒙彼利埃、卡昂、克莱蒙费朗、第戎和贝
桑松)均兴建了一批大学,这些大学或为新建,或迁自其他地方。这些新设立的大
学在一定程度上缓解了教育资源过度集中在巴黎的状况。

  根据有关大学的数据显示,法国大学的新设和迁移主要发生在 1960—1974

年。这与法国自 60 年代开始实施的教育机构分散化政策以及平衡型大都市政策的时间相一致。而在服务业分散化政策实施之前(该政策于 60 年代后期在平衡型大都市和其他区域性大城市中实施),大学的显著增长集中在巴黎盆地。例如,当时(尤其是 1962—1968 年期间)巴黎盆地中一些城市(如,中央大区的奥尔良—图尔、香槟—阿登大区的兰斯)的大学数量大幅增长。而从 60 年代后期开始,更多的大学则在巴黎盆地以外建立(图 9 - 14)。

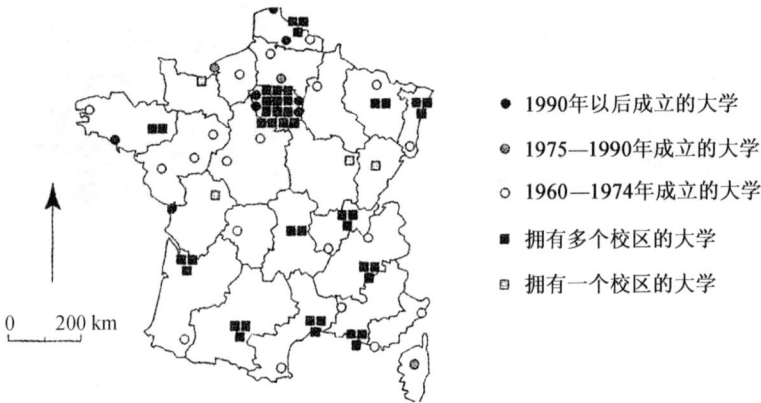

图 9 - 14　不同时期法国新增大学情况

资料来源:Atlas de la France universitaire,1992。

　　在研究领域,四个大区(罗讷—阿尔卑斯、普罗旺斯—阿尔卑斯—蓝色海岸、南比利牛斯和朗格多克—鲁西永)的研究人员数量在全国的比重有所提高,这在一定程度上均衡了巴黎大区的影响力。在众多大城市中,雷恩和图卢兹从服务业分散化政策中受益最多(DATAR,1974)。此外,巴黎大区的签约研究项目的比重从 1971 年的 65% 下降到了 1972 年的 61%。1973 年,近 70% 的预算内研究岗位位于巴黎大区以外的省份(DATAR,1974)。如图 9 - 15、图 9 - 16 所示,高层次人才的分布在"光辉 30 年"后变得更为均衡。

　　从 20 世纪 70 年代开始,伴随着教育和研究等资源的分散化进程,不少城市发展成为新的增长极。与"光辉 30 年"初期相比,法国的大学城在 1970 年由 13 个增长到了 30 个。新增的大学城包括位于罗讷—阿尔卑斯大区的里昂和格勒诺布尔、普罗旺斯—阿尔卑斯—蓝色海岸大区的蒙彼利埃、洛林大区的南锡和梅斯、阿基坦大区的波尔多和波城,以及中央大区的奥尔良和图尔等(Gravier,1972)。

此外,在研究中心和大学的基础上,图卢兹、格勒诺布尔、里昂、雷恩等地出现了一系列"高新技术节点"和科技园区(电子、电信等产业)(图9-17、图9-18)。

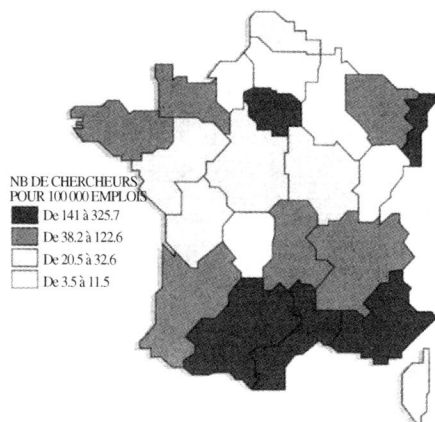

图9-15 法国公共部门研究人员比重(1985年)
资料来源:MRES,INSEE,1985。

图9-16 法国工程师和管理人员(1985年)
资料来源:UTH 2001,1990。

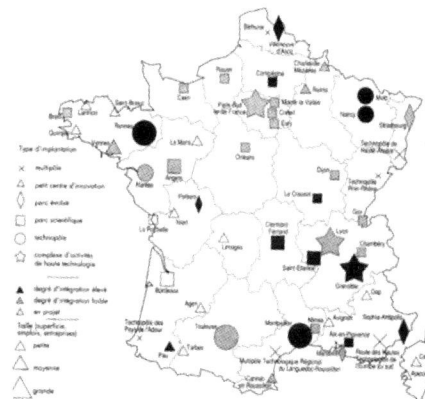

图9-17 法国各增长极一览
资料来源:Pumain & Saint-Julien,1989。

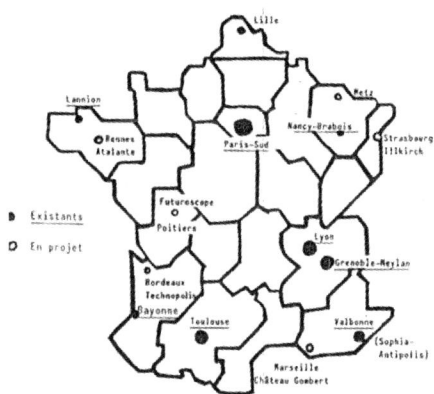

图9-18 法国"高新技术节点"
资料来源:Savy,1986。

一项调查显示,57%的服务业分散化项目是从巴黎地区迁移而来,而仅17%为各省新建的项目(Bastie,1975)。虽然服务业分散化措施促使部分服务业机构迁往外省,但这并未撼动巴黎地区的核心地位。在1968—1972年间,巴黎地区办公建设许可证的数量仍占全国总数的45%(DATAR,1974)。而服务业分散化政策在外省所创造就业的质量也普遍低于巴黎地区。一些研究认为,服务业分散化政策对巴黎地区的就业增长和就业岗位的质量并未造成很大影响(IAURIF,1981)。而一些学者也指出,服务业分散化政策的效果不如工业分散化政策。具体的原因包括:政府的扶持并不是影响公司总部选址决策的决定性因素;服务业分散化政策创造的就业数量比工业分散化政策少,以及工业分散化政策在小城市的实施效果要比服务业分散化政策在大城市的实施效果更为显著等。

　　法国空间规划暨区域行动署于 1977 年开展的一项有关服务业企业和机构分散化趋势的调查显示,服务业分散化是市场需求和政府引导两方面共同作用的结果。其中分散化的动机包括:分散管理、设立小型及分支机构和获得补贴。而选址决策考虑的因素包括:地方经济发展水平;市场潜力及与巴黎地区之间的距离(大区层面);是否为大区中心、交通便捷程度及地方政府优惠政策(城市层面);房地产市场机遇、已扩张空间、是否接近劳动力市场(针对特定地点)。此外,就分散化的内在动机而言,86%的企业和机构将"扩张"作为首要原因,其次才是经济因素。73%的企业总部认为,由于分散化有助于改善工作和生活环境、提高企业利润,因而对企业是有益的。另外,Gavier(1972)认为土地价格低廉、环境优势以及某些大城市(如里昂、马赛和图卢兹)基础设施的改善是分散化过程的重要推动因素。然而,总公司对分支机构的控制并未减弱(IAURIF,1981)。

　　根据法国空间规划暨区域行动署的同一项调查,Bonnet(1979)将服务业分散化政策分成两大类:(1) 具有科技性质的活动(如,信息、研究、教育和培训机构);(2) 具有商业性质的活动(如银行、保险和咨询)。前者主要受政策的影响,比如设立大学城和一些优惠政策;而后者主要源于商业动机。比如,将"社会保障高级研究中心"迁往圣艾蒂安的原因是:罗讷—阿尔卑斯大区学术氛围浓厚,迁址可获得较多的政府拨款,以及可整合新地区各个学校的资源。而银行和咨询行业由于需要接近客户,其分散化主要源于区域扩张的商业动机(IAURIF,1981)。

　　此外,在不同地区,服务业分散化行动的原因也有所差别。在一些平衡型大都市中(如里昂、波尔多和斯特拉斯堡),分散化主要受地方工业和商业基础、区域市场等因素的驱动。然而,一些中西部大区(卢瓦尔河、普瓦图—夏朗德、布列塔尼、南比利牛斯、普罗旺斯—蓝色海岸和朗格多克—鲁西永)的服务业分散化行动则更多受到政府推动的影响,而非自发行为(Jacques,1979)。

　　服务业分散化政策的实施对象还包括政府管理部门(如农业部、国防部、产业和研发部、国务大学秘书处等)及金融机构(如巴黎保险联盟、法国外贸银行等)。正如一些学者所指出的,银行和保险机构的分散化很大程度上得益于政府发展地方经济的需要。

# 第五节 小 结

工业和服务业分散化是法国政府在"光辉30年"期间领土整治的重要内容和推进区域均衡发展的主要抓手,其实施时间之长、力度之大在法国历史上较为少见。总体来看,"光辉30年"期间法国工业和服务业分散化的成效显著。

1. 工业和服务业分散化的目标是降低巴黎地区在法国经济格局中"一枝独秀"的状况,促进法国区域经济的均衡发展,实施结果基本达到了规划的预期目标。在"光辉30年"期间,工业和服务业的企业、机构纷纷向巴黎以外地区迁移,在那些地区创造了大量就业机会,并形成了一些新的功能区和增长节点。

2. 企业是经济和社会发展的主体,法国的企业及相关机构在政府政策的引导下,从巴黎分散出来或在外省拓展新的节点,为法国各地区创造了众多就业岗位,吸引了大量农业转移人口,促进了地区经济发展和城市化进程,提高了人民的收入和生活水平,在法国区域均衡发展中发挥了积极作用。

3. 政府在区域的发展过程中发挥了积极引导的作用。法国政府在"光辉30年"期间,通过制定规划、实施政策、设立相关公司和基金等措施改善了相关地区的投资环境,引导企业的流向,强制国有机构分散。

4. 但在这一时期,领土整治也存在一些"盲点",且在"光辉30年"之后对地方发展的影响逐步显现。例如,工业分散化政策对产业集群、中小企业发展以及地区间高层次的劳动力和企业管理、研发部门的转移等方面缺乏关注,这削减了地方的长期、可持续发展。

5. 服务业分散化政策实现了教育和研究机构的转移,使地方能够获取与其工业基础相适应的教育资源(以图卢兹为例),提升了地方特色发展的成效。然而,过多的资源分散化却削弱了一些城市的国际影响力(尤其是巴黎地区)。

# 第十章　法国人口迁移及其流向的演变

　　法国"光辉30年"期间实施的工业和服务业分散化政策在促进法国区域经济均衡发展方面发挥了重要作用,也使得法国地区间人口迁移的流向变化显著。在快速城市化进程中,大量乡村人口出于追寻就业机会的目的,流向经济发达的城市和地区。而随着区域间发展的相对均衡、收入提高及社会福利的完善,人们又会根据自身的需求与爱好选择居住地,人口的迁移逐步呈现多样化趋势。

## 第一节　巴黎地区与其他地区间的人口迁移

　　在法国"光辉30年"期间,巴黎地区的人口增幅由迅速增加转变为逐步趋于平缓。战后初期,大批人口涌入巴黎地区(尤其是巴黎市区)。这种状况一直持续到20世纪60年代(表10-1),而这也是几个世纪持续的历史趋势。1954年至1968年,巴黎地区年平均新增居民达到10万余人(Berger,1998)。人口涌入巴黎与巴黎拥有大量就业岗位密切相关,根据法国全国统计与经济研究所的数据,1954年至1962年,巴黎地区的平均就业增长率达到1.4%,而当时法国整体的就业增长率仅为0.2%。从20世纪50年代末,法国开始实施领土整治(主要侧重于生产力布局)和分散化政策以后,巴黎地区的人口增长才逐渐放缓。从1962年至1973年,巴黎地区的平均就业增长率为0.8%,尽管仍高于法国的整体水平(0.5%),但差距已明显缩小,其就业增长率已低于皮卡第大区、罗讷—阿尔卑斯大区、中央大区以及普罗旺斯—阿尔卑斯—蓝色海岸大区。

表 10 - 1　人口年增长率(1946—1975 年)　　　　　(单位:%)

| | 1946—1954 | 1954—1962 | 1962—1968 | 1968—1975 |
|---|---|---|---|---|
| 巴黎地区 | 1.0 | 2.0 | 1.5 | 0.9 |
| 法国 | 0.7 | 0.8 | 1.2 | 0.8 |

资料来源:Le SDAURIF,1976。

20 世纪 60 年代以后,尽管巴黎地区人口的增幅在放缓,但其内部的人口分布则进行着调整。如表 10 - 2 所示,巴黎市区的人口持续外迁,而在远郊则保持着相对较高的净迁移率。这一现象与工业的新一轮布局和新城政策有关。因此,与 1954 年巴黎地区人口占法国总人口的 17.1% 相比,1982 年巴黎地区的人口仍占全国人口的 18.5%。

表 10 - 2　巴黎地区的人口演变

| | 总人口 | | 年人口净迁移率（%） | | |
|---|---|---|---|---|---|
| | 1954 | 1975 | 1954—1975 | 1962—1968 | 1968—1975 |
| 巴黎市区 | 2850200 | 2299800 | −0.9 | −1.7 | −2.1 |
| 近郊(92、93、94 省) | 2730800 | 3976800 | +2.1 | +0.9 | −0.3 |
| 远郊(77、78、91、95 省) | 1736200 | 3602000 | +2.4 | +2.2 | +2.3 |
| 巴黎大区 | 7317200 | 9878600 | +1.2 | +0.7 | +0.2 |

资料来源:Le dépeuplement de Paris 1968—1975,1983。

不同时期巴黎地区与法国其他地区之间的人口迁移发生着变化。1954 年至 1962 年,除了部分人口迁入罗讷—阿尔卑斯大区和普罗旺斯—阿尔卑斯—蓝色海岸大区之外,巴黎地区吸纳了大批来自其他省份的人口。这一时期,随着农业和一些传统行业就业率的下降,大多数流动人口都涌入巴黎地区寻找就业机会(尤其是工业就业岗位)。1954 年,巴黎地区工业就业人口占法国工业就业总人口的 23.3%,这一趋势一直持续到 1960 年代。

从 20 世纪 60 年代初开始,人口开始逐渐从巴黎地区迁往其他省份,并且这一趋势一直持续。巴黎地区的人口外迁现象与工业就业率的下降密切相关(Labrousee & Braudel,1990)。1962 年至 1968 年,更多人口开始迁入巴黎盆地、法国南部和东南部,这与这些地区在这一时期创造出大量的就业机会相关(尤其是巴黎盆地和一些平衡型大都市)。尽管如此,仍有不少人口从法国西部地区(尤

其是巴黎盆地、布列塔尼大区和中央高原地区)迁入巴黎地区。此时法国人口迁
移流向开始呈现相对均衡和双向流动的态势。

从20世纪60年代后期开始,各地区(尤其是法国南部)创造了更多的服务业
就业岗位。在此期间,巴黎地区有更多人口迁入其他一些大区,人口净迁入率开
始变为负值(图10-1)。这些大区包括普罗旺斯大区、罗讷—阿尔卑斯大区、中央
大区和皮卡第大区。1968年至1975年,迁入外省大区的范围进一步扩大,除北
部—加来海峡大区、洛林大区、香槟—阿登大区和弗朗什—孔泰大区之外,其他大
区均包含在内。

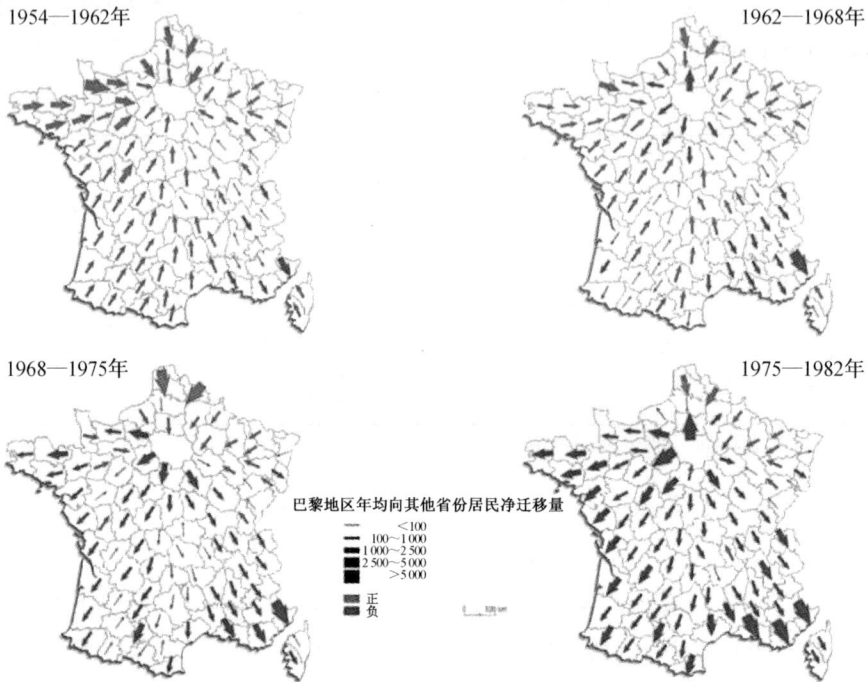

图10-1　巴黎地区与其他省份之间的居民迁移流向
资料来源:Saint-Julien,1997。

自20世纪60年代起,除了关注就业和收入这一目标外,追求"生活质量"已
成为人们追求的新目标和迁移的重要动机。这一转变的部分原因在于相比巴黎
地区,其他各省在生活条件方面的吸引力开始增强,如适宜的收入、较低廉的房
价、更好的生活设施、融洽的社会文化氛围、毗邻大自然,等等。伴随着人口迁移

流向的变化,在巴黎以外的一些大城市(如里尔—鲁贝—图尔宽、斯特拉斯堡、图卢兹和波尔多)新建了大量住宅,而在法国的山区和沿海地区新建住宅的数量也明显增加。这些情况开始导致法国人口迁移流向的多样化。

因此,与法国其他一些地区(尤其是东南部和南部地区)相比,巴黎地区的吸引力有所下降。譬如,《解放报》的一项调查[1]显示,62%的法国居民希望在图卢兹定居,相比之下,仅有5%的居民希望在巴黎地区的塞纳—圣德尼省定居。图卢兹最吸引人的五个方面包括:城市形象、城市文化、体育设施、经济发展,以及就业机会、交通和住房。

在新的背景之下,法国逐渐形成一些具有吸引力的地区,包括图卢兹和波尔多都市区、里昂都市区和法国南部的地中海地区,这些地区吸引了来自法国其他地区(以及欧洲,甚至全世界)的人口(图 10-2)。

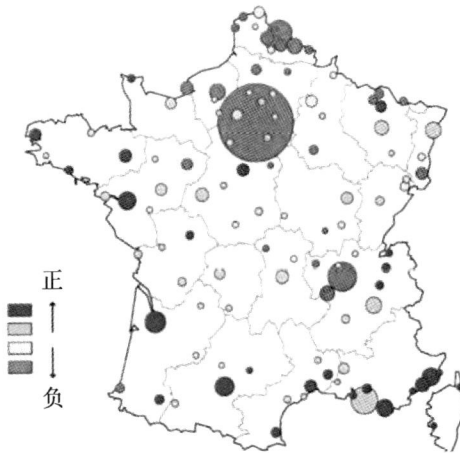

图 10-2　法国各地区吸引力指数
资料来源:Pumain 和 Saint-Julien,1989。

需要指出,在整个"光辉 30 年"期间,巴黎地区对 20～29 岁年龄段的年轻人始终具有吸引力(图 10-3)。这是因为巴黎地区的教育和科研机构相对集中,就业机会较多,生活方式较为现代化,令年轻人或单身人群更享受这里的生活。而

[1]《解放报》的此项调查开展于 2000 年,采访了 1617 名法国居民。

随着人们生命周期的变化,其选择标准也会随之发生改变,这时,其他各省变得更具有吸引力。

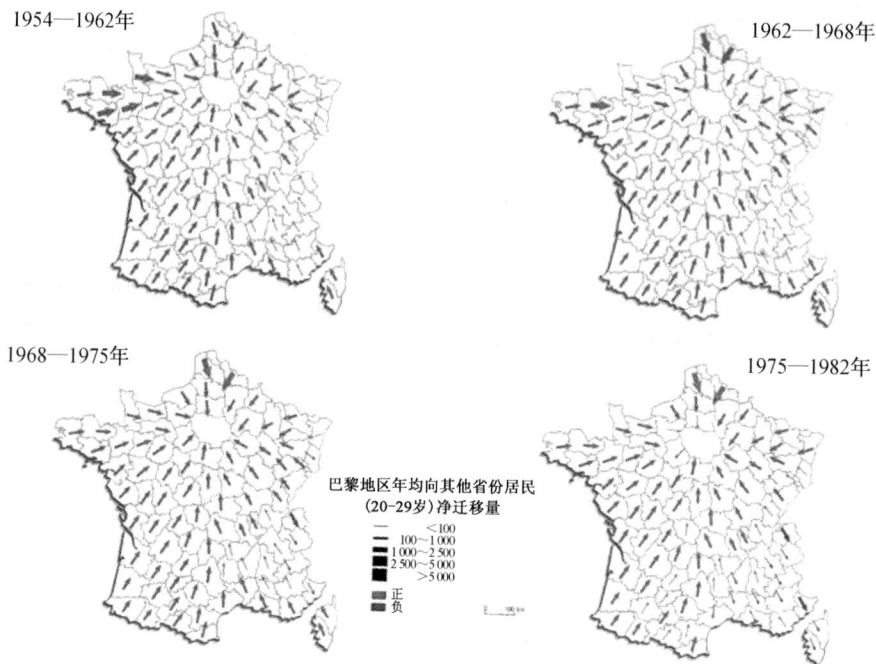

图 10-3　巴黎地区和其他各省 20~29 岁人口的迁移情况

资料来源:Saixnt-Julien,1997。

应该说,当分析法国各个城市因就业因素造成的人口迁移时,还是可以发现,巴黎地区的吸引力在"光辉30年"之后在一些方面甚至有所加强。例如,尽管其他省份在这30年期间发展迅速,但巴黎地区由就业推动的人口迁移仍最为显著,远远超过第二大经济区(里昂都市区)。

"在巴黎地区工作、在其他省份生活"的现象已渐趋明显。这种现象主要出现在法国西部,尤其多见于巴黎盆地。尽管法国整体的交通设施水平已经大为改善(如修建了高速铁路),但相比巴黎地区周边地区,这一现象在东部地区(尤其是里昂大都会区)则不那么显著(图10-4、图10-5)。

图 10-4　法国城市及其与就业的关系

资料来源：Damette，1994。

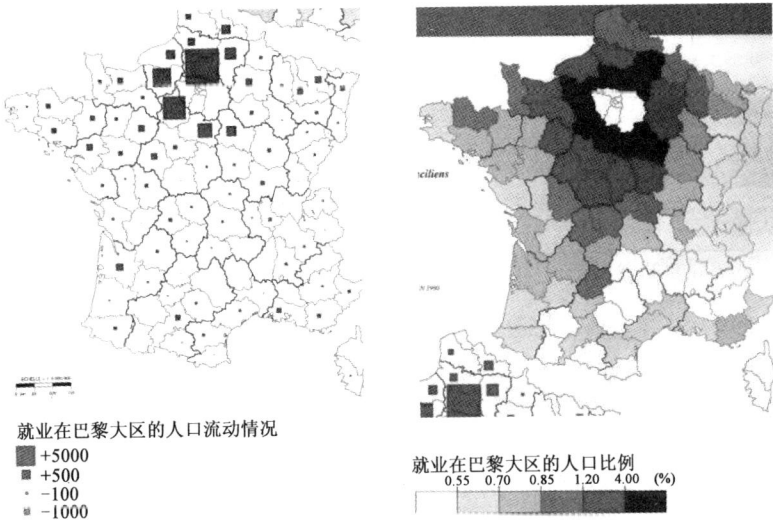

就业在巴黎大区的人口流动情况

■ +5000
■ +500
· -100
· -1000

就业在巴黎大区的人口比例

0.55　0.70　0.85　1.20　4.00　(%)

图 10-5　在巴黎地区工作但居住在别处的现象

资料来源：Direction regionale d'ile-de-France（insee）and Institut d'amenagement et d'urbanisme de la region d'ile de France，1990。

# 第二节　巴黎大区内的人口迁移

巴黎是法国最大和最重要的城市,其政治中心和经济中心的地位不可撼动,但随着法国分散化政策的实施,除了巴黎地区与其他省份之间的人口迁移变化之外,其内部的人口迁移也在发生改变。

## 一、"光辉30年"期间巴黎大区的人口和空间演变

"二战"后,巴黎大区人口一直在稳定增长。而在整个大区内,中心城市(巴黎市区)的人口增长率逐步下降,而其他地区(尤其是远郊地区)的人口则保持着高速增长(表10-3)。

表10-3　巴黎大区的人口演变

| | 人口 | | 年人口净迁移率（%） | | | |
|---|---|---|---|---|---|---|
| | 1946 | 1975 | 1946—1954 | 1954—1962 | 1962—1968 | 1968—1975 |
| 巴黎市区 | 2725000 | 2299800 | +0.6 | -0.9 | -1.7 | -2.1 |
| 近郊(第92、93、94省) | 2395000 | 3976800 | +1.8 | +2.1 | +0.9 | -0.3 |
| 远郊(第77、78、91、95省) | 1477000 | 3602000 | +2.2 | +2.4 | +2.2 | +2.3 |
| 巴黎大区 | 6597000 | 9878600 | +1.4 | +1.2 | +0.7 | +0.2 |

资料来源:INSEE,1975。

巴黎大区的人口增长主要在巴黎郊区,尤其是位于一些优先城市化地区之中(ZUP)。如在1950年至1965年期间,皮托、伊夫里和布洛涅—塞纳河畔大规模的人口增长与社会住房建设相联系,而远郊的人口增长则主要得益于20世纪60年代至70年代优先城市化区的大项目扩张和社会住房建设。与此同时,新一轮的领土整治活动(尤其是新城建设)带动了巴黎大区内(特别是在新城)以创造就业机会、引导人口布局为目标的城市扩张行动(表10-4)。

自20世纪70年代起,巴黎大区的人口增长主要伴随着新城建设和快速发展的"逆城市化"进程,从"光辉30年"后期开始,新城人口迅速增长。巴黎大区在

光辉 30 年间不同时期城市之间扩展和人口变化的情况见下图（图 10 - 6、图 10 - 7、图 10 - 8）。

表 10 - 4　巴黎大区内新城的部分指数

| | | 塞尔吉一蓬图瓦兹 | 埃夫里 | 圣昆廷恩伊夫林 | 马恩河谷 | 默伦瑟纳尔 |
|---|---|---|---|---|---|---|
| 与巴黎市区的距离（公里） | | 27 | 25 | 25 | 17 | 42 |
| 研究任务开始年份 | | 1966 | 1966 | 1967 | 1969 | 1973 |
| 新城公共设施建成年份 | | 1969 | 1969 | 1970 | 1972 | 1973 |
| 人口 | 1962 | 42000 | 101000 | 35000 | 72000 | 64000 |
| | 1968 | 51000 | 155000 | 65000 | 95000 | 82000 |
| | 1975 | 83000 | 234000 | 107000 | 115000 | 95000 |
| 就业分布（至1980年1月1日） | 工业 | 37.8 | 40.8 | 34.2 | 34.7 | 34.1 |
| | 建筑业 | 10.4 | 7.5 | 10.3 | 18.1 | 8.5 |
| | 第三产业 | 49.7 | 50.1 | 54.5 | 46.8 | 57.2 |
| 工业区占地面积（公顷）1968—1975 年 | | 502 | 183 | 533 | 273 | 282 |
| 商业办公占地面积（平方米）1971—1975 年 | | 292000 | 252000 | 265000 | 85000 | 68000 |
| 住宅,1971—1975 年 | | 11900 | 5400 | 11100 | 7200 | 7400 |

资料来源:INSEE,1971,1973;ASSEDIC,1975。

图 10 - 6　巴黎地区的建设工程（1950—1965 年）
资料来源：Atlas de Paris et de la region parisienne,1967。

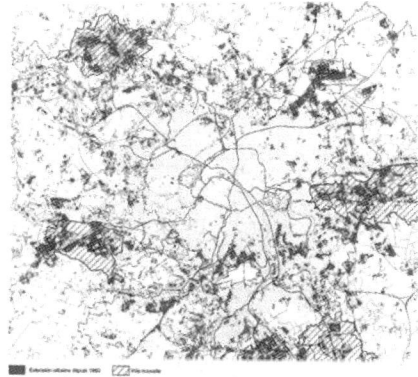

图 10 - 7　巴黎地区的城市扩张（1960—1994 年）
资料来源:Institut d'amenagement et d'urbanisme de la region ile-de-France,2001。

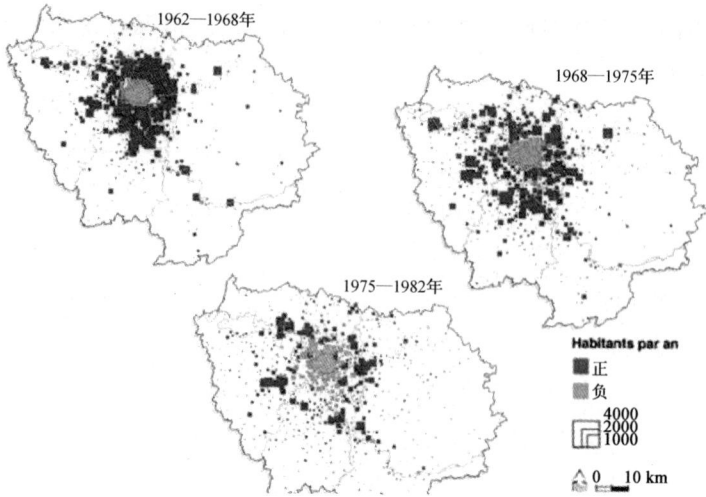

图 10 - 8　巴黎大区各社区的人口变化
资料来源：IAURIF/INSEE。

　　20世纪70年代，巴黎市区与巴黎近郊、远郊三者之间的差异仍然明显：商业和服务业活动仍主要集中在巴黎市区，但一些中心（如商业中心、商务中心等）已从巴黎市中心逐渐向西转移（先往香榭丽舍大街，后往讷伊和拉德芳斯的方向迁移）。产业的空间布局变化，与巴黎大区中服务业分散化政策的引导密不可分（图10 - 9、图10 - 10）。

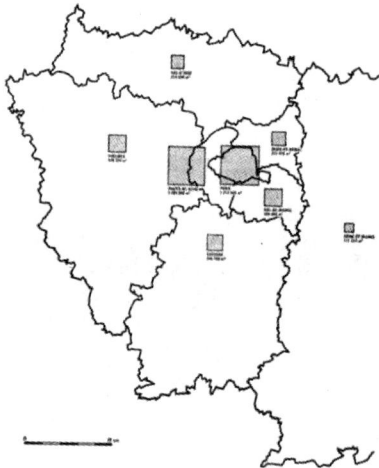

图 10 - 9　巴黎大区办公施工许可证情况
　　　　　（1962—1968年）
　资料来源：DATAR,1973。

图 10 - 10　巴黎大区办公施工许可证情况
　　　　　　（1962—1967年）
　资料来源：RB,1971。

伴随着新城、机场(鲁瓦西机场、奥利机场)和小规模港口区(克雷泰伊—博纳伊、色思阿沃奥)的建设,一些物流企业和第三产业活动开始在这些地区集中。但除了巴黎市和瓦尔德马恩省之外,巴黎大区内其他省份工业活动的比例仍高于全国平均水平(表10-5)。

表 10-5 巴黎大区的就业类别(1973 年)(%)

|  | 巴黎市区 | 近郊 | 远郊 | 塞纳—圣德尼省 | 伊夫林省 | 法国 |
|---|---|---|---|---|---|---|
| 工业 | 35.4 | 64.1 | 63.9 | 64.0 | 66.3 | 59.2 |
| 商业与服务业 | 60.7 | 32.0 | 33.8 | 29.7 | 31.7 | 37.3 |

资料来源:Pinchemel,1979。

到 20 世纪 80 年代,巴黎大区形成了几条产业核心轴线,包括讷伊—楠泰尔(Neuilly-Nanterre)轴线(特别是拉德芳斯和马恩河谷),以及南部的圣昆廷恩伊夫林省(Saint-Quentin-en-Yvelines)和埃夫里(Evry)之间的新城及城市集聚区。其中,企业和政府行政机构主要位于第一轴线(马恩河谷也兼具居住、办公和娱乐等功能)。许多企业总部也分布在这些地区。

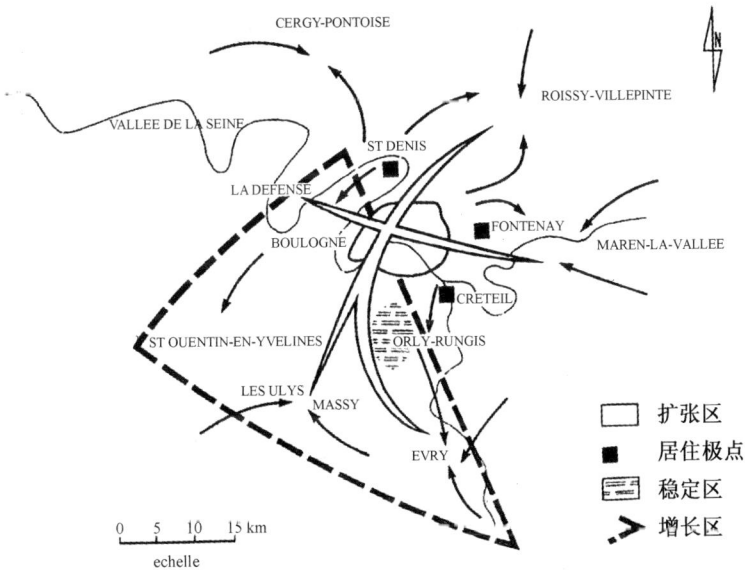

图 10-11 "法兰西岛"(巴黎大区)生产系统
资料来源:RECLUS,1987。

此外,一些生产性活动(如航空器材和武器装备生产)、实验室和研究中心集中在第二轴线(如萨克雷、法国原子能委员会科研中心集中地、奥赛大学、法国国家太空研究中心、法国国家通信研究中心和巴黎综合理工学院)和部分新城之中(如塞尔吉—蓬图瓦兹、圣昆廷恩伊夫林省、埃夫里和马恩河谷),这些地区之间由大区快速铁路或区域高速公路连通。除此之外,巴黎大区中还出现了一些新的增长节点,如克雷泰伊(Creteil)、丰特奈(Fontenay)、鲁瓦西维勒班(Roissy-Villepinte)和塞尔吉新城(Cergy)等。巴黎大区产业轴线的分布见图10-11。

## 二、"光辉30年"期间巴黎大区的交通系统建设

在"光辉30年"期间,巴黎大区的扩张也伴随着交通设施(特别是公共交通)的建设(图10-12、图10-13、图10-14)。例如,50年代开始扩建的地铁线(连通巴黎市区与近郊);60年代兴建的大区快速铁路(连通巴黎市区与近郊和远郊,如新城)。以新城为例,大区快速铁路在1974年从巴黎市区延伸至新城埃夫里,1975年延伸至圣昆廷恩伊夫林省和塞尔吉,1977年延伸至马恩河谷。

1965年巴黎大区总体规划提出两条轴线:一条从特拉普(Trappes)到埃尔蒙—奥博纳(Ermont-Eaubonne)(通过蒙巴纳斯、荣军院和欧贝站);另一条从新城埃夫里(Evry)到鲁瓦西机场(Roissy)(通过奥斯特里茨车站、里昂和东北地区)。从1969年起,政府又决定规划开通一条连通索镇(Sceaux)和北站的路线。新交通线路的开通,改善了巴黎郊区一些城镇的基础条件,使其成为适宜生产和生活的增长点。

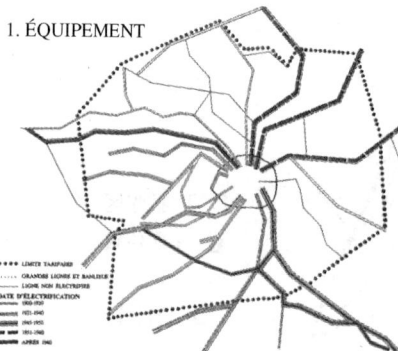

图10-12 60年代前巴黎大区的交通设施

资料来源:Beaujeu-Garnie & Bastie,1967。

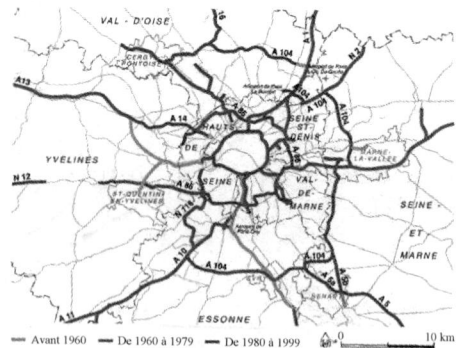

图10-13 1960年起巴黎大区高速公路建设情况

资料来源:IAURIF,2000。

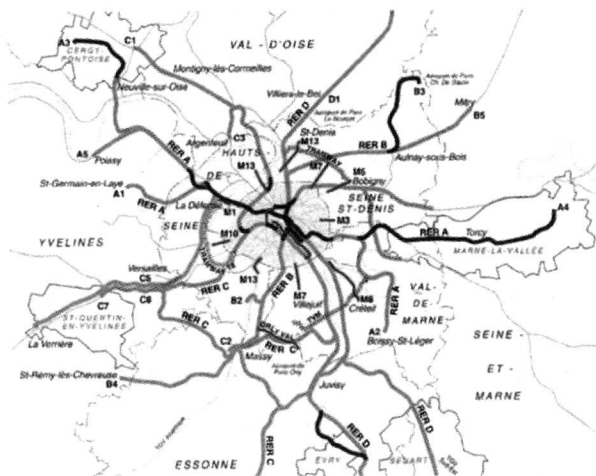

图 10-14　1960 年起巴黎大区公共交通建设情况（区域快线或地铁）
资料来源：IAURIF，2000。

# 第三节　巴黎新城——吸引人口的新节点

巴黎大区总体规划（SDAURP，1965）第一次提到了"新城"的概念，旨在新城中进行大规模建设，从而使城市发展与人口增长相适应，集中安置大量涌入巴黎市区的人口。根据此规划，新城与市中心具有一定距离，它不仅是一个就业和居住的集中地，还是一个集生活、工作和其他功能于一体的社区。根据设备和住宅部的研究报告，新城首先应该具备"提供就业和居住的能力"。这些设想和规划都是在"光辉 30 年"期间提出并开始实施的。之后，由于 1970 年代的石油危机及政治分权运动，"光辉 30 年"结束后（即第六个国家规划时期），新城的施工量与原目标相比已大幅度减少（表 10-6）。

表 10-6

| | 计划的居民数量 | 1990 年居民数量 |
|---|---|---|
| 塞尔吉—蓬图瓦兹 | 200000～300000 | 179000 |
| 埃夫里 | 130000 | 80000 |

续　表

| | 计划的居民数量 | 1990 年居民数量 |
|---|---|---|
| 圣昆廷恩伊夫林省 | 320000 | 143000 |
| 马恩河谷 | 400000 | 247000 |
| 默伦—塞纳 | 300000 | 93000 |
| 整个巴黎大区 | 1350000～1450000 | 742000 |
| 全国总量 | 2090000～2290000 | 974000 |

资料来源:Chatin,1975。

由于人口的快速增长和对居住的需求,住房一直是新城建设过程中的重要内容。即使到了"光辉30年"以后,第七个国家规划(1976—1980年)和第八个国家规划(1981—1985年)制定的新城住房建设计划目标额依然很大。但是相比对住房需求相当迫切的初期阶段,新城的建设目标已经从对数量的要求转变为对质量的追求(如工作和生活便利、娱乐和环境)。早期建设的大规模住宅区(大型居民区)的模式受到摒弃,而"真正的城市"则被作为新城的建设目标。如表10-7、表10-8所示,为了平衡工作与生活,新城内新建了一些工业区和办公区。新城的个人住房比例大大高于优先城市化区(ZUP)中的比例,虽然满足了当时人们对住房的需求,但居住地与工作场所之间的人口迁移持续存在。在某些新城中,住房供应量相对人口对住房的需求依然有限。

表 10-7　巴黎大区新城用地及建设住宅量

| 新城区 | 占地面积 | | 住宅建设数量 | | 个人住宅建设比例(%) |
|---|---|---|---|---|---|
| | 工业园区,公顷 | 获批办公建筑,平方米 | 截至 1975 年12 月 31 日 | 截至 1990 年12 月 31 日 | |
| 塞尔吉—蓬图瓦兹 | 437 | 594000 | 13126 | 45723 | 46 |
| 埃夫里 | 277 | 530000 | 8350 | 24415 | 23 |
| 马恩河谷 | 427 | 918000 | 8593 | 41925 | 26 |
| 默伦—塞纳 | 258 | 57000 | 5433 | 29001 | 62 |
| 圣昆廷恩伊夫林省 | 473 | 813000 | 16194 | 43174 | 37 |
| 整个巴黎大区 | 1872 | 2912000 | 51696 | 184238 | 39 |
| 全国总量 | 2704 | 3147000 | 68063 | 233317 | 41 |

资料来源: Secretariat general du groupe central des villes nouvelles;Secretariat general du groupe central des villes nouvelles,1990。

表 10-8　巴黎大区新城区人口和就业演变情况(截至 1990 年 1 月)

| 新城区 | 人口 (1968) | 人口 (1990) | 就业 | | 平衡（居住与就业） | |
|---|---|---|---|---|---|---|
| | | | 1968 | 1990 | 就业人口 | 雇佣/就业人口 |
| 塞尔吉—蓬图瓦兹 | 53445 | 173268 | 15000 | 72000 | 72000 | 1.00 |
| 埃夫里 | 9430 | 75836 | 1500 | 35000 | 33000 | 1.06 |
| 马恩河谷 | 85546 | 203980 | 25000 | 64000 | 93000 | 0.69 |
| 默伦—塞纳 | 65709 | 160087 | 2500 | 21000 | 35000 | 0.60 |
| 圣昆廷恩伊夫林省 | 41415 | 191108 | 7000 | 52000 | 59000 | 0.88 |
| 整个巴黎大区 | 255545 | 804279 | 51000 | 244000 | 292000 | 0.83 |
| 全国总量 | 344786 | 226892 | 67000 | 324000 | 377000 | 0.86 |

资料来源:INSEE;Secretariat general du groupe central des villes nouvelles,1990。

　　"光辉 30 年"中后期开始,原先作为进步和舒适象征、以大型集中住宅区为标志的优先城市化地区的模式开始受到批评,主要针对集中居住区存在的"隔离、大体量、设施缺乏"这几个方面的问题。优先城市化地区逐渐被较富裕阶层所抛弃,其中一些成为单一的移民和贫困居民的集聚地。这一社会问题反映出当初建设指导思想的弊端,如公共设施配套不足、过度追求物质空间功能而忽视社会功能、住宅建设模式单一雷同等。其中,社会层面的弊端尤为明显。但同时也应该承认大型集中住宅的建设是为了满足当时迫切的住房需求,如控制城市无序蔓延、缓解住房紧缺、尽快满足迁移人口居住条件等问题。尽管从 1970 年代后期开始,对优先城市化地区中大型集聚区的改造(甚至拆除)已在进行,但根据法国政府 2010 年的数据,大巴黎地区近 80% 的优先城市化地区仍归为需要政府重点扶持的城市敏感地区。城市敏感地区普遍具有外来移民多、居民受教育水平低、失业率高的特点。自 2003 年到 2008 年,城市敏感地区的失业率(15～59 岁)保持在非城市敏感地区的 2 倍左右(ONZUS,2009)。

　　相对而言,强调混合功能、工作和就业平衡、公共设施和交通设施配套的新城普遍发展良好。新城区在居民质量方面总体优于城郊的一些优先城市化区(表 10-9):与优先城市化区相比,新城的中产阶级比例相对较高,失业人口比例则相对较低。这一现象部分是由于不同发展阶段城市规划模式的差异所导致。然而,对高级职员和管理阶级而言,新城区的吸引力仍比较有限。此外,与全国的平均水平相比,这一地区的居民相对比较年轻,具有流动性较强的特征。

表 10-9　巴黎大区中新城及近郊大型集聚区的指标(%)

| 新　城 | 职业分类 | | | | | | | 失业率 | |
|---|---|---|---|---|---|---|---|---|---|
| | 艺术家/商人 | 管理者 | 中层管理者 | 雇员 | 工人 | 退休人员 | 其他 | 1990 | 1999 |
| **新城** | | | | | | | | | |
| 塞尔齐—蓬图瓦兹 | 3 | 17 | 22 | 18 | 20 | 14 | 7 | 8 | 11 |
| 埃夫里 | 3 | 16 | 24 | 19 | 20 | 13 | 4 | 7.5 | 11.4 |
| 马恩河谷 | 5 | 16 | 21 | 17 | 19 | 16 | 5 | 7.4 | 10.6 |
| 默伦—塞纳 | 3 | 14 | 25 | 16 | 22 | 16 | 3 | 7.2 | 9.4 |
| 圣昆廷恩伊夫林省 | 3 | 24 | 23 | 16 | 17 | 12 | 4 | 6.2 | 8.9 |
| **近郊** | | | | | | | | | |
| 曼特拉约利 | 3 | 6 | 13 | 16 | 31 | 24 | 7 | 11.6 | 14.7 |
| 萨尔塞勒 | 5 | 6 | 15 | 20 | 25 | 23 | 7 | 11.7 | 14.7 |
| 凡尔赛 | 4 | 28 | 15 | 14 | 6 | 27 | 6 | 5.3 | 6.7 |
| 博比尼 | 4 | 6 | 15 | 19 | 25 | 24 | 7 | 11.9 | 18.8 |
| 鲁瓦西 | 5 | 8 | 16 | 17 | 25 | 23 | 6 | 10.4 | 14.6 |
| 莫城 | 3 | 7 | 16 | 18 | 27 | 21 | 7 | 11.6 | 14.7 |
| 巴黎大区 | 5 | 18 | 17 | 14 | 15 | 23 | 7 | 8.5 | 11.5 |

资料来源:INSEE,1999。

# 第四节　法国东西部之间的人口迁移

长期以来,法国东西部地区之间的发展一直存在较大差距。法国东部是高度工业化地区,而西部则是传统农业区(表 10-10)。"光辉 30 年"期间,乡村剩余劳动力主要从法国南部和西南部地区向北部以及东北部迁移。这表明,即使当地工业和第三产业已经有所发展,但为了寻求更好的就业机会,农业人口的外迁仍然不能避免。

"光辉 30 年"期间,法国东部大部分大区的就业结构逐渐由工业主导型向服务业主导型转变,如中、东部地区。从 20 世纪 60 年代起,工业领域的就业人数总体比例逐年下降。然而，西部一些大区（如西部与西南部）则几乎同时经历着大规模工业化进程和服务业的快速发展进程。法国"光辉30年"间各地区就业结构变化情况见表10-11。

表 10-10　法国东部和西部工业就业比例（1962 年）（%）

| | 大　区 | 工业就业人数比例（%） |
|---|---|---|
| 东部 | 巴黎大区（塞纳省、塞纳—瓦兹省、塞纳—马恩省） | 36 |
| | 罗讷—阿尔卑斯 | 38 |
| | 北部—加来海峡 | 46 |
| | 洛林 | 42 |
| 西部 | 布列塔尼 | 13 |
| | 下诺曼底和普瓦图—夏朗德 | 17 |
| | 朗格多克 | 18 |
| | 利穆赞 | 19 |
| | 南比利牛斯和阿基坦 | 20 |
| | 卢瓦尔河 | 22 |
| | 奥弗涅和中央大区 | 24 |

资料来源：INSEE，1962。

表 10-11　法国部分地区的就业结构（自 1954 年起）

| | 年份 | 农业 | 工业 | 建筑与工程 | 服务业 |
|---|---|---|---|---|---|
| 巴黎大区 | 1954 | 2.5 | 38.3 | 5.9 | 53.3 |
| | 1962 | 1.6 | 36.9 | 7.4 | 54.1 |
| | 1968 | 1.2 | 32.8 | 8.6 | 57.4 |
| | 1974 | 0.7 | 30.1 | 7.6 | 61.6 |
| 东部 | 1954 | 19.4 | 38.7 | 9.0 | 32.9 |
| | 1962 | 13.5 | 40.9 | 8.4 | 37.2 |
| | 1968 | 10.5 | 39.4 | 9.1 | 41.0 |
| | 1974 | 7.4 | 38.4 | 7.8 | 46.4 |
| 西部 | 1954 | 47.0 | 15.6 | 6.2 | 31.2 |
| | 1962 | 38.6 | 17.5 | 7.6 | 36.3 |
| | 1968 | 30.0 | 19.7 | 10.1 | 40.2 |
| | 1974 | 21.4 | 23.4 | 10.2 | 45.0 |

续　表

|  | 年份 | 农业 | 工业 | 建筑与工程 | 服务业 |
|---|---|---|---|---|---|
| 西南部 | 1954 | 44.6 | 18.8 | 5.5 | 31.1 |
|  | 1962 | 35.2 | 20.2 | 8.1 | 36.5 |
|  | 1968 | 26.7 | 21.0 | 10.0 | 42.3 |
|  | 1974 | 17.5 | 22.0 | 9.7 | 49.9 |
| 中东部 | 1954 | 29.1 | 33.0 | 6.0 | 31.9 |
|  | 1962 | 20.9 | 35.5 | 8.1 | 35.5 |
|  | 1968 | 15.2 | 34.3 | 9.6 | 40.9 |
|  | 1974 | 9.5 | 36.4 | 8.7 | 45.4 |
| 全国 | 1954 | 26.8 | 28.7 | 6.6 | 37.9 |
|  | 1962 | 19.9 | 30.2 | 8.0 | 41.9 |
|  | 1968 | 15.1 | 29.3 | 9.6 | 46.0 |
|  | 1974 | 10.1 | 30.2 | 8.8 | 50.9 |

资料来源:INSEE,1954,1962,1968,1974。

1954年至1962年,法国西部地区外迁人口的比例大大高于东部地区(图10-15、图10-16)。但从1960年代开始,这一趋势开始逐渐扭转,人口外迁得以减少,部分人口甚至回迁至西部地区。

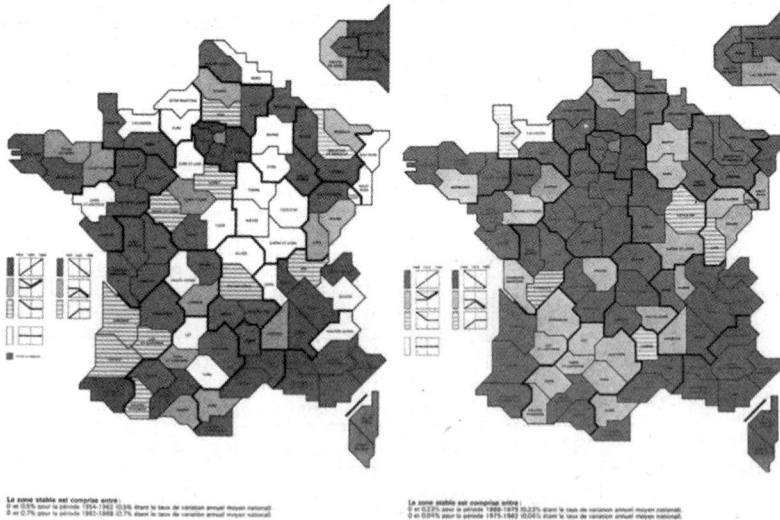

图10-15　法国迁移人口的演变(1954—1962—1968年;1968—1975—1982年)
资料来源:INSEE,1975。

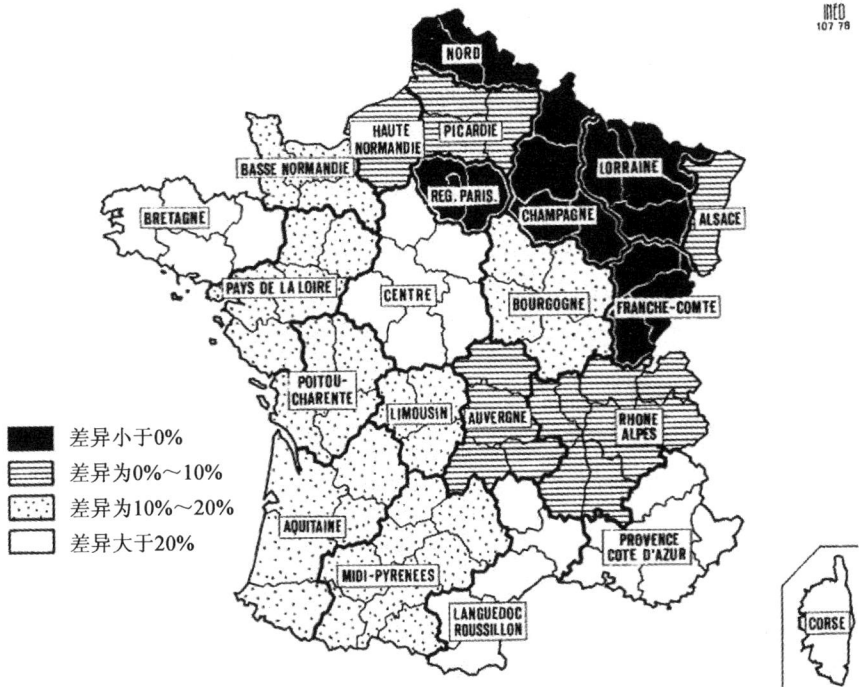

图 10 - 16　法国两个时段人口迁移率的差异(1954—1968 年与 1968—1975 年)
资料来源：Courgeau，1993。

　　为了研究规划引导与人口迁移之间的关系，我们运用相关模型分析不同时期，法国东西部地区[1]工业和服务业就业增长率和人口迁移率间的关系。根据相关模型，我们得出以下结论：从 1954 年到 1962 年，人口迁移与工业就业的变化密切相关，相比其他年龄段，20～34 岁流动人口的相关系数较高。从 1962 年到 1968 年，这一趋势依然延续。但是，若将法国东部和西部分开来看，结果则有所差异。1962 年至 1968 年，西部地区的工业就业增长率与人口迁移率具有显著的相关性；而在东部地区，两者之间的相关性并不明显。这个结果可能由这两个地区所处的经济发展阶段不一致所导致。

　　从 1962 年到 1975 年，服务业就业的增长与地区间人口迁移之间的相关性显

　　[1]　东部地区包括：巴黎大区、香槟—阿登、皮卡第、上诺曼底、勃艮第、诺尔、弗朗什—孔泰、罗讷—阿尔卑斯、普罗旺斯—阿尔卑斯—蓝色海岸、洛林；西部地区包括：中央大区、下诺曼底、卢瓦尔河、布列塔尼、普瓦图—夏朗德、阿基坦、南比利牛斯、利穆赞—奥弗涅、朗格多克—鲁西永、科西嘉岛。

著增加。从 1962 年到 1968 年,法国东部及西部地区的服务业就业增长都与其人口迁移相关。但在 1968 年至 1975 年间,只有法国西部的服务业就业变化与人口迁移显著相关,这一结果与 1962 年至 1968 年间关于工业就业的相关模型类似。由此可以推断,东部地区可能已出现影响人口迁移的非就业因素。

相关研究显示,劳动力迁移在发展初期阶段主要是由经济因素(包括就业、收入等)引起,后期则会受一些非经济因素的影响,主要是与"生活质量"相关的因素,如教育、气候、医疗设施、生活成本、文化生活、犯罪率,等等。因此,法国东西部地区之间存在上述差异的原因可能是经济发展阶段与城市化进程之间不一致。

上述分析表明,直到 20 世纪 70 年代,寻求就业机会(从工业到服务业)一直是西部地区人口迁移的主导因素。而在法国东部地区,在 1962 年至 1968 年间就开始出现了寻求工业就业机会向寻求服务业就业机会转变的状况,这一转变早于西部地区。1968 年之后,就业已经不再是一些地区人口迁移的主要因素。而由于地区间的发展水平趋于均衡,与之前的发展阶段相比,地区间的收入差异也有所减小。其他一些原因逐渐显现,如追求更好的生活条件、文化娱乐设施的完备程度、空气质量、住房质量、生态环境,以及教育、医疗等地方公共服务质量等。如图 10-17、图 10-18 所示,法国人口的迁移与各地区设施和生活环境之间存在一定关联。

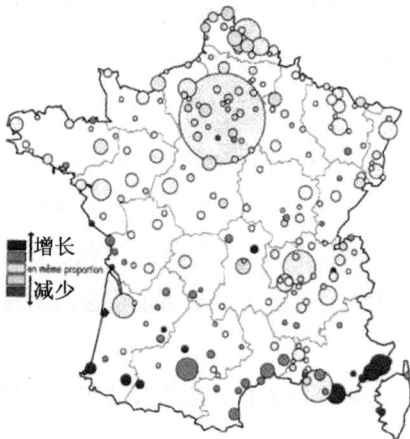

图 10-17　法国中高层管理工作的退休
　　　　　人员向南部迁移
资料来源:Pumain & Saint-Julien,1989。

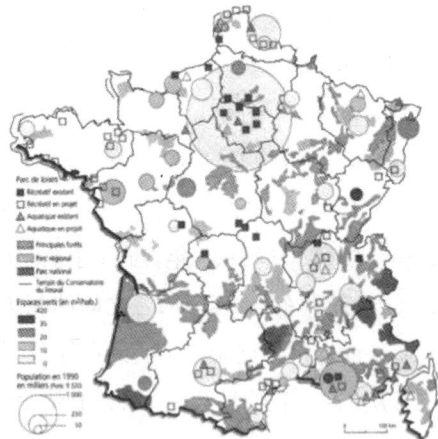

图 10-18　法国各地区娱乐和绿化地区
资料来源:RECLUS,1995。

此外,一些领域(如交通)的发展已经大大减少了距离因素对人口迁移造成的阻碍。因此,人口和资金更容易被气候宜人、生活更舒适的地方吸引而离开拥挤的中心地区。例如,法国南部是人口迁移的一大目的地,人们认为该地区不仅自然条件优越,而且是吸引投资的经济活跃区。正如 Albertini(1988)所述:经济已经不再是原有的样子;现在的法国人生育率降低,生命周期延长,追求个性化的生活,开始钟情于乡村、中小型城市以及东南部地区的生活方式。

# 第五节　不同城市聚落之间的人口迁移

法国在"光辉 30 年"期间经历了大规模的城市化进程(特别是从 1946 年至 1968 年),其中乡村聚落的人口大幅减少,特别是那些不足 100 个居民的乡村聚落,人口逐步向城市聚落(主要是 20000 个居民以上的城市聚落)迁移。在 1954 到 1968 年间,从乡村迁往城市的人口迁移比率持续升高;而从 1960 年代后期开始,这一增势则逐渐放缓,并最终进入稳定阶段(表 10-12)。

表 10-12　法国三个时期不同城市聚落的人口迁移演变情况(年比率,%)

| | 净迁移 | | | 总数 | | |
|---|---|---|---|---|---|---|
| | 1954—1962 | 1962—1968 | 1968—1975 | 1954—1962 | 1962—1968 | 1968—1975 |
| 城市聚落 | | | | | | |
| 5000 居民以下 | +0.29 | +0.62 | +0.75 | +0.88 | +1.16 | +1.15 |
| 5000~9999 | +0.51 | +0.74 | +0.53 | +1.21 | +1.43 | +1.11 |
| 10000~19999 | +0.83 | +0.95 | +0.69 | +1.60 | +1.76 | +1.48 |
| 20000~49999 | +1.07 | +1.15 | +0.45 | +1.88 | +2.03 | +1.28 |
| 50000~99999 | +1.32 | +1.14 | +0.59 | +2.16 | +2.06 | +1.52 |
| 100000~199999 | +1.47 | +1.23 | +0.58 | +2.54 | +2.31 | +1.63 |
| 200000~1999999 | +1.22 | +1.29 | +0.39 | +2.00 | +2.13 | +1.19 |
| 巴黎都市区 | +1.16 | +0.53 | −0.26 | +1.88 | +1.30 | +0.53 |
| 所有城市 | +1.08 | +0.97 | +0.34 | +1.86 | +1.79 | +1.14 |
| 法国全国 | +0.40 | +0.47 | +0.24 | +1.09 | +1.14 | +0.82 |

资料来源:INSEE,1975。

在"光辉30年"中后期,不再有大量人口涌入巴黎地区。而在所有的城市聚落类别中,巴黎地区以外的大中型城市人口迁入比率则保持稳定。此外,20世纪60年代以后,在一些大型乡村聚落(尤其是距离城市聚集区30~40公里的乡村聚落)出现了人口回流的现象,即逆城市化现象。这种回迁一定程度上引起了当地居民结构的转变,其中"中高级管理人员"和"退休人员"成为回迁者中增速最快的群体。

总体上看,在"光辉30年"期间,巴黎地区的人口增长率呈现由高到低的发展态势;而在实施"平衡型大都市政策"后,自1962年到1968年,八个平衡型大都市的人口增长率随之上升,但在"光辉30年"的后期这一增速逐步放缓;巴黎盆地中的中等城市人口增长率保持稳定;伴随着新时期人口从大城市迁往较小城市和乡村地区的趋势,法国城市密集区以外地区的人口也出现了较明显的增长(表10-13)。

表10-13 法国不同地区人口增长比例(%)

| | 1954—1962年 | 1962—1968年 | 1968—1975年 |
|---|---|---|---|
| 巴黎地区 | 31 | 24 | 22 |
| 8个平衡型大都市 | 24 | 27 | 20 |
| 巴黎盆地的35个中等城市 | 11 | 12 | 12 |
| 法国其他区域 | 34 | 37 | 46 |
| 法国全国 | 100 | 100 | 100 |

资料来源:SDAURIF,1976。

法国城市化的总体进程大体上与Geyer和Kontuly提出的"差别城市化"理论相一致。根据该理论,整个城市化经历着"集聚"到"去集聚"的过程,人口迁移的流向由大城市(大城市扩张)到中等城市(中等城市增长)再到小城市(小城市增长)。在最后阶段,"逆城市化"现象开始出现。此外,这一进程也可以用"城市生命周期"理论来解释,即表现出集中化—郊区化—人口去集中化的进程。

"光辉30年"结束后,法国不同地区的居民人口构成(尤其是年龄和职业方面)已存在较明显的差异。老年人口较多分布在乡村地区和小城市,巴黎都市区更能吸引具有一定工龄的人口,而25岁以下的年轻人则更多地居住在一些大中型城市。就职业而言,管理人员和职员较多居住在巴黎都市区,而大多数工人则居住在外省的一些大中型城市。

　　随着时代背景的变化,不同城市聚落间的人口迁移也发生着改变。"平衡型大都市"政策以及大规模产业分散化政策实施之前,巴黎盆地的大部分大中型城市的人口增长率远高于平衡型大都(表 10 - 14);与此同时,大量人口涌入巴黎地区。大规模的乡村人口在这一时期向城市迁移(图 10 - 19)。人口迁移的主要驱动力是经济因素。Lewis(1954)指出,城市的现代化部门与乡村的传统部门之间的工资差异驱使乡村剩余劳动力由农业转向工业部门。其他一些经济因素还包括工作机会、失业率等。此外,在多数情况下,这一阶段的人口迁移正呼应了人口的代际变化:青年乡村人口不再像父母一样在乡务农,而是进城工作。

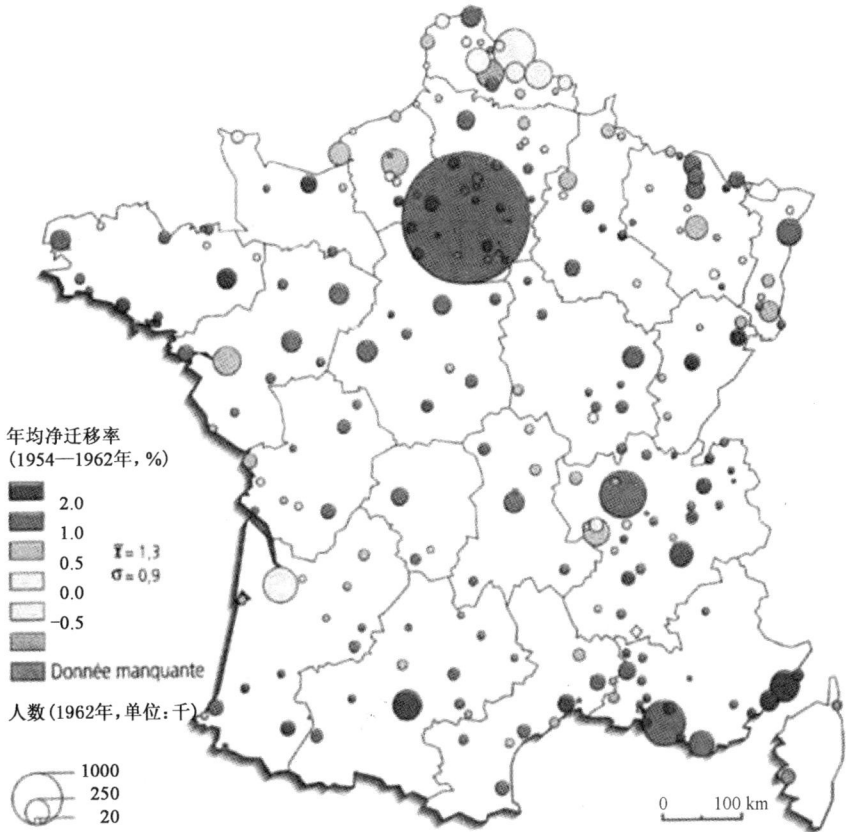

图 10 - 19　法国的人口迁移情况(1954—1962 年)
资料来源:Brunet & Auriac,1997。

表 10-14　法国部分城市人口增长率(1954—1962年)(%)

| 平衡型大都市 | 增长率 | 巴黎盆地的主要城市 | 增长率 | 巴黎盆地的中等城市 | 增长率 |
|---|---|---|---|---|---|
| 图卢兹 | 2.5 | 卡昂 | 4.0 | 埃夫勒 | 6.5 |
| 南锡—蒂永维尔—梅斯;里昂—圣艾蒂安;马赛—艾克斯;南锡—圣纳泽尔 | 2 | 奥尔良;图尔市 | 2.5 | 圣迪济耶 | 4.5 |
| 斯特拉斯堡 | 1.5 | 亚眠;鲁昂 | 2.0 | 德勒 | 4.0 |
| 里尔—鲁贝—图尔昆;波尔多 | 1.0 | 勒阿弗尔;兰斯;特鲁瓦 | 1.5 | 博韦 | 3.5 |
|  |  |  |  | 布卢瓦;克雷伊;沙特尔;沙托鲁 | 3.0 |
|  |  |  |  | 欧塞尔;马恩河畔沙隆;苏瓦松;拉昂 | 2.5 |
|  |  |  |  | 贡比涅;布尔日;色当;蒙塔日;桑斯;泰尔尼耶 | 2.0 |
|  |  |  |  | 利雪;阿布维尔;圣康坦;绍蒙;梅济耶尔—沙勒维尔;迪耶普 | 1.5 |
|  |  |  |  | 阿尔布夫;维耶尔宗 | 1.0 |
|  |  |  |  | 艾培涅 | 0.5 |
| 合计 | 1.5 |  | 2.2 |  | 2.4 |

资料来源:Le SDAURP,1965。

　　与前一阶段有所差别,自1960年代以来,人口主要迁入下列地区(图10-20):"阳光"之城(如图卢兹、戛纳、蒙彼利埃),罗讷—阿尔卑斯大区的一些城市(如格勒诺布尔、安纳西和尚贝里)以及巴黎周边的城市(如芒特、克雷伊、奥尔良和兰斯)。值得注意的是,除了城市规模之外,城市功能在这一时期变得比以前更加重要(如旅游城、大学城等)。

　　20世纪60年代,在"平衡型大都市"政策实施后,这些城市的就业机会和基础设施(如住房与交通)均有所增加。政策实施以来,八个平衡型大都市的人口增

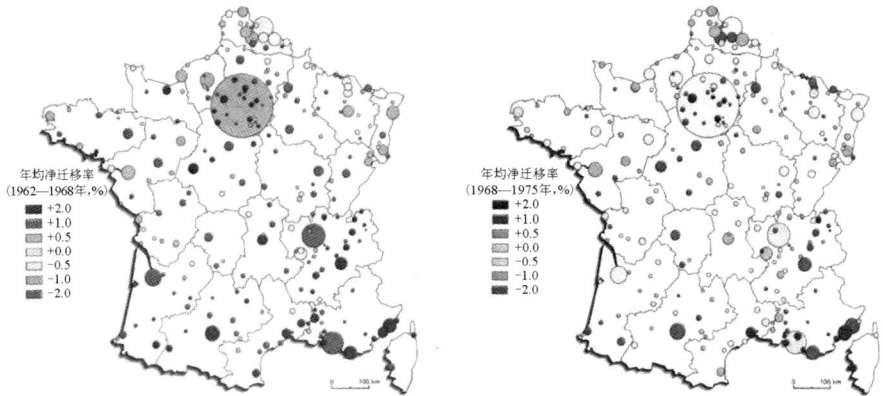

图 10-20 法国的人口迁移情况(1962—1968 年,1968—1975 年)
资料来源:Brunet & Auriac,1997。

长显著,但不同城市之间也存在一些差异(表 10-15)。人口增长率高的平衡型大都市(1962—1968 年)主要是一些新兴产业或服务业发展迅速的城市,如图卢兹(+20.3%)和格勒诺布尔(+26.6%)。反之,同一时期位于传统煤炭和钢铁产业区的大城市人口则增长缓慢,如里尔(+7.3%)和南锡(+10.9%)。尽管实施了传统工业区更新政策,这一趋势仍持续到 20 世纪 70 年代乃至以后(表 10-16)。此外,一些平衡型大都市明显受益于分散化政策(如研究及教育机构)以及"平衡型大都市"政策,如图卢兹。

表 10-15 法国 8 个平衡型大都市的人口演变(1962—1975 年)

| 名 称 | 总人口(单位:千) | | |
|---|---|---|---|
| | 1962 年 | 1968 年 | 1975 年 |
| 里尔 | 821 | 890 | 935 |
| 南锡 | 232 | 258 | 280 |
| 梅斯 | 150 | 166 | 181 |
| 蒂永维尔 | 126 | 140 | 141 |
| 斯特拉斯堡 | 302 | 342 | 365 |
| 南特 | 349 | 405 | 453 |

| 名　　称 | 总人口(单位:千) | | |
|---|---|---|---|
| | 1962 年 | 1968 年 | 1975 年 |
| 圣纳泽尔 | 104 | 110 | 119 |
| 波尔多 | 498 | 569 | 612 |
| 图卢兹 | 365 | 446 | 509 |
| 里昂 | 943 | 1089 | 1170 |
| 格勒诺布尔 | 262 | 332 | 389 |
| 圣艾蒂安 | 315 | 332 | 334 |
| 马赛 | 839 | 1010 | 1070 |
| 普罗旺斯地区艾克斯 | — | 89 | 110 |

资料来源:INSEE,1980;SIRF,1974。

表 10-16　法国城市就业人口演变情况(1975—1982 年)

| 城市地区 | 1975—1982 | | 城市地区 | 1975—1982 | |
|---|---|---|---|---|---|
| | 增加 | 排名 | | 增加 | 排名 |
| 巴黎 | 11308 | 1 | 雷恩 | 1492 | 19 |
| 图卢兹 | 3796 | 9 | 里尔 | −6968 | 397 |
| 尼斯 | 10328 | 2 | 南锡 | −4704 | 396 |
| 里昂 | 4688 | 7 | 克莱蒙费朗 | −372 | 316 |
| 蒙彼利埃 | 4632 | 8 | 卡昂 | −148 | 245 |
| 波尔多 | 5168 | 6 | 梅斯 | −2216 | 384 |
| 土伦 | 6456 | 4 | 斯特拉斯堡 | 384 | 64 |
| 南特 | 2224 | 15 | | | |

资料来源:INSEE,1982。

　　从 1954 年到 1975 年,法国大多数中等城市(2 万~10 万人)每年的净迁移率为正数,那些位于主要城市密集区中(如巴黎盆地、里昂—圣艾蒂安—格勒诺布尔地区和地中海地区)的中等城市更是如此。这类城市的人口在 1962 年至 1968 年间迅速增长。此后,虽然中等城市的人口增长率仍较其他类型的城市高,但是法国整体的城市化进程已逐步放缓,并最终于 70 年代后期结束(图 10-21)。随着时代背景的变化,中等城市除拥有一定的就业机会外,还提供给人们更好的居住条件。这一点也成为中小城市政策的重要内容。

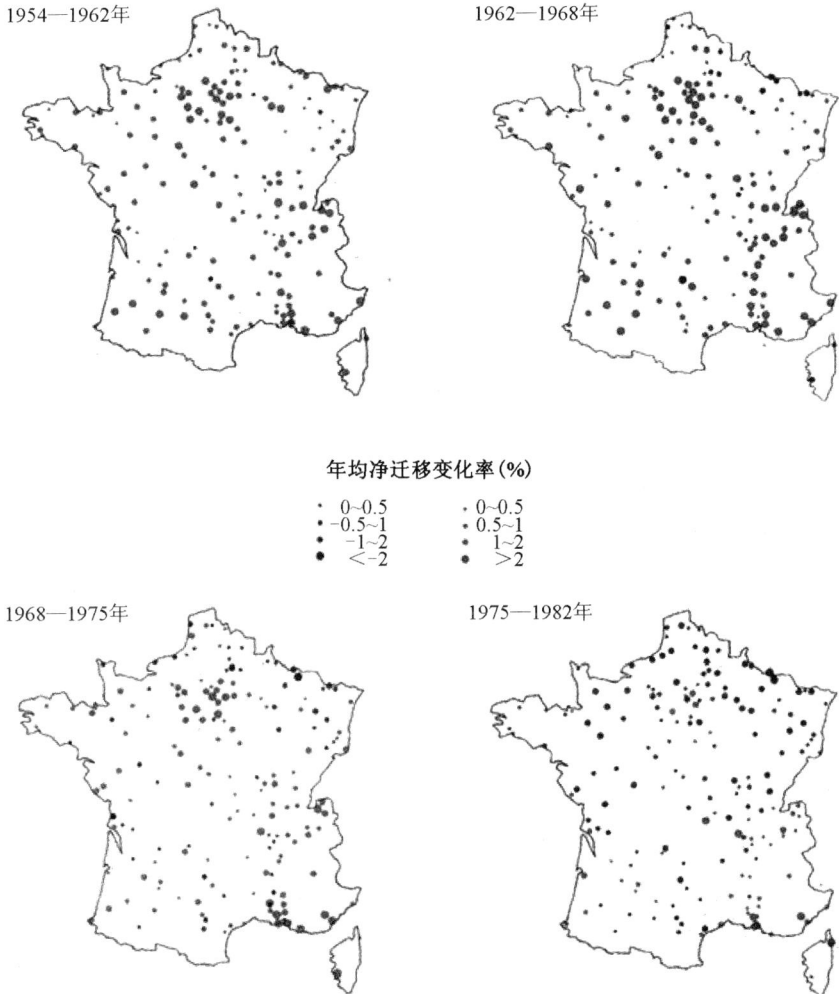

1954—1962年　　　　　　　　　　　1962—1968年

年均净迁移变化率(%)

・ 0~0.5　　　　・ 0~0.5
・ -0.5~1　　　・ 0.5~1
● -1~2　　　　● 1~2
● <-2　　　　　● >2

1968—1975年　　　　　　　　　　　1975—1982年

图 10-21　法国中等城市(2 万～10 万人)的人口迁移情况(1954—1962—1968—1975—1982 年)

资料来源:DTTAR,1988。

而法国的小城市(居民 5000～20000 人)通常充当乡村地区中心的角色。在 1954—1968 年,小城市的人口增长率一直低于大中城市。但自“光辉 30 年”后期开始,伴随着逆城市化的进程,法国小城市和乡村地区的净人口迁移率开始增长(表10-17)。

表10-17 法国不同聚落人口演变(1952—1962年,1962—1968年)

| | 年变化,% | | 净迁移,‰ | |
|---|---|---|---|---|
| | 1954—1962 | 1962—1968 | 1954—1962 | 1962—1968 |
| 小城市(5000～20000人) | 1.57 | 1.71 | 7.9 | 9.2 |
| 城市(20000人以上) | 2.05 | 1.94 | 12.9 | 10.5 |
| 村庄(少于5000人) | 1.00 | 1.33 | 4.1 | 7.3 |

资料来源:INSEE,1962,1968。

随着服务业(如银行、学校、商场、旅游设施等)及居住条件的改善,法国小城市的功能不断完善。小城市主要吸收乡村劳动力以及受教育程度较低的劳动力,工业部门的就业比例较高。同时,小城市一直存在大量的年轻人口(40岁以下)流失的状况(Marconis,1968)。

人口增长率较高的小城市与其所处的区位密切相关。从1954年到1968年,人口增长率最高的小城市集中在巴黎地区(就业因素造成)、东南地区(尤其是里昂地区和普罗旺斯地区)以及西南地区(受殖民地回国人群的影响)。而在1975年之后,受良好的自然条件和生活环境的吸引,人口增长率较高的城市则更多地集中在地中海地区和大城市周边的"逆城市化"地区(表10-18)。

表10-18 处于不同地理位置的法国小城市数量(根据人口年均增长率)
(1975—1990年)(%)

| 地理位置 | 1%～1.99% | >2% |
|---|---|---|
| 巴黎地区 | 16 | 10 |
| 罗讷—阿尔卑斯大区 | 14 | 5 |
| 地中海沿岸,马赛 | 5 | 13 |
| 里尔都市区 | 1 | 2 |
| 其他地区 | 18 | 4 |
| 总计 | 54 | 34 |

资料来源:INSEE,1990。

# 第六节　小　　结

　　法国"光辉 30 年"时期也是法国城市化快速推进期,这一时期,大量乡村人口和外来移民涌入城市,产生了就业、住房、基础设施、公共服务等诸多方面的需求和问题,法国政府采取各种措施较好地应对了这些情况。"光辉 30 年"以后,法国进入了城市化稳定阶段,城市化水平达到了 70% 以上。此时人民生活水平和生活环境已大为改善,人口迁移也朝更加多元化的方向发展。

　　在"光辉 30 年"期间,法国的人口迁移经过三个主要的发展阶段:初期阶段,人口大量涌入巴黎地区;中期阶段,人口转向区域性大城市;最后阶段,人口又迁回中小型城市以及乡村地区。

　　法国政府制定的规划在一定程度上对法国的人口迁移起到了导向作用,即逐渐引导产业和就业岗位在全国各地区均衡布局,建设平衡型大都市和新城,改善中小型城市以及乡村地区的生产生活环境等。

　　实际上,人口迁移的过程也与不同时代背景下人们需求的转变相一致,即从追求经济上的目标(更高收入、就业机会等)向追求多样化的方向(经济和非经济,如追求高标准的生活水平)转变。

# 第十一章　平衡型大都市和法国城市体系

城市化快速发展期是乡村人口大量涌入城市的时期,而作为人口流入地的城市,应该如何安置流入人口,如何保持城市健康发展,以及如何构建合理的城市体系来促进地区均衡发展,都是城市化进程中政府必须认真研究、规划和解决的问题。法国政府在"光辉30年"期间制定了多种领土整治措施,顺利推进了法国的城市化进程,但有些政策也引起了长期的争论。

## 第一节　法国城市体系的演变

法国城市体系的演变历程与平衡型大都市及中小型城市的发展密切相关。平衡型大都市政策受到了 Francois Perroux 于 1955 年提出的"增长极理论"的影响。根据这一理论,地区的发展首先在增长极出现,随后通过吸引和辐射效应扩展,最终带动整个区域的发展。

在"光辉30年"期间,平衡型大都市政策为法国更为均衡的城市体系奠定了基础。这些平衡型大都市逐渐形成了与周边城市相联系的八个大城市群。法国的城市体系逐渐从"首位度较高的单一核心结构"发展成为"多中心网络结构"(图 11-1)。但是,巴黎地区的吸引力仍然强大,而各城市群的影响范围和强度相差较大(图 11-2)。

除了巴黎盆地的城市群之外,法国还可以划分为几个城市群(图 11-2):北部、东北部和西部(布列塔尼和中央大区的部分地区),西南部(波尔多—图卢兹),以及里昂地区和南部沿海地区。与其他城市群相比,里昂地区和南部沿海地区间的联系强度较高。

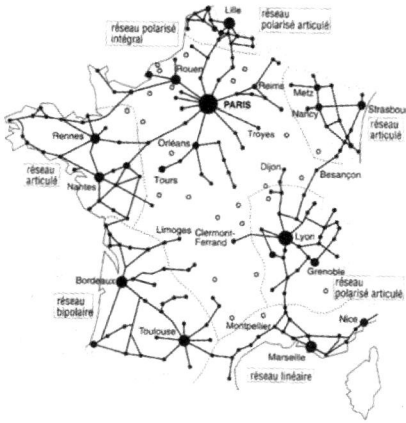

图 11-1 1980 年以来的法国城市体系
资料来源:Fabries-Verfailie & Stragiotti,2000。

图 11-2 法国城市吸引力(1979—1980 年)
资料来源:INSEE;Pumain,1990。

　　随着交通设施的改善,不同地区间的联系得以加强。但从"光辉 30 年"期间的交通量和就业数据可以看出,法国的极化结构(以巴黎为核心)仍然明显。交通和就业联系密切的地区仍主要集中在法国东部、巴黎盆地。但在"光辉 30 年"以后,法国其他地区之间的联系已有所加强。例如,巴黎和法国东南部大城市(如波尔多和图卢兹)之间的关系以及与地中海地区内的联系都有所强化。"光辉 30 年"间,法国交通量的情况可以反映出这种变化(图 11-3 至图 11-8)。

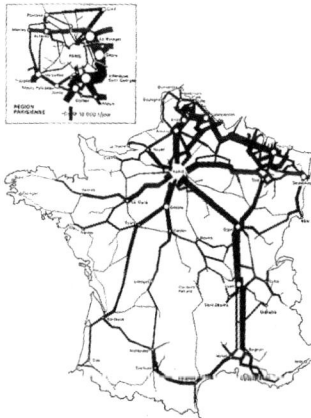

图 11-3 1963 年法国铁路客运量
(单位:1000 吨)
资料来源:SDAURP,1965。

图 11-4 1976 年法国国家铁路货运量
(单位:2000 吨)
资料来源:SNCF,1978。

图 11-5　1988 年法国铁路货运量
资料来源:SNCF,1991;DATAR,1993。

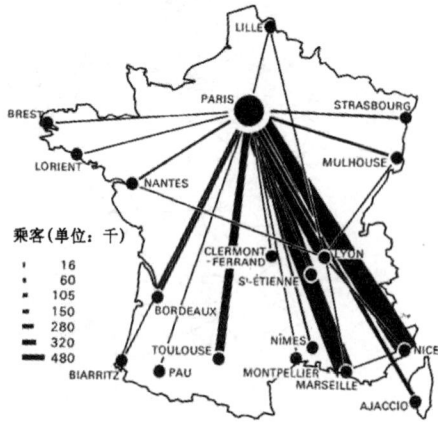

图 11-6　1968 年法国国内航空客运量
资料来源:INSEE,1969。

图 11-7　1976 年法国公路交通量
资料来源:SETRA,1978。

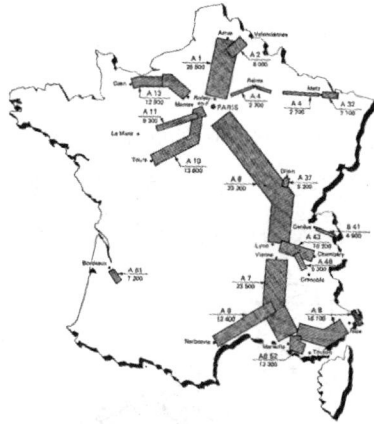

图 11-8　1976 年法国铁路交通量
资料来源:DATAR,1978。

　　区域级城市体系结构与法国总体的城市体系结构有所不同(图 11-9)。在巴黎盆地,极化结构较为明显:一个中心(巴黎)连接着周边多个重要的大城市(如奥尔良、特鲁瓦、兰斯、亚眠、鲁昂、卡昂、勒芒和图尔);在北部—加来海峡大区和罗讷—阿尔卑斯大区,极化结构也较为突出;东部地区(如洛林和阿尔萨斯)和西部地区(布列塔尼)则表现为"多中心"结构;西南地区由两个大城市(图卢兹和波尔多)占主导地位;地中海地区的城市体系则呈现线性结构(从尼斯到佩皮尼昂);法国中部主要受西南地区和罗讷—阿尔卑斯大区以及两个相对较弱的地区首府城市(利摩日和克莱蒙费朗)的影响。各地区城市体系结构的形成受到历史地理因素以及其他一些城市自身发展的影响,这也在一定程度上影响着法国新时期的发展模式。

图 11-9　法国各大区城市体系
资料来源:Damette & Scheibling,1992。

　　与法国总体城市体系结构相似,极化结构在法国的某些地区(尤其是中部和南部地区)由来已久。但在新时期,这些地区的集中程度则进一步强化。与其他地区相比,这些地区首府城市的人口增长程度和经济集中程度都非常高。核心城市明显地攫取了周边城市的资源。

　　以南比利牛斯大区(传统的"极化"地区)为例,平衡型大都市政策和产业分散化政策强化了首府图卢兹的核心地位。1982 年到 1990 年,人口从其他城市向图卢兹净迁移的现象比 1975 年到 1982 年间更加明显(图 11-10)。图卢兹的地位得到了进一步提升,而该地区中小型城市的地位则有所下降。

　　此外,法国北部大区首府里尔的地位也有所加强。1982 年,里尔的就业率占北部大区的 34% 以上。其他一些城市的就业率则在 1975 年到 1982 年期间出现下降,其中鲁贝(Roubaix)下降 17%,图尔宽(Tourcoing)下降 10%,瓦特勒洛(Wattrelos)下降 6%(Cunat et al.,1993)。造成这一现象的部分原因包括:交通得到改善(开通法国高速列车,建成新火车站)以及建立了阿斯克新城(Villeneuve d'Ascq,该城在 80 年代成为一个"科技极点")等。

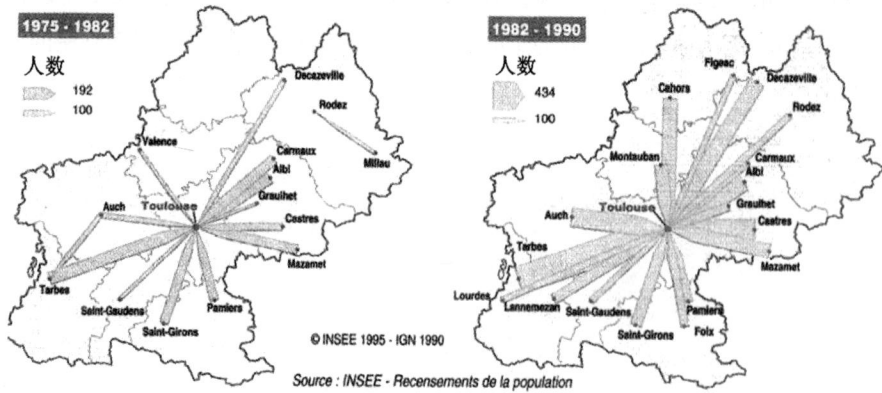

图 11 - 10  南比利牛斯大区城市间人口净迁移量
资料来源：INSEE,1990。

# 第二节  平衡型大都市的地位

受益于 20 世纪 60 年代实行的"平衡型大都市"政策,被选中的城市逐渐成为区域中重要的增长节点。这些城市形成了一些教育、研究等功能节点,在一定程度上均衡了巴黎大区的强大影响力,并带动了区域的整体发展。如图 11 - 11 所示,这些平衡型大都市聚集了一些高水平的设施及服务业,如大学、政府部门分支机构、研究中心和某些类型的商业等。

Colot(1996)总结了服务业分散化行动给这些城市带来的影响:形成了一些重要的教育节点(如里昂、格勒诺布尔、图卢兹、里尔、波尔多和蒙彼利埃)(图 11 - 12),建立了一些研究节点(如里昂的医学研究、格勒诺布尔的能源研究、图卢兹的空间研究),这些节点在法国乃至欧洲均占据了领先地位。

在"光辉 30 年"之后,研究领域资源的分散化行动仍在持续(图 11 - 13)。1995 年,巴黎地区吸纳了全国约 25% 的学生,而 1982 年这一比例约为 33%。位于巴黎地区的国家科学研究中心的研究人员数量持续下降,从 1989 年的 53% 下降到 1995 年的 46%(DATAR,1999)。同时,伴随着资源的重新分配,这些区域性城市的就业结构开始升级(如管理人员、工程师等)(图 11 - 14)。

工业企业数和企业员工数　　商业企业数和企业员工数　　保险和银行员工数

企业服务性人员数　　公共部门研究人员数　　公共管理人员数

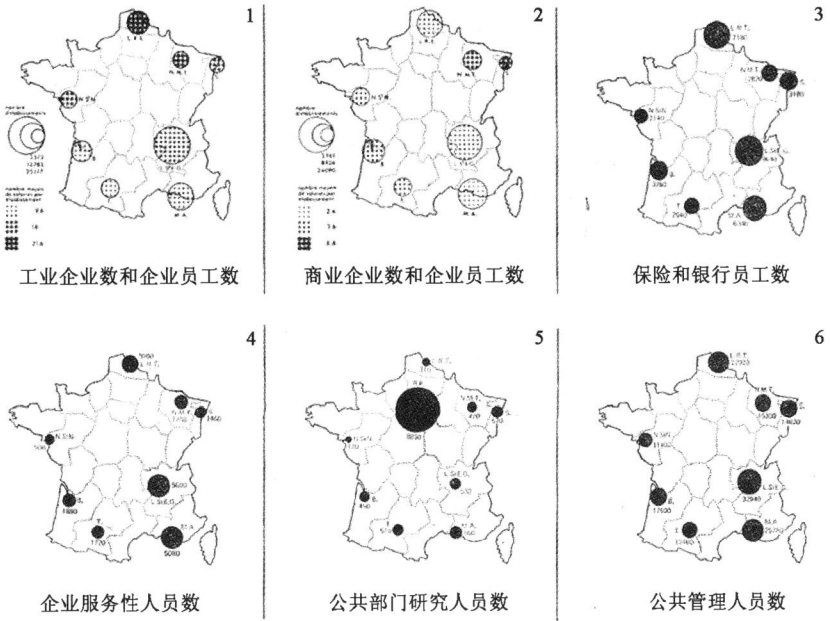

图 11－11　法国平衡型大都市产业和人员分布
资料来源：DATAR，1970。

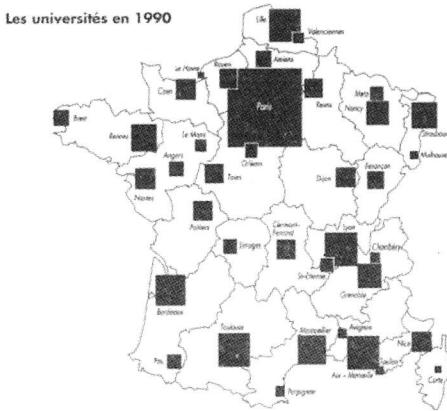

图 11－12　法国大学空间分布（1990 年）
资料来源：Monod & De Castelbajac，1993。

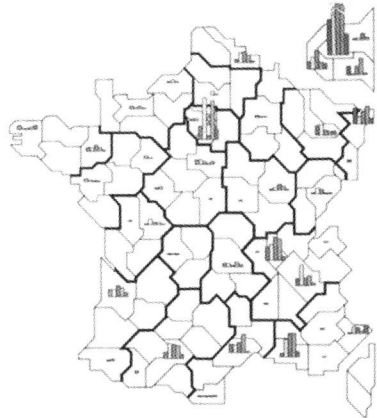

图 11－13　法国国家科学研究中心的实验室和研究人员（1982 年）
资料来源：CNRS，1982。

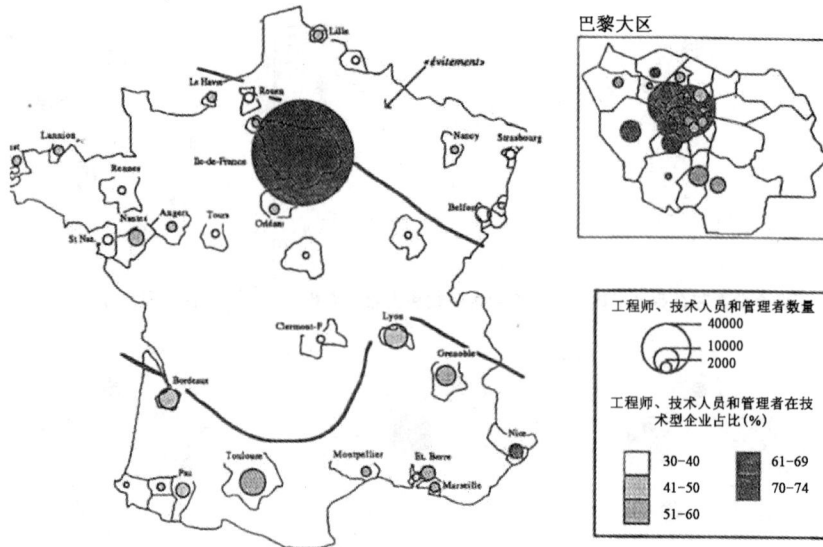

图 11- 14　法国技术型企业中的工程师、技术人员和管理者比重
资料来源:UTH 2001,1990。

　　此外,这些城市在自有资源和产业分散化行动的基础上,发展了一些带有地方特色的功能,如:斯特拉斯堡的银行与保险功能、图卢兹和斯特拉斯堡的公共研究功能、里昂的管理与商业功能、马赛的运输职能,以及里尔和里昂的工业生产功能等(Julien,1996)。在新时期,这些法国城市进一步加强了其专业化的发展(表11-1),如对外贸易和国际联系(里昂、马赛、斯特拉斯堡和尼斯)、航天工业和研究(图卢兹)、教育和研究(蒙彼利埃)、港口功能(勒阿弗尔和南特)等,通过强化地方的专业化功能来应对巴黎的极化效应。

表 11- 1　法国主要城市的功能

| 排名 | 国际化 | 交　流 | 经　济 | 研　究 | 文　化 |
|---|---|---|---|---|---|
| 1 | 巴黎、马赛 | 巴黎、马赛 | 巴黎 | 巴黎、里昂、格勒诺布尔、图卢兹、蒙彼利埃 | 巴黎、里昂 |
| 2 | 斯特拉斯堡、里昂、尼斯、图卢兹 | 里昂、尼斯、斯特拉斯堡、南特 | 里尔、马赛、斯特拉斯堡 | 里尔、雷恩、马赛、南锡、斯特拉斯堡 | 斯特拉斯堡、图卢兹、里尔、里昂、蒙彼利埃、格勒诺布尔、马赛、波尔多、雷恩 |

| 排名 | 国际化 | 交　流 | 经　济 | 研　究 | 文　化 |
|---|---|---|---|---|---|
| 3 | 波尔多、南特、里尔 | 勒阿弗尔、图卢兹、波尔多、里尔、蒙彼利埃 | 波 尔 多、南特、图卢兹、克莱蒙、尼斯 | 尼斯、波尔多,梅斯、南特、鲁昂 | 尼斯、南锡、南特 |

资料来源:Brunet,1989。

在新时期,以往"平衡巴黎地区影响"的目标逐渐被"加强地区在欧洲范围竞争力"的思想所取代。因此各国需要重新考虑提升大城市的竞争力。譬如,Hall(1992)提出,欧洲新的地理布局将削弱国界的限制。然而,欧洲最具竞争力的城市仍主要集中在"蓝色香蕉"地带(从伦敦延伸到米兰的弧形区域,包括巴黎、布鲁塞尔、阿姆斯特丹、科隆、法兰克福和慕尼黑等一些欧洲重要城市)(图11-15),与外围的城市相比,这些城市更具规模经济效应和交通优势。因此,随着国界的淡化,资本和劳动力的渗透性增强,欧洲市场趋于一体化,城市间的差异进一步拉大。

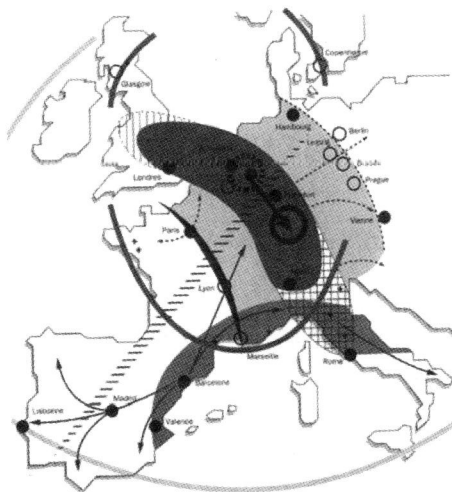

图 11-15　欧洲的发展结构
资料来源:GIP,RECLUS。

事实上,法国空间规划暨区域行动署在 1989 年发布的一份报告显示,法国城市的竞争力与欧洲其他城市相比并不突出:法国排名第二的城市里昂在欧洲排名仅第 21 位,远远落后于曼彻斯特、汉堡、鹿特丹和苏黎世等许多欧洲城市

(表11-2)。此外,根据 Cheshire(1986)的欧洲城市排名[1],前30名中将近一半是德国城市,其余主要集中在"蓝色香蕉"[2]地带,欧洲整体呈"核心—边缘"结构。除巴黎之外,仅有六个法国城市(斯特拉斯堡、尼斯、第戎、里昂、米卢斯和奥尔良)跻身前30名。

表11-2　法国城市在欧洲的综合排名

| 第一级 | 巴黎 |
|---|---|
| 第二级 | 无 |
| 第三级 | 无 |
| 第四级 | 里昂 |
| 第五级 | 马赛、斯特拉斯堡、图卢兹 |
| 第六级 | 里尔、尼斯、格勒诺布尔、波尔多、蒙彼利埃、南特、雷恩 |

资料来源:Brunet,1989。

注:等级排名以一些指标作为评判标准——国际关系,交流,经济实力,研究和技术。

　　然而,"专业化"和"本地化"在新时期也得到重视。正如 Merlin(2007)所提及,里昂、马赛和里尔这三大城市的专业化职能可以与其他欧洲大城市相竞争:里昂是法国第二大经济体,马赛是地中海地区的首府城市,里尔是重要的工业大城市(欧洲的物流优势得益于完善的运输网络、积极的高水平设备建设政策、带有地方特色的区域市场营销、国际水准的职能,以及文化和美食等)。此外,斯特拉斯堡和图卢兹也因其专业化功能而具有竞争力:斯特拉斯堡是处理欧洲事务的基地,图卢兹则是欧洲航天产业的大本营。

　　除巴黎地区之外,地处国界附近的大城市和地区发挥了比以往更为重要的职能(图11-16),包括里尔(法国和比利时交界)、斯特拉斯堡(法国和德国交界)、里昂(法国和瑞士交界)、图卢兹(法国和西班牙交界)。这些城市将法国与周边国家更紧密地联系在一起,并参与到国际竞争与合作之中。然而,跨国界关系在一定程度上依赖于与欧洲经济核心的距离和交通的便捷程度。以图卢兹为例:尽管它靠近法国和西班牙的国界,但因其远离欧洲的决策核心(即"蓝色香蕉"地带),再

[1]　包括一些经济变量(1971—1988年)。

[2]　"蓝色香蕉"区域是西欧的一条不连续的城市化走廊,总人口约1.1亿。该地区由北向南大致从英格兰西北部延伸至米兰。

加上交通限制(没有连通法国高速铁路),因而它与外界的经济联系也在一定程度
上受到阻碍。另外,由于改善了交通条件,加强了与决策核心的联系,一些城市
(里尔、里昂和斯特拉斯堡)与其他国家的交互得以加强。

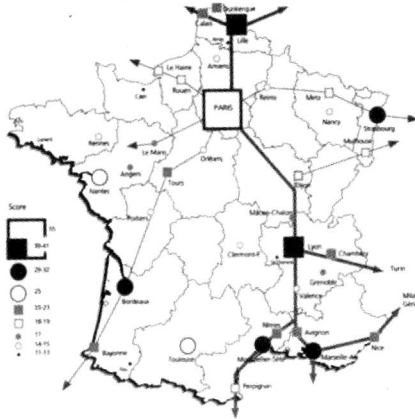

图 11-16　法国节点城市分布

资料来源:Brunet,1990。

在新时期,不同城市群之间(而非单个城市间)的竞争变得更为重要。与"单
一""集中"发展模式形成对照,从 20 世纪 90 年代起,关于区域合作的呼声不断涌
现。开展合作的地区包括:里昂地区[里昂和圣艾蒂安在研究职能上的合作;安纳
西、尚贝里和格勒诺布尔(Annecy-Chambery-Grenoble)在阿尔卑斯服务业方面的
合作],卢瓦尔-布列塔尼(Loire-Bretagne)大城市群[雷恩、拉尼翁和布雷斯特
(Rennes,Lannion,Brest)在电子通信业的合作;瓦讷、南特和昂热(Vannes,
Nantes,Angers)在生物技术方面的合作;圣布里厄、雷恩和拉瓦勒(St-Brieux,
Rennes,Laval)在食品工业领域的合作;布雷斯特和坎佩尔(Brest,Quimper)在粮
食安全方面的合作]等。

# 第三节　小　　结

长期以来,法国城市体系受领土整治影响的效果仍具争议。一方面,"光辉
30 年"后,服务业已成为巴黎都市区绝对的主导产业,这一地区聚集了公司总部、

人才资源、研究和教育机构以及部分高端产业。此外,法国在这一时期也陆续建立了几个区域级中心,有利于区域级城市群的形成。

另一方面,随着时代背景的变迁,过去强调在国家内部实现"均衡发展"(抵消巴黎地区的影响)的理念受到了全球化背景和"增强地方竞争力"需求的挑战。一些学者表示,以往的目标在一定程度上削弱了巴黎在世界上的影响力,这一观点也得到了事实验证。在区域内,尽管部分资源(如工业、教育和研究、基础设施)实现了均衡分配,但在"光辉30年"期间,不同规模城市的一体化发展在一定程度上被忽视,影响了后一时期区域竞争力的提升。然而,随着新时期发展方向的改变和权力下放的推进,这一现象正逐渐得到改善。

# 第十二章　乡村和薄弱地区的发展

在"光辉 30 年"期间,伴随着城市化的快速发展,法国乡村地区也发生了显著的变化。随着基础设施的改善,乡村不再是落后的象征,而成为新的经济增长点、生活宜居地以及重要的生态平衡区。科学的领土整治措施在促进乡村地区发展中发挥着重要作用。

## 第一节　法国乡村经济的总体情况

第二次世界大战之后,尤其是 1945 年至 60 年代中期,法国加快了农业现代化的步伐,采取的政策包括推行农业机械化、发展农业科技、乡村土地整理、开展农民技能培训和建立农业合作组织等。这些农业现代化政策的实施极大地提高了农业生产力,促使了大量乡村剩余人口向外迁移。

在 50 年代,法国设立了一些半官方公司,以负责开发欠发达的乡村地区,其主要任务是推行农业机械化以及建设和整修乡村地区的基础设施。此后,这些公司根据国家的法规和政策,又推行了一些针对农民退休和培训的措施。图 12 - 1 和表 12 - 1 显示,50 年代以后(尤其是在 60 年代),半官方的地区发展公司(尤其是在法国西南部和中部地区)所在地区中从事农业生产的人口比例大幅下降。

在法国,国家层面有关乡村地区的领土整治措施直到 60 年代才开始出现,如"乡村更新区"(1967 年)、"山区经济区"(1967 年)、"国家公园"(1963 年)和"区域公园"(1967 年)等。这些规划的重点是建设和整修乡村设施,促进农业现代化,升级乡村工业和服务业,以及保护当地的自然环境。

图 12-1  法国地区发展公司

资料来源:Les societe d'amehnagement regional,1984。

表 12-1  法国不同地区农业就业人口的演变(%)

| 东部地区 | 年减少率 | | 西部地区 | 年减少率 | |
|---|---|---|---|---|---|
| | 1954—1962 | 1962—1968 | | 1954—1962 | 1962—1968 |
| 诺尔省 | 3.2 | 3.5 | 下诺曼底大区 | 2.3 | 2.6 |
| 皮卡第大区 | 3.8 | 3.1 | 布列塔尼大区 | 3.2 | 4.2 |
| 上诺曼底大区 | 2.8 | 3.5 | 卢瓦尔河大区 | 3.1 | 3.6 |
| 香槟—阿登大区 | 2.9 | 2.7 | 中央大区 | 3.7 | 4.7 |
| 洛林大区 | 3.6 | 3.0 | 普瓦图—夏朗德大区 | 3.2 | 3.5 |
| 阿尔萨斯大区 | 5.2 | 3.5 | 利穆赞大区 | 4.0 | 4.7 |
| 弗朗什—孔泰大区 | 4.1 | 4.6 | 奥弗涅大区 | 3.8 | 3.8 |
| 勃艮第大区 | 3.6 | 4.6 | 南部—比利牛斯大区 | 3.4 | 4.6 |
| 罗讷—阿尔卑斯大区 | 4.0 | 4.6 | 朗格多克—鲁西永大区 | 2.3 | 4.1 |
| 普罗旺斯—蓝色海岸大区—科西嘉岛 | 3.7 | 1.6 | 阿基坦大区 | 3.9 | 4.3 |
| 巴黎大区 | 4.4 | 2.5 | 法国 | 3.5 | 3.8 |

资料来源:Parodi,1971;INSEE,1969。

从 60 年代开始,农业就业人口所占比重较高的地区和人口稀少的地区大多被划为乡村更新区、山区经济区(1967 年)以及自然公园(图 12 - 2)。上述政策中有多项措施用于促进这些地区的发展,同时保护当地的生态空间。与前一阶段相比,这一阶段的规划内容更加丰富,增加了环境保护和乡村旅游业等方面的新内容。此外,乡村设施的建设重点逐渐从乡村基础设施建设转变为改善居住环境和建设旅游设施,这一规划方向的转变使得乡村地区在新时期更好地吸收了涌入乡村的城市居民。

"光辉 30 年"之后,尽管法国各地的就业结构更加趋同,但不同乡村地区发展不均衡的状况仍然存在。传统乡村地区的农民比例依然相对较高(图 12 - 3)。根据这种就业结构的差异,从香槟地区到比利牛斯山脉可以画出一条对角线,将法国分为两部分。

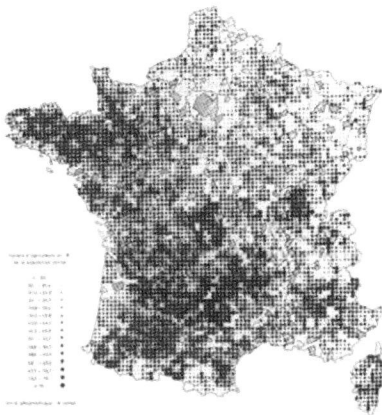

图 12 - 2　1954 年法国农民在总劳动力中所占比重(%)
资料来源:CNRS,1968。

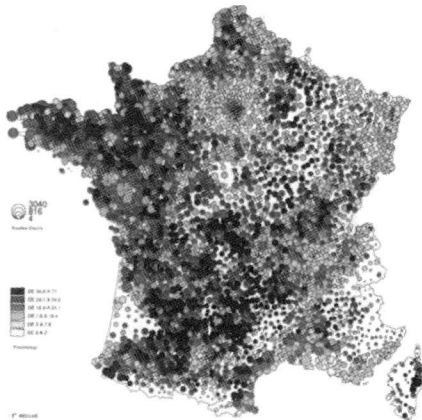

图 12 - 3　1982 年法国农民在总劳动力中所占比重(%)
资料来源:RGP,1982。

然而,尽管农业占主导地位的地区仍然存在,但这些地区的农业生产力已得到了大幅提高,农业生产的专门化和地域化变得更加明显,如巴黎盆地的谷类种植业、布列塔尼的乳制品业、勃艮第大区的葡萄种植业和中央高原的畜牧业等。

随着乡村地区相关规划的实施,乡村地区的经济结构变得更为多样化,农业占主导的地区明显减少,而工业和服务业占主导的地区则明显增加,单一化的产业结构已被多元化的产业结构所取代(图 12 - 4)。其中,工业占主导的乡村地区主要分布在工业化程度较高的地区,如诺尔地区、巴黎盆地、洛林—阿尔萨斯地区和里昂地区,而服务业占主导的乡村地区则主要分布在山区和沿海地区。

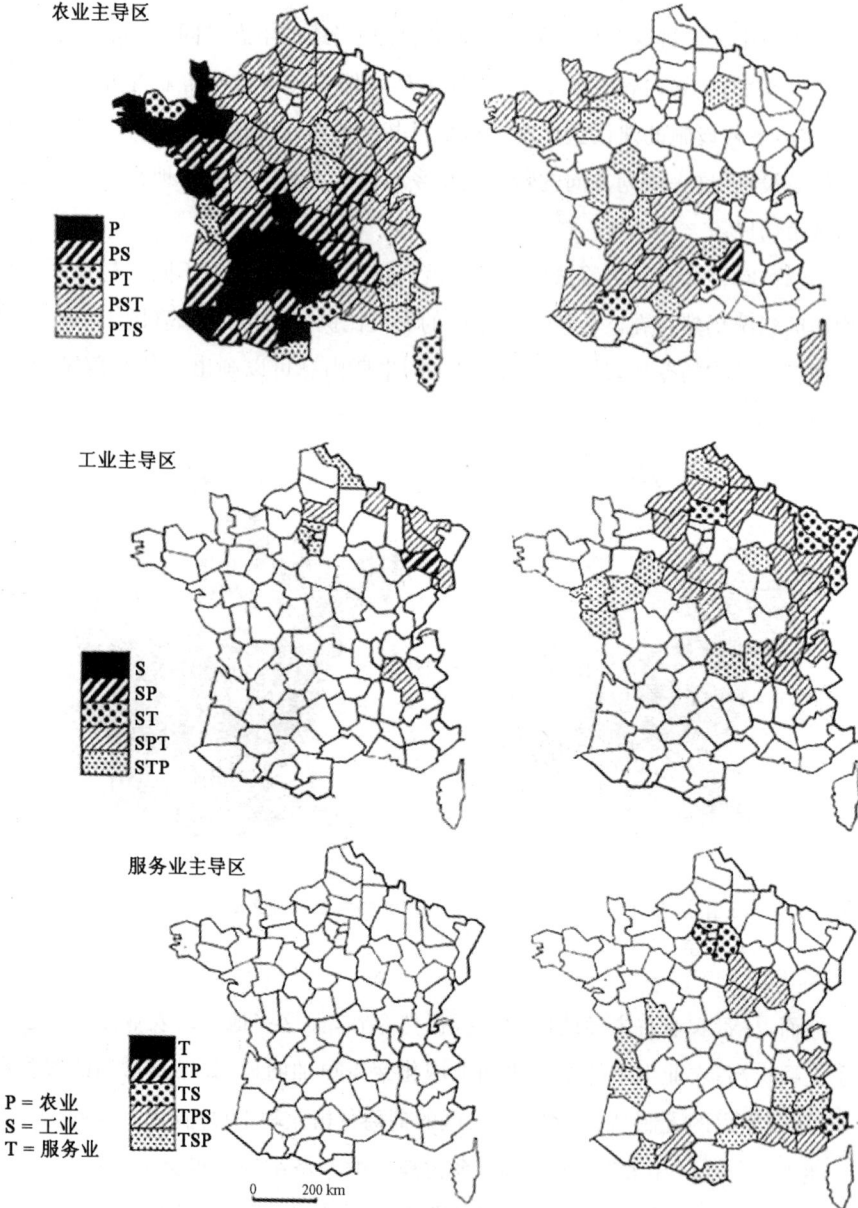

农业主导区

P
PS
PT
PST
PTS

工业主导区

S
SP
ST
SPT
STP

服务业主导区

P = 农业
S = 工业
T = 服务业

T
TP
TS
TPS
TSP

0    200 km

图 12-4  法国乡村地区产业活动的变化

资料来源:Centre de recherches sur l'évolution de la vie rurale,1980。

# 第二节　乡村地区的工业和服务业发展

在"光辉 30 年"期间,法国乡村地区的工业部门(尤其是食品加工业)发展迅速,工业就业人口比例较高的乡村地区主要集中在巴黎盆地和罗讷—阿尔卑斯大区。但不同乡村地区的工业门类各不相同。

整体来看,法国乡村工业可以分为以下几个区域:巴黎盆地的工业分散化地区、布列塔尼的食品加工业区、法国东部和北部的传统工业区、法国南部的手工业和建筑工业区。这种分布与法国的地域特征以及当地的工业发展基础有着密切联系。

例如,自 1955 年实施工业分散化行动以来,巴黎盆地乡村地区的工业得到了迅速发展。从 1951 年到 1980 年,转移至乡村地区的项目中有 63% 分布在巴黎周围 250 公里以内的地区(Hervieu,1993)。从图 12-5 可以看出,巴黎盆地和法国西部的乡村地区工业就业人口的比例总体较高。但与城市工业相比,乡村地区的工业主要集中在食品、家具、皮革和金属制造等领域(表 12-2)。

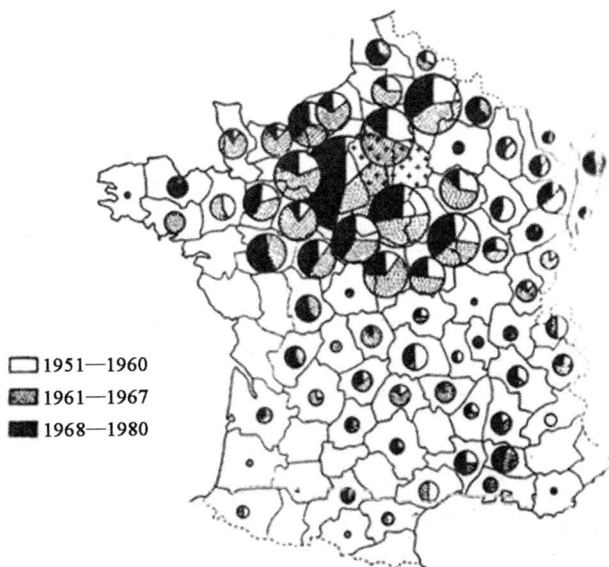

图 12-5　法国乡村地区的工业分散情况(1951—1980 年)
资料来源:Hervieu,1993。

表 12-2　法国工业就业人口的行业分布(1966 年)　　　(单位:千人)

| 工 业 门 类 | 乡村地区 | 城镇 | 总计 |
|---|---|---|---|
| 石油和燃料业 | 53 | 389 | 442 |
| 金属制造业 | 589 | 2071 | 2660 |
| 冶金和机械工程业 | 2207 | 14555 | 16762 |
| 电力工业 | 268 | 4735 | 5003 |
| 玻璃工业 | 118 | 534 | 652 |
| 建筑和公共工程 | 3256 | 13063 | 16319 |
| 化学制品、橡胶、烟草业 | 578 | 4121 | 4699 |
| 食品业 | 1395 | 3551 | 4946 |
| 纺织和服装业 | 1404 | 7046 | 8450 |
| 皮革工业 | 389 | 1224 | 1613 |
| 木材和家具业 | 791 | 1320 | 2111 |
| 制纸业 | 398 | 2978 | 3376 |
| 其他工业 | 174 | 843 | 1017 |
| 总计 | 11620 | 56430 | 68050 |

资料来源:Ministère de l'agriculture,1966。

在这些产业中,受到技术进步、农业组织建立、居民新需求以及其他因素的影响,食品工业从 60 年代开始快速发展(表 12-3)。从 1964 年到 1974 年,食品加工业的附加值率增加了 50%,远高于其他产业(Limouzin,1992)。

表 12-3　法国农业和食品加工业附加值的演变　　(单位:10 亿法郎)

| | 1960 | 1970 | 1975 |
|---|---|---|---|
| 农业产值 | 36 | 47 | 68 |
| 食品加工业产值 | 13 | 32 | 61 |

资料来源:SCEES。

由地域的分布情况看,法国食品加工业比重较高的地区逐渐扩大,尤其是在法国西部传统的农业地区,如布列塔尼大区等(图 12-6)。

在"光辉 30 年"期间,法国乡村地区服务业的发展十分显著。据表 12-4 所示,第三产业就业人口的比例一直保持增长趋势。

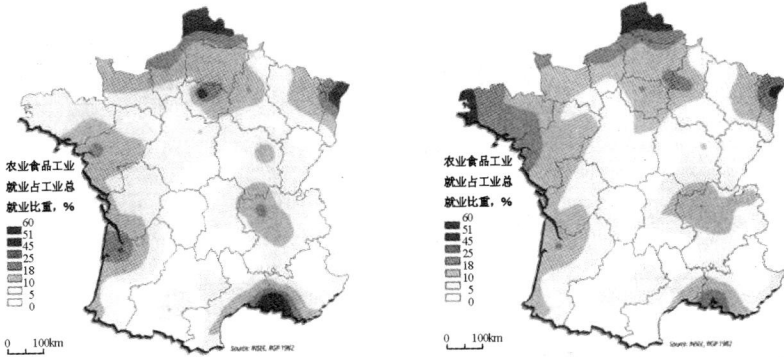

图 12-6　法国农业食品工业的分布情况（1962 年和 1982 年）
资料来源：Atlas de France,1998。

表 12-4　法国第三产业就业人口占总就业人口的比例（%）

|  | **1954** | **1962** | **1968** | **1975** | **1982** |
|---|---|---|---|---|---|
| 乡村地区 | — | 21 | 27 | 33 | 41 |
| 法国 | 35.2 | 39.5 | 44.7 | 51.4 | 57.6 |

资料来源：INSEE,1982。

　　乡村旅游业主要集中在法国部分地区。"光辉 30 年"期间,在山区经济区,政府采取了更多措施来扶持当地的旅游业（图 12-7）;"光辉 30 年后",山区经济区被山区发展薄弱地区所取代,覆盖更大的范围（图 12-8）。例如,与其他地区相比,政府在这些地区建设了更多旅游和度假设施（表 12-5）。地区设施的改善和优良的自然环境吸引了人们购买二套房（表 12-6）。

图 12-7　法国乡村更新区和山区经济区
资料来源：DATAR,1977。

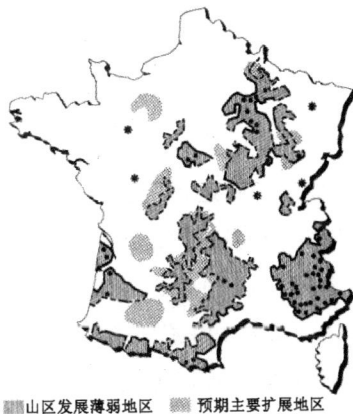

图 12-8　法国山区发展薄弱地区（1985 年）
资料来源：DATAR,1981。

表 12-5　法国旅游业和居民活动的市镇(%)

| | 发展薄弱地区的乡村市镇 | 非发展薄弱地区的乡村市镇 |
|---|---|---|
| 有水疗中心的市镇 | 3.0 | 1.9 |
| 作为旅游集散中心的市镇 | 4.0 | 2.9 |
| 有滑雪中心的市镇 | 16.0 | 3.8 |
| 有度假村的市镇 | 18.0 | 4.8 |

资料来源:DATAR,1981。

表 12-6　法国乡村市镇住房情况(%)

| | 发展薄弱地区的乡村市镇 | 非发展薄弱地区的乡村市镇 |
|---|---|---|
| 房屋性质分类(1975年) | | |
| 一主要住房 | 62.1 | 77.4 |
| 一闲置住房 | 13.3 | 9.3 |
| 一第二住房 | 24.6 | 13.3 |
| 自1962年以来建设的主要住房 | 15.1 | 18.9 |
| 主要住房(舒适型) | 22.0 | 26.7 |

资料来源:DATAR,1981。

# 第三节　乡村地区的人口演变

在"光辉30年"期间,法国乡村地区的农业就业人口比例持续下降,而工业和服务业的就业人口比例则有所提高(表12-7)。自1954年至1968年,有434万法国农民离开乡村地区,其中主要是20～34岁的年轻农民,占农民总数的16.2%,同时占所有迁出人口的37.5%(Gégot,1989)。

根据图12-9所示,在1954年至1962年期间,吸引乡村人口迁入的地区主要集中于法国东部。但在"光辉30年"之后(1982年至1990年)人口迁入情况在法国东西部地区的差距有所减小,法国西部的诸多地区(特别是巴黎盆地、布列塔尼和西南地区)开始吸引其他地区人口的迁入。

表 12 - 7　法国乡村就业结构的演变(%)

| | 农业 | 工业 | 服务业 |
|---|---|---|---|
| 1962 年 | 55 | 22 | 23 |
| 1968 年 | 50 | 25 | 25 |
| 1975 年 | 39 | 31 | 30 |
| 1982 年 | 35 | 29 | 36 |

资料来源:Bontron,1987。

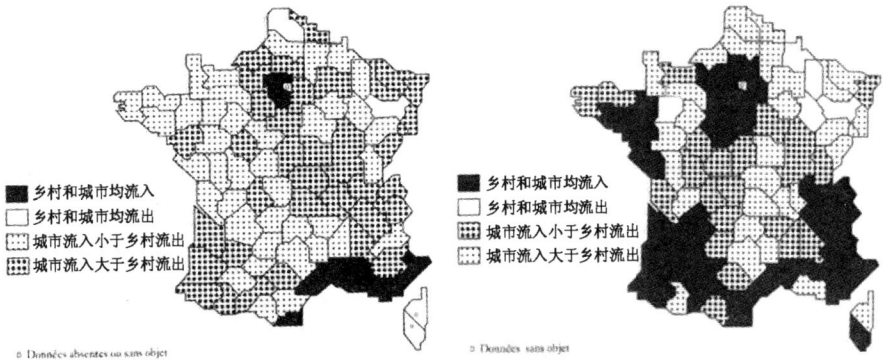

图 12 - 9　法国城市与乡村的人口净迁移(1954—1962 年,1982—1990 年)
资料来源:Kayser,1993。

"光辉 30 年"之后,相比城市地区,乡村地区(尤其是在非城市工业定居区的乡村地区)在整体上仍呈现出老年人口较多、年轻人口较少的特征(表 12 - 8)。

表 12 - 8　法国乡村和城市人口的年龄结构(1982 年)

| 年　　龄 | 乡村人口(%) | 城市人口(%) |
|---|---|---|
| 0～19 岁 | 28.9 | 28.7 |
| 20～34 岁 | 21.5 | 24.7 |
| 35～49 岁 | 16.7 | 18.0 |
| 50～64 岁 | 17.3 | 15.7 |
| 65 岁及以上 | 16.6 | 12.9 |
| 总百分比 | 100.0 | 100.0 |

来源:INSEE,1982。

按照法国老年农业人口的分布情况,可将法国分为南北两部分(特别是在中部和一些山区),这一趋势在"光辉30年"期间及之后一直延续。但自"光辉30年"后期开始,更多的年轻人开始返回乡村地区工作(特别是在法国西部和南部地区)。这一方面是由于乡村地区建立了农民退休和培训机制,另一方面是由于乡村地区的产业发展、公共设施和生活条件不断改善。总之,年轻人的回迁使得乡村地区比过去更有活力(图12-10)。

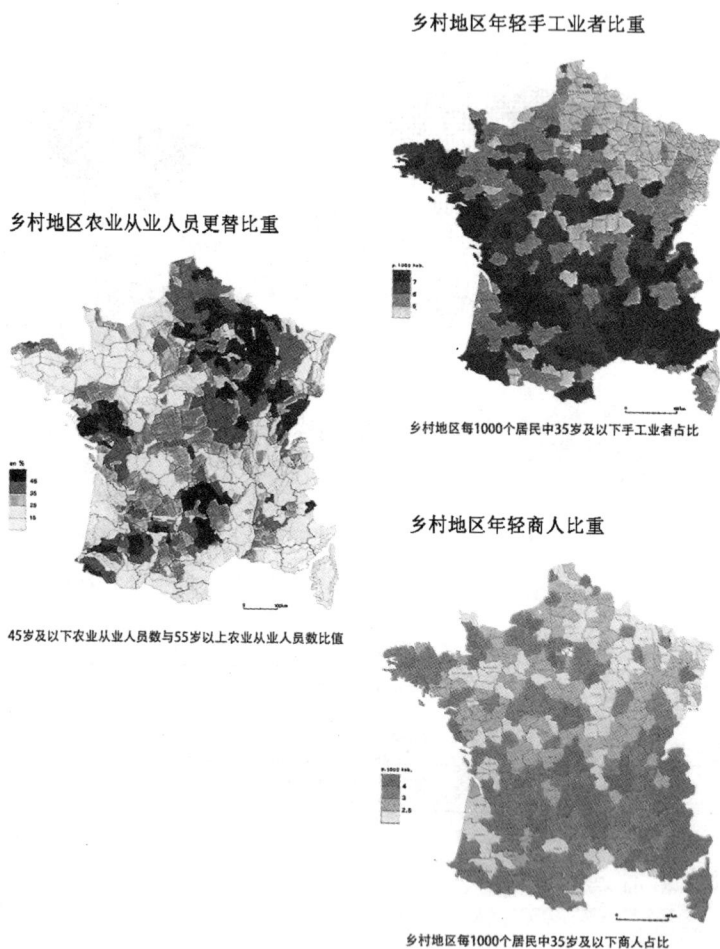

乡村地区年轻手工业者比重

乡村地区农业从业人员更替比重

乡村地区每1000个居民中35岁及以下手工业者占比

乡村地区年轻商人比重

45岁及以下农业从业人员数与55岁以上农业从业人员数比值

乡村地区每1000个居民中35岁及以下商人占比

图12-10 法国乡村地区的发展潜力(1982年)
来源:SEGESA,DATAR,1988。

在"光辉 30 年"后期,乡村地区的居民结构发生了明显变化。中高层管理人员与退休人员成为乡村地区各类居民中人口增长最快的群体。自 20 世纪 60 年代末期,中高层管理人员的数量开始出现明显的增长(表 12 - 9)。1982 年,乡村地区的技工、商人、企业家占总居民的比例已超过城市地区(表 12 - 10)。

表 12 - 9　法国乡村地区职业演变　　　　　　　(单位:千人,%)

| 分　类 | 1962 年 | | 1968 年 | | 1975 年 | | 1982 年 | | 1990 年 | |
|---|---|---|---|---|---|---|---|---|---|---|
| | 人数 | 占比 | 人数 | 占比 | 人数 | 占比 | 人数 | 占比 | 人数 | 占比 |
| 农民 | 1377 | 37.9 | 1093 | 36.1 | 778 | 27.6 | 671 | 21.2 | 439 | 14.1 |
| 农业生产工人 | 341 | 9.4 | 232 | 7.7 | 147 | 5.2 | 110 | 3.5 | — | — |
| 工商业企业家 | 449 | 12.4 | 366 | 12.1 | 331 | 11.7 | 365 | 11.6 | 361 | 11.5 |
| 自由职业人员和高层管理人员 | 53 | 1.5 | 54 | 1.8 | 102 | 3.6 | 175 | 5.5 | 255 | 8.2 |
| 中层管理人员 | 126 | 3.5 | 129 | 4.3 | 194 | 6.9 | 325 | 10.3 | 533 | 17.1 |
| 职员 | 125 | 3.4 | 123 | 4.0 | 166 | 5.9 | 180 | 5.7 | 303 | 9.7 |
| 工人 | 1039 | 28.6 | 928 | 30.7 | 1000 | 35.4 | 1212 | 38.4 | 1230 | 39.4 |
| 服务行业人员 | 50 | 1.4 | 47 | 1.5 | 50 | 1.8 | 55 | 1.7 | — | — |
| 其他类别 | 71 | 1.9 | 54 | 1.8 | 54 | 1.9 | 66 | 2.1 | — | — |

资料来源:SEGESA,1990。

表 12 - 10　法国乡镇与城镇的社会职业分类(1982 年)

| 社会职业分类 | 乡　镇 | 城　镇 |
|---|---|---|
| 农民 | 20.6 | 1.4 |
| 技工、商人、企业家 | 9.7 | 7.5 |
| 管理人员、高级知识型人员 | 3.3 | 9.7 |
| 中级专业人员 | 12.8 | 18.6 |
| 职员 | 18.6 | 29.8 |
| 产业工人 | 32.7 | 32.4 |
| 农业生产工人 | 2.3 | 0.6 |
| 总百分比 | 100.0 | 100.0 |

资料来源:INSEE,1982。

# 第四节　乡村地区的新功能

在"光辉 30 年"期间，居民逐渐对生活环境有了更高的要求。政府通过推行乡村地区的规划，改善了乡村地区的住房条件和生活设施(例如水、电、交通和环境卫生设施)，设立了自然休闲区和乡村休闲区(如国家公园、区域自然公园等)，从而满足人们的新需求。根据表 12 - 11 所示，不同聚落之间(特别是大型乡村聚落与城市聚落之间)在诸多方面的差距已经有所减小。某些乡村地区因环境更好、设施更适宜、住房价格低廉(表 12 - 12)开始吸引城市人口的迁入。

表 12 - 11　法国乡村地区居住设备(%)

| 居住设备 | 非城市工业定居区的乡镇 | 城市工业定居区的乡镇 | 大型城市 |
|---|---|---|---|
| 自来水 | 98 | 99 | 99.8 |
| 热水 | 77 | 83 | 91 |
| 盆浴或淋浴设施 | 69 | 80 | 88 |
| 室内卫生间 | 71 | 81 | 87 |
| 中央供暖系统 | 41 | 56 | 76 |
| 电话机 | 71 | 74 | 77 |

资料来源：INSEE，1980。

表 12 - 12　法国不同规模市镇的住房价格(1978 年)

| 市镇类型 | 租金指数 | 购买价格(法郎/平方米) | |
|---|---|---|---|
| | | 新建住房 | 二手住房 |
| 乡镇 | 100 | 2030 | 1560 |
| 中小型城市 | 140 | 2070 | 1600 |
| 大型城市 | 155 | 3310 | 1850 |
| 巴黎聚集区 | 240 | 3640 | 3260 |
| 一般型(城市) | 180 | 2670 | 2240 |

资料来源：CERC，1979。

自 20 世纪 60 年代开始,随着个人住房需求的提高和交通设施的改善,一些大型的乡村聚落和作为城市工业定居区的乡村地区(特别是距离聚集区 30～40公里的乡村地区)出现了人口回迁现象(表 12 - 13、表 12 - 14)。个人的住房需求推动了大都市地区的"逆城市化",中产阶级逐渐离开人口密集的城市中心地区。这一现象同时伴随着二套房的快速增长(70 年代在巴黎大区、诺曼底和里昂地区尤为明显),这些二套房主要位于距离城市 20 至 80 公里的地区(Cazes et al.,1980)。而这种"逆城市化"进程主要出现在巴黎周边约 150 至 200 公里以及大区性城市周边 50 至 60 公里的地区(图 12 - 11)。

表 12 - 13 法国不同聚落在三个阶段的人口迁移演变,年变化率(%)

| | 净迁移 | | | 总变化率 | | |
|---|---|---|---|---|---|---|
| | 1954—1962 | 1962—1968 | 1968—1975 | 1954—1962 | 1962—1968 | 1968—1975 |
| 农村聚落 | | | | | | |
| 0～49 | −2.28 | −2.54 | −2.11 | −2.06 | −2.70 | −2.69 |
| 50～99 | −1.94 | −1.93 | −1.52 | −1.57 | −1.82 | −1.86 |
| 100～199 | −1.60 | −1.50 | −1.07 | −1.13 | −1.30 | −1.26 |
| 200～499 | −1.28 | −1.12 | −0.57 | −0.78 | −0.85 | −0.65 |
| 500～999 | −0.90 | −0.66 | −0.03 | −0.38 | −0.33 | +0.01 |
| 1000～1999 | −0.50 | −0.14 | +0.63 | +0.01 | −0.23 | +0.78 |
| 居民人口 2000 以上 | −0.39 | +0.07 | +0.89 | +0.19 | +0.52 | +1.17 |
| 乡村人口迁移总变化率 | −0.96 | −0.69 | −0.03 | −0.46 | −0.38 | +0.01 |

资料来源:INSEE,1975。

表 12 - 14 法国乡村人口的年变化率(%)

| 城市 | 1954—1962 | 1962—1968 | 1968—1975 | 1975—1982 | 1982—1990 |
|---|---|---|---|---|---|
| 位于城市聚集区外围的乡村市镇 | +0.27 | +0.57 | +1.28 | +1.93 | +1.30 |
| 远离城市聚集区的乡村市镇 | −0.80 | −0.87 | −0.75 | −0.50 | +0.50 |

资料来源:INSEE,1990。

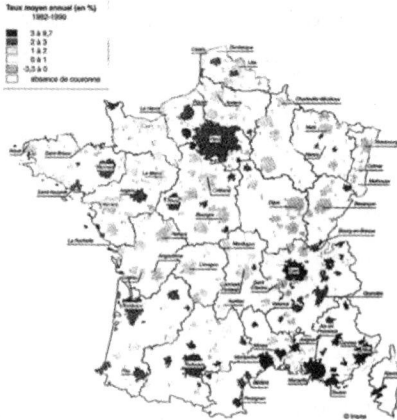

图 12 - 11　法国逆城市化地区的人口变化率(1982—1990 年)
资料来源:Jeannic,1997。

　　同时,自"光辉 30 年"后期开始,"逆城市化"现象明显的城郊乡村地区中的人口增长显著快于其他地区;此外,尽管传统的乡村地区人口继续减少,但在 1975 年之后减少的速度开始放缓(表 12 - 15)。

表 12 - 15　法国不同地区的人口变化(1962—1982 年)

| 类　　型 | 1962—1968 | 1968—1975 | 1975—1982 |
|---|---|---|---|
| **市中心** | 1.29 | 0.58 | −0.06 |
| 自然增长率 | 0.76 | 0.73 | 0.51 |
| 净迁移率 | 0.54 | −0.15 | −0.57 |
| **郊区** | 2.66 | 2.09 | 0.93 |
| 自然增长率 | 0.92 | 0.86 | 0.67 |
| 净迁移率 | 1.74 | 1.23 | 0.26 |
| **城郊乡村地区** | −0.27 | 0.12 | 1.19 |
| 自然增长率 | 0.35 | 0.07 | −0.06 |
| 净迁移率 | −0.62 | 0.05 | 1.24 |
| **传统乡村地区** | −1.35 | −1.64 | −1.05 |
| 自然增长率 | 0.10 | −0.28 | −0.55 |

续　表

| 类　型 | 1962—1968 | 1968—1975 | 1975—1982 |
|---|---|---|---|
| 净迁移率 | −1.46 | −1.36 | −0.49 |
| **大都市地区** | 1.15 | 0.81 | 0.46 |
| 自然增长率 | 0.67 | 0.58 | 0.40 |
| 净迁移率 | 0.48 | 0.23 | 0.07 |

资料来源：INSEE，1982。

　　然而根据表 12-16 所示，城市仍然比其他地区提供更多的就业机会。"逆城市化"地区主要发挥住宅区的功能。与"光辉 30 年"期间相比，1975 至 1982 年乡村地区的新增建筑数量已超过了城市地区（表 12-17）。

表 12-16　法国大都市地区的职业人口和就业情况（％）

| | 城市 | | 城市周围的市镇 | | 乡村地区 | |
|---|---|---|---|---|---|---|
| | 职业人口率 | 就业率 | 职业人口率 | 就业率 | 职业人口率 | 就业率 |
| 1962 | 59.1 | 62.0 | 11.7 | 9.5 | 29.2 | 28.5 |
| 1968 | 62.2 | 65.5 | 11.3 | 8.8 | 26.5 | 25.6 |
| 1975 | 65.2 | 69.6 | 11.7 | 8.2 | 23.0 | 22.1 |
| 1982 | 62.9 | 70.1 | 14.0 | 8.4 | 23.1 | 21.4 |

资料来源：INSEE，1982。

表 12-17　法国乡村地区和城市地区主要住宅区的建造情况（1982 年）（％）

| 新建住房 | 乡村 | 城镇 |
|---|---|---|
| 1949—1967 | 11.3 | 27.8 |
| 1968—1974 | 11.6 | 18.3 |
| 1975—1982 | 18.3 | 14.8 |

资料来源：INSEE，1982。

　　随着收入和休闲时间的增多，人们对娱乐和旅游的需求有所增加。这些新的需求带动了乡村休闲设施的建设。例如，在国家公园的周边地区，国家贷款主要集中用于土地整理、改善公共服务、改造乡村旧住宅、建造乡村新住房（例如乡村度假屋和民宿），以及修建公路等，目的是通过规划乡村地区来满足临近都市区的需求。并且，游客的涌入也促进了宾馆（如小型乡村旅馆）和二套房（表 12-18、

表12-19),以及一些休闲设施的建设,如徒步道和自行车道、度假中心和休闲基地、乡村露营地和博物馆等。

表12-18　法国乡村旅游的住宿方式

|  | **1961** | **1970** | **1984** |
| --- | --- | --- | --- |
| 住父母和朋友家 | 46.7 | 35.3 | 26.2 |
| 住帐篷或房车 | 10.1 | 17.4 | 21.7 |
| 住第二住房 | 9.1 | 13.3 | 23.3 |
| 租房 | 10.6 | 18.6 | 16.6 |
| 住酒店 | 18.6 | 6.9 | 5.0 |

资料来源:Grolleau 和 Ramus,1985。

表12-19　法国乡村旅游不同住宿方式的变化(1974—1984年)(%)

| 提供床铺和早餐的农舍 | +135.0 | 1976年,占总数的2.4% |
| --- | --- | --- |
| 露营地 | +58.5 |  |
| 旅游酒店 | +13.5 |  |
| 非连锁酒店 | -20.0 | 1976年,占总数的24.0%<br>1984年,占总数的21.0% |
| 假日酒店 | +56.0 |  |
| 酒店式度假村 | +23.0 | 1976年,占总数的2.0%<br>1984年,占总数的3.3% |

资料来源:Grolleau & Ramus,1986。

　　1982年至1990年,新建住房主要集中在大都市区(如巴黎、里昂、斯特拉斯堡和图卢兹等)、沿海地带和山区(图12-12);而二套房则主要集中在沿海地带和山区(如地中海地区、比利牛斯山区和阿尔卑斯山区),这些地区因其独特的资源(如自然风光和文化)而对人们产生吸引力(图12-13)。

　　需要指出,除了个人自发行为之外,此类建设即在乡村地区规划的指导下进行。对比(图12-14至图12-16)可以看出,设施的建设主要出现在欠发达乡村地区(如中央高原、利穆赞和上卢瓦尔)的规划范围内。例如,奥弗涅—利穆赞开发公司根据指导将农业生产活动集中在一些特定领域,如实验站、合作农场和一个旅游项目(新建18个度假村、7个水利工程、若干农舍旅店和露营地等)(Brunet,1980)。

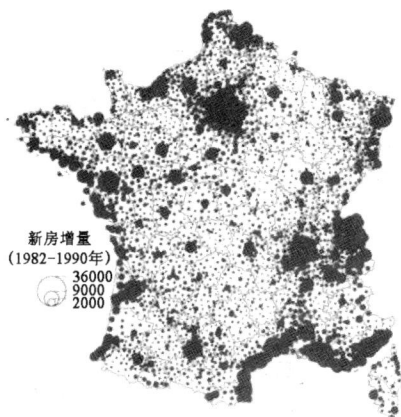

图 12 - 12 法国新住房的建设
（1982—1990 年）
资料来源：DAEI，SICLONE，1992。

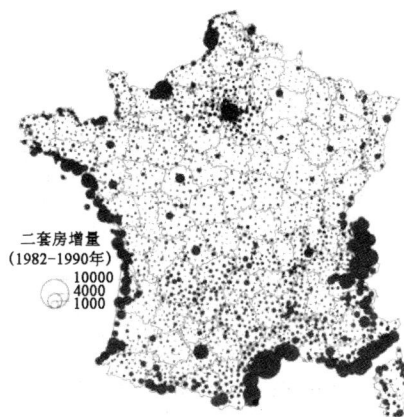

图 12 - 13 法国二套房的演变情况
（1982—1990 年）
资料来源：INSEE，Bdcon，1990。

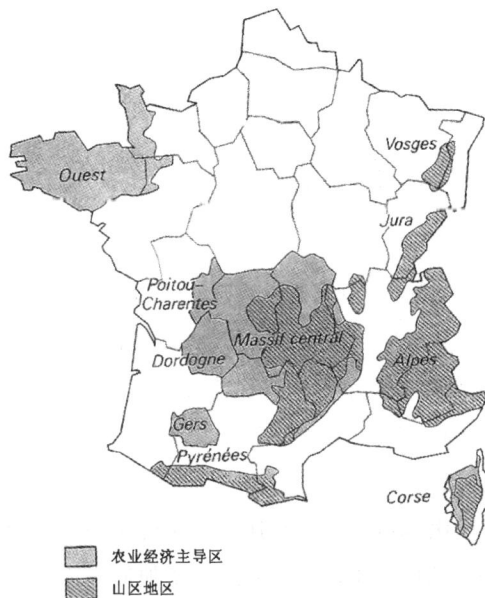

图 12 - 14 法国乡村更新区和山区经济区
资料来源：DATAR，1977。

图 12 - 15　法国经营农村旅馆的农民业主
分布情况

图 12 - 16　法国接待露营者的农民分布
情况
资料来源：RGA，1980。

# 第五节　小　　结

　　法国"光辉 30 年"期间，得益于乡村地区一系列领土整治措施的实施（例如基本设施、农村改造和自然环境保护等），法国的乡村地区已经成为具有吸引力的多功能地区。这些措施顺应并满足了乡村和城市居民在不同发展阶段的需求，从注重农业现代化、完善基础设施和服务到关注发展多元产业、建设高质量设施和保护自然环境和文化资源。

　　一方面，农业现代化、多元产业（尤其是食品行业和旅游业）和配套公共服务设施的发展既提高了当地农民的收入，又改善了他们的生活条件，增加了乡村地区的吸引力。

　　另一方面，良好的生活环境（自然和文化环境等）、当地特有的资源和均等的公共服务设施吸引了大量的城市居民，满足了他们对高质量生活条件、旅游和休闲的需求，使得乡村地区成为城市居民和乡村居民共同的居住、休闲地。

　　经过"光辉 30 年"及以后的不断发展，法国乡村地区的面貌得到了彻底改变。

乡村地区的功能也在不断拓展,从农产品生产地逐步成为多产业增长地;从单纯农民居住地成为城乡居民共同居住地;从人类生产生活地成为人与自然和谐共存的保护和涵养地。

# 第十三章 案例——巴黎和巴黎盆地

巴黎地区是法国的中心,是全法国关注议论的焦点。"光辉30年"时期,法国政府为了均衡巴黎地区和外省在发展方面的差距,为外省(尤其是西部地区)创造了很多机会,制定了一系列领土整治措施,其目标是促进区域均衡发展。然而巴黎地区有着法国最多、最好的资源:便捷的交通、完善的市场服务、高素质的人才以及丰富的文化资源等,依托巴黎地区发展通常是企业最优的选择。在分散化政策实施的环境下,不能在巴黎地区,就在靠近巴黎地区的邻近地区发展成为许多企业自然而然的选择。在新的发展背景下,政府在重新认识巴黎地区的地位与作用后,也大力支持巴黎周边区域的整合。因此,巴黎盆地的发展也是法国"光辉30年"均衡发展的一大亮点。

## 第一节 巴黎大区和巴黎盆地的领土整治

在"光辉30年"期间,巴黎大区领土整治的内容不断变化(表13-1)。从不同阶段的领土整治看(20世纪50年代到90年代),其主要内容逐渐从"城市扩张、多中心发展结构"转变为"增加自然空间和重新考虑巴黎大区的地位"。这种趋势反映了该地区在不同发展阶段的需要。值得注意的是,在60年代,政府之所以重点关注巴黎盆地的协调发展(尤其是工业发展),主要是出于工业分散化的考虑;而从70年代开始,政府更侧重于考虑巴黎盆地的一体化发展,以此来加强巴黎大区在欧洲或全球的影响力。

表 13‐1　50—90 年代巴黎大区的领土整治措施

| 规划名称 | 年　份 | 主要目标和措施 |
|---|---|---|
| 巴黎大区地区规划 | 1956 | ■ 巴黎大区向外省的分散化行动<br>■ 巴黎市中心向郊区的交通疏导<br>■ 通过建设大型住宅区来重振郊区<br>■ 加快工业企业的"迁出" |
| 巴黎大区地区规划和总体布局 | 1960 | ■ 就业岗位从中心向四周分散<br>■ 居民从巴黎向四周分散和疏导(如把人口安置在巴黎郊区或巴黎大区和巴黎盆地的大城市中)<br>■ 关注郊区的发展<br>■ 大规模建造住房群落,包括公共住房(特别是在优先城市化区域)<br>■ 建造交通设施 |
| 巴黎大区指导项目 | 1965 | ■ 促进与塞纳河并行的两条城市化轴线的发展<br>■ 在巴黎都市区建造新城和新的增长极<br>■ 建造交通设施(如区域快速铁路和延伸至郊区的地铁、高速公路)<br>■ 开辟休闲区、绿地、保护区等 |
| 巴黎大区指导项目和城市规划 | 1976 | ■ 中心结构体系<br>■ 乡村空间保护与规划<br>■ 引进绿线网和平衡自然区的概念<br>■ 周边中小型城市的发展<br>■ 交通体系<br> |

| 规划名称 | 年　份 | 主要目标和措施 |
|---|---|---|
| 巴黎大区指导项目和城市规划 | 1976 | |
| 法兰西岛(即原巴黎大区)指导项目 | 1994 | ■ 欧洲层面的目标：成为欧洲和世界的大都市<br>■ 提出加强巴黎盆地的一体化发展<br>■ 在部际领土整治委员会(CIAT)的规定下合理增长<br>■ 确定了住房、办公和地方活动的部门框架<br>■ 规定了将特定城市化区域用来建设自然区和农业区 |
|  |  | |

　　如,巴黎大区的地区规划(1976 年)中提出要在经济(技术、商业等)、交通和文化(博物馆、戏剧、展览、节庆等)领域确保巴黎国际大都市的地位,同时确保巴黎大区作为欧洲支柱和法语世界首都的地位。而巴黎大区的地区规划(1994 年)则强调巴黎作为欧洲首都和世界城市的地位(服务和研究的重要支柱、丰富的旅游和文化资源、交通网络);建议提升大区整体的吸引力和竞争力,并整合巴黎盆地内其他城市的优势。

　　在第二次世界大战结束后的初期发展阶段,巴黎地区同时面临着人口膨胀和基础设施(如住房)匮乏的困难局面。之后,还出现了城市拥堵、郊区秩序混乱、部分区域发展孤立,以及部分开发区发展缓慢等一系列问题。自 50 年代起,在领土整治以及对巴黎盆地问题的一些研究(如 1957 年于兰斯召开的研讨会)中开始出现"分散化"的思想。随着工业分散化政策的实施(1955 年起从巴黎开始推行),政府开始关注巴黎盆地的发展。之后,政府于 60 年代后期在巴黎盆地选定了四个"支持区"(图 13 - 1):下塞纳河谷(la vallee de la Basse-Seine)、中卢瓦尔(la Loire-Moyenne)、瓦兹(la vallee de l'Oise)和埃纳河谷(la vallee de l'Aisne)、香槟河谷(la vallee du Champenois),并成立了相关机构。

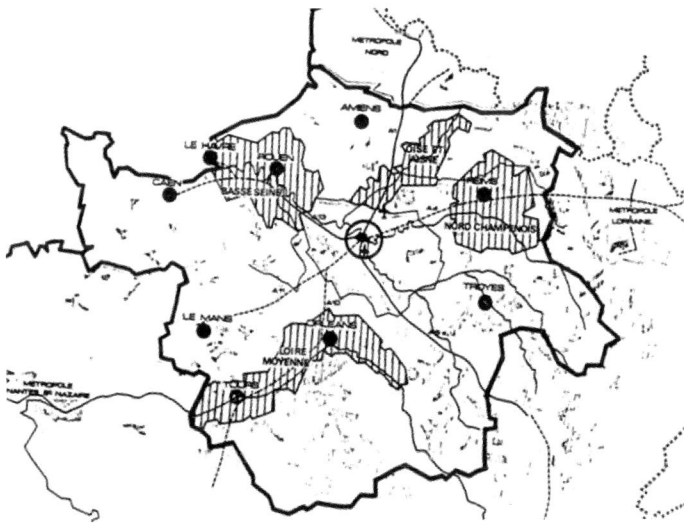

图 13 - 1　巴黎盆地的四个支持区
资料来源:Lamy,1991。

1960年,《巴黎大区区域开发与空间组织规划》确定了三个主要目标:创建四个新的城市中心;建设九个大型居民区;发展大型城市聚集区(距巴黎100公里之内,例如鲁昂、亚眠、兰斯、特鲁瓦、奥尔良和勒芒等)(Cottou et al.,2008)。政府随后制定了辐射200公里范围的巴黎盆地规划,以及其他相关规划。

1966年,领土整治部际委员会对巴黎盆地的规划提出了两个目标:(1) 在更广的范围内对巴黎进行布局规划,使这些地区能从主要城市中心的发展中受益;(2) 协调公共设施、通信和教育资源。

1970年,政府通过了巴黎盆地白皮书。在塞纳河谷地区实施了一项规划方案,内容包括建设鲁昂新城,以及在勒阿弗尔建造港口设施和国际商务中心。针对瓦兹和埃纳河谷地区,该白皮书提议,在贡比涅技术大学附近建设服务中心,并在圣康坦市(Saint-Quientin)附近、贡比涅辖区(Compiegne)内的河谷地区发展工业化。在中卢瓦尔地区(Loire moyenne),1971年实施了"城市花园"白皮书。并在同年发布了贡比涅北部支持地区规划方案(RB,1973)。表13-2显示了60年代—90年代巴黎盆地领土整治措施。

表 13-2　60 年代—90 年代巴黎盆地领土整治措施

| 规划名称 | 年份 | 主要目标和措施 |
|---|---|---|
| 巴黎盆地组织规划 | 1965 | 城市容纳能力、城市化趋势,以及对基础设施(公路、铁路等)、平衡居住区、市区和产业区布局的预测 |
| 下塞纳规划 | 1967 | 规划勒阿弗尔的居住区和工业区,第三产业活动中心(鲁昂)。维护建成区和绿化区,推进新区的发展;避免巴黎过度城市化;提出鲁昂和勒阿弗尔互补发展等 |
| 瓦兹河谷规划 | 1967 | 瓦兹河谷上部应利用地处巴黎—欧洲轴线的优势,发展成为一个紧密联系的区域;河谷下部不应持续无序的城市扩张。内容包括人口、城市中心、工业活动和交通设施等 |
| 下塞纳未来发展白皮书 | 1967 | 该白皮书于1967年由上诺曼底地区经济发展委员会通过,并于同年获得国土整治部际委员会的批准。具体内容:创建一个公共组织,规划下塞纳地区的未来发展;自第六个全国规划开始在鲁昂建立一个新城 |
| 中卢瓦尔规划报告 | 1968 | 目标:发展为巴黎盆地的支持区和卢瓦尔河谷的关键地区(工业、教育和研究、文化、区域中心、旅游、交通) |

续　表

| 规划名称 | 年份 | 主要目标和措施 |
|---|---|---|
| 中卢瓦尔和北部香槟地区规划研究组织 | 1968 | 目标:巴黎与西北发达地区之间的地理位置;优势区位(经过一些主要的交通轴线);重要的活动分散化区域(特别是第三产业) |
| 巴黎盆地白皮书 | 1969 | 主要目标:规划巴黎盆地;控制巴黎扩张;使整个巴黎盆地受益<br>主要原则:将活动引入不在巴黎附近的多个区域;协调整个巴黎盆地的发展,使各个地区获得更多利益 |
| 新城规划 | 1970年代 | 在巴黎大区建设五个新城,在塞纳下河谷地区建设一个新城 |
| 北部香槟支持区白皮书 | 1971 | 目标:实现农业现代化和工业化(特别是国家规划中涵盖的分支领域);发展第三产业,提供高水平服务;加强与巴黎、法国东部、德国等地区的联系 |
| 北香槟支持区总体规划 | 1973 | 沿主干道轴线建设工业化区域,支持中小城市和城市中心的发展,规划部分地区的发展(如兰斯、埃纳河谷地区、马恩河谷地区等),为乡村地区、旅游区或休闲区等区域制定发展方案 |
| 巴黎盆地白皮书 | 1992 | 推进多中心结构发展,建立网络型结构,其特征是形成横跨欧洲的大城市区域(鲁昂—卡昂—勒阿弗尔,图尔—布洛瓦—奥尔良,兰斯—特鲁瓦—沙隆恩香槟) |

# 第二节　分散化政策对巴黎盆地的影响

巴黎盆地在本研究所涉时期(尤其是50年代到60年代的工业分散化初期)是极具研究价值的典型地区。

## 一、巴黎盆地工业建设的发展

自1955年起,巴黎大区的工业建设开始受到了限制(表13-3)。1955年1月5日颁布的法令表明政府开始试图控制巴黎大区私有工业的新建和扩张。然而这条法令并未抑制巴黎工业企业的增长,企业仍然可以大规模地利用闲置建筑。1958年12月31日颁布的法令规定"在现存建筑内以工业活动替代非工业活动的行为将同样视为工业新建"(Hansen,1990),从而抑制了企业利用闲置建筑开展工业活动。

表 13-3　50 年代巴黎大区限制工业建设措施

| 1955 年 | 巴黎大区工业建筑的新建或者扩张(超过 1000 平方米)需要得到法国住宅与重建部部长的批准 |
|---|---|
| 1958 年 | 由专门委员会对工业或仓储用途的建筑新建需求进行审查 |

几年后,有近一半的分散化项目在巴黎附近(70 到 250 公里的区域)分布(Hansen,1990)。从 1955 年起,巴黎大区的工业建筑数量在法国本土工业建筑总量中所占的比例显著下降(表 13-4)。与此同时,由于交通便捷、低薪劳动力充足等原因,巴黎盆地的工业发展迅速(表 13-5)。巴黎盆地的区位见图 13-2。

表 13-4　巴黎大区工业建筑许可面积　　(单位:1000 平方米)

|  | 1951 年 | 1953 年 | 1955 年 | 1957 年 | 1959 年 | 1960 年 |
|---|---|---|---|---|---|---|
| 巴黎大区 | 214 | 270 | 623 | 451 | 438 | 672 |
| 法国本土和五个海外大区 | 880 | 869 | 1690 | 2312 | 2461 | 3513 |
| 巴黎大区在法国本土和五个海外大区中所占比例 | 24.4% | 31.0% | 36.8% | 19.5% | 18.0% | 16.9% |

资料来源:Ministere de la Construction,1960。

表 13-5　巴黎盆地的工业分散化情况

|  |  | 1961 年 | 1963 年 | 1965 年 | 1967 年 |
|---|---|---|---|---|---|
| 巴黎盆地 | 项目数量 | 140 | 117 | 118 | 124 |
|  | 就业人数 | 21737 | 31909 | 13770 | 8984 |
| 大省 | 项目数量 | 123 | 74 | 83 | 56 |
|  | 就业人数 | 17525 | 28573 | 6010 | 8278 |
| 全法国 | 项目数量 | 289 | 253 | 201 | 180 |
|  | 就业人数 | 39629 | 40620 | 19780 | 17626 |
| 巴黎盆地就业人数占全法国就业人数比例 |  | 55% | 78% | 70% | 52% |

资料来源:Ministere de l'equipment,DATAR,1968。

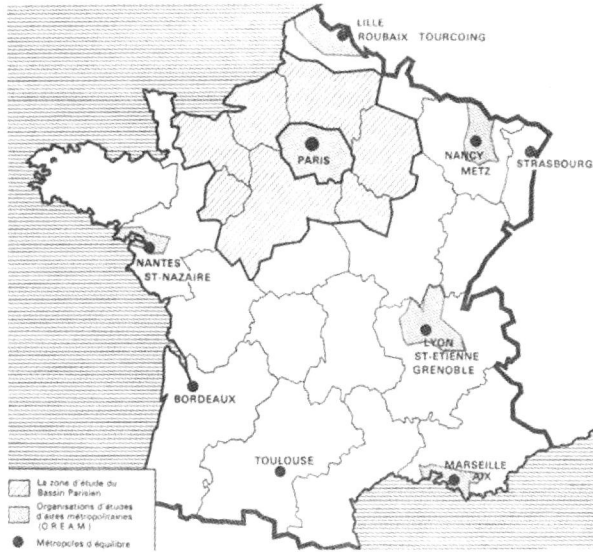

图 13 - 2　巴黎盆地的区位

资料来源：DATAR and Groupe interministeriel d'amenagement du Bassin Parisien，1968。

　　在法国空间规划暨区域行动署成立（1963 年）和国家工业分散化政策实施（1964 年）之前，大量巴黎地区的工业企业迁往巴黎盆地，使巴黎盆地在近 10 年时间里成为工业分散化行动的主要受益者（图 13 - 3、图 13 - 4）。

图 13 - 3　1963 年前的法国工业分散化情况

资料来源：Atlas de Paris et de la region parisienne，1967。

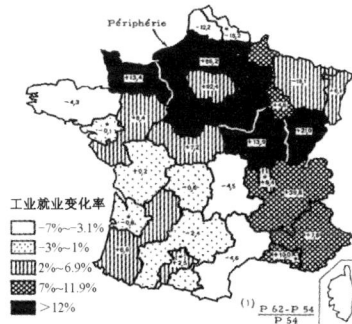

图 13 - 4　法国工业就业变化
　　　　　　（1954—1962 年）

资料来源：YT，1967。

## 二、巴黎盆地工业分散化项目分布不均衡现象

然而在这一时期,巴黎盆地的工业分散化项目的分布却并不均衡。较多的项目集中在距巴黎不到150公里的范围内(表13-6)。正如Jean-Francois Gravier所述,46.6%的工业分散化项目距巴黎不到200公里(Gravier,1972)。

表13-6　项目地点到巴黎的距离,项目数量,公里(%)

| 项目地点到巴黎的距离 | 50 | 51～100 | 101～150 | 151～250 | 250 | 总计 |
|---|---|---|---|---|---|---|
| 第一圈层(巴黎大区) | 1.9 | 31.7 | 49.4 | 17.0 | — | 100 |
| 第二圈层 | — | — | — | 53.6 | 46.4 | |
| 总计 | 1.3 | 22.4 | 35.0 | 27.7 | 13.6 | 100 |

资料来源:Institut d'amenagement et d'urbanisme de la region parisienne,1966。

而对于居民人数超过1.5万的城市,工业分散化项目主要集中在距巴黎不到200公里的范围之中(图13-5、表13-7)。

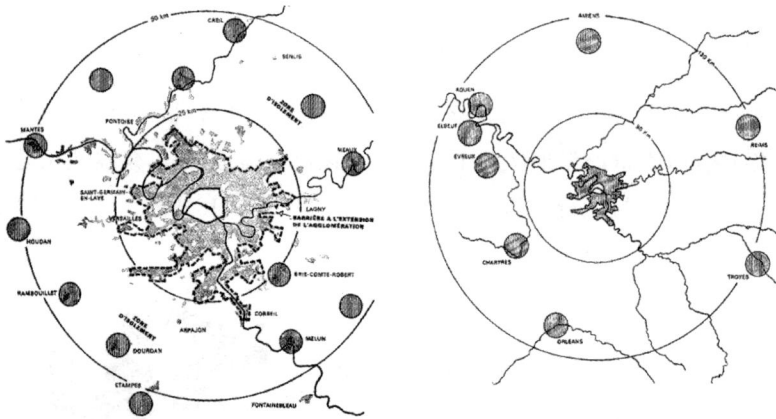

图13-5　距巴黎50到120公里范围内且居民多于4万人的城市
资料来源:SDAURP,1965。

表13-7　巴黎盆地分散化项目涉及城市(居民多于1.5万人)到巴黎的距离

| 城市到巴黎的距离<br>(公里) | 城市数量<br>(居民多于1.5万人) | 分散化项目 | | |
|---|---|---|---|---|
| | | 数量 | 占比(%) | 平均每个城市的项目数量 |
| <100 | 7 | 37 | 16.1 | 5.3 |
| 101～150 | 12 | 64 | 28.4 | 5.3 |

| 城市到巴黎的距离<br>（公里） | 城市数量<br>（居民多于1.5万人） | 分散化项目 | | |
|---|---|---|---|---|
| | | 数量 | 占比（%） | 平均每个城市的项目数量 |
| 151～200 | 13 | 74 | 32.9 | 5.6 |
| 201～250 | 9 | 24 | 10.6 | 2.7 |
| 251～350 | 10 | 23 | 10.2 | 2.3 |
| >350 | 1 | 3 | 1.3 | 3 |
| 总计 | 52 | 225 | 100.0 | 4.3 |

资料来源：Institut d'amenagement et d'urbanisme de la region parisienne，1966。

从公司规模的角度划分，规模在 150 人以上的大型公司更倾向于选择距巴黎100 到 150 公里的地区（表 13-8）。

表 13-8　巴黎盆地分散化项目数量，到巴黎的距离

| | 企业规模 | | | | | | | | 总计 | |
|---|---|---|---|---|---|---|---|---|---|---|
| | 员工人数<br>>50 | | 员工人数<br>51～100 | | 员工人数<br>101～500 | | 员工人数<br>>500 | | | |
| | 数量 | 占比<br>（%） | 数量 | 占比<br>（%） | 数量 | 占比<br>（%） | 数量 | 占比<br>（%） | 数量 | 占比<br>（%） |
| <50 公里 | 6 | 3.8 | — | — | 2 | 0.9 | — | — | 8 | 1.2 |
| 51～100 公里 | 27 | 17.1 | 45 | 30.4 | 56 | 25.7 | 20 | 13.3 | 148 | 22.0 |
| 101～150 公里 | 41 | 26.0 | 50 | 33.7 | 72 | 33.0 | 61 | 40.6 | 224 | 33.2 |
| 151～250 公里 | 54 | 34.1 | 41 | 27.7 | 59 | 27.1 | 37 | 24.7 | 191 | 28.3 |
| 251～350 公里 | 30 | 18.9 | 12 | 8.1 | 27 | 12.4 | 27 | 18.0 | 96 | 14.3 |
| >350 公里 | — | — | — | — | 2 | 0.9 | 5 | 3.3 | 7 | 1.0 |
| 总计 | 158 | 100 | 148 | 100 | 218 | 100 | 150 | 100 | 674 | 100 |

资料来源：Institut d'amenagement et d'urbanisme de la region parisienne，1966。

在 1954 年到 1962 年间，分散化项目给居民人数为 2000 至 49999 人的中等城市提供了更多的工作机会，促进了当地的就业增长（表 13-9、表 13-10）。约49％的分散化企业在这些中等城市建立。这一现象产生的原因包括：土地和设备费用较低、人力成本低廉、税收优惠以及产业和劳动力市场间缺乏竞争等（Groupe interministeriel d'amenagement du Bassin Parisien，1969）。然而，对发展空间要求更多的大型企业则更倾向于选择大城市（尤其是省会城市）。

表 13-9　巴黎盆地分散化政策时期人口就业分布情况

| 规　模 | 行动结束时的计划就业人数（居民人数10000），1962年 | | 行动结束时的平均计划规模（分散化项目） |
|---|---|---|---|
| | 外围地区* | 外省 | 外围地区 |
| >50000 | 175 | 62 | 320 |
| 5000～49999 | 435 | 125 | 240 |
| 2000～4999 | 338 | 156 | 90 |
| 乡村社区 | 65 | 15 | 95 |

注:外围地区为巴黎大区周边的6个省份。

表 13-10　巴黎盆地分散化项目在不同规模城市分布情况

| 企业活动 | 城　市　规　模 | | | | | |
|---|---|---|---|---|---|---|
| | <2000 | 2000～5000 | 5000～15000 | 15000～50000 | >50000 | 总计 |
| 项目总数 | 128 | 83 | 92 | 88 | 60 | 451 |
| 100家企业项目（员工数>500） | 12 | 10 | 23 | 24 | 31 | 100 |
| 82家企业项目（员工数<50） | 80 | 40 | 37 | 21 | 9 | 187 |

资料来源:Institut d'amenagement et d'urbanisme de la region parisienne,1966。

### 三、巴黎盆地分散化企业的类型

分散化企业中相当一部分(特别是500人以上的大型公司)仍将某些部门留在巴黎大区(特别是决策、研究和创新部门),而仅把生产工厂、仓储部门、管理和市场职能部门转移到外省;完全转移的企业仅有少数,通常只是一些中小型企业(表13-11、表13-12)。此外,尽管政府在这一过程中实行了一些优惠政策,但吸引配套企业、发展产业链在当时并未得到政府的重视,这在一定程度上阻碍了未来产业集群的形成。

表 13-11　巴黎盆地不同规模企业的项目数量

| 分散化类型 | 企　业　规　模 | | | | | | | |
|---|---|---|---|---|---|---|---|---|
| | <20 | 21～50 | 51～100 | 101～200 | 201～500 | 501～1000 | >1000 | 总计 |
| D1 | 2 | 5 | 2 | 2 | — | — | — | 11 |
| D2 | — | 5 | 3 | 4 | 2 | — | — | 14 |
| D3 | 3 | 7 | 10 | 4 | — | — | — | 24 |

| 分散化类型 | 企业规模 | | | | | | | |
|---|---|---|---|---|---|---|---|---|
| | <20 | 21~50 | 51~100 | 101~200 | 201~500 | 501~1000 | >1000 | 总计 |
| D4 | 7 | 27 | 38 | 33 | 15 | 3 | 1 | 124 |
| D5 | 6 | 18 | 43 | 35 | 37 | 20 | 4 | 163 |
| D6 | — | 2 | 8 | 9 | 20 | 12 | 58 | 109 |
| D7 | — | — | 1 | 1 | 2 | | 2 | 6 |
| 总计 | 18 | 64 | 105 | 88 | 76 | 35 | 65 | 451 |

资料来源:YT,1967。

注:D1:完全的分散化,包括工厂和总部;D2:总部已转移,但仍作为巴黎总部的一个分支;D3:工厂已分散,总部仍在巴黎但无生产职能;D4:企业被分散到外省,巴黎保留生产活动职能,但各省职能大于巴黎;D5:企业被分散到外省,巴黎仍然作为总部并保留生产活动职能;D6:巴黎仍管理法国数家企业;D7:被分散的企业停业。

表 13 - 12　巴黎盆地分散化项目、项目类型和业务类型

| 企业分散化活动 | 转移 | 共同承担职能 | 主要职能在巴黎 | 成为附属公司 | 压缩精简 | 总计 |
|---|---|---|---|---|---|---|
| 项目总数 | 49 | 124 | 163 | 109 | 6 | 451 |
| 100家企业(员工数>500)的项目 | — | 4 | 24 | 70 | 2 | 100 |
| 82家企业(员工数<50)的项目 | 22 | 34 | 27 | 2 | — | 82 |

资料来源:Institut d'amenagement et d'urbanisme de la region parisienne,1966。

从 20 世纪 60 年代开始(服务业分散化措施大规模推广之前),巴黎盆地各主要城市的大学数量持续增长(表 13 - 13)。随着在巴黎郊区一些大学的新建(如东巴黎大学、原巴黎第十二大学),巴黎在教育方面的核心地位进一步得到提升。而巴黎盆地高等教育的发展也相当迅速。Giraud(1973)曾指出"尽管巴黎周边众多大学的创办过程并非一帆风顺,但它们最终还是'活'下来了"。

表 13 - 13　巴黎盆地大学注册学生总数

| 学校名称 | 主要校区分布 | 1961—1962 年 | 1964—1965 年 | 1967—1968 年 |
|---|---|---|---|---|
| 亚眠大学 | 亚眠 | — | 1578 | 4368 |
| | 圣康坦 | — | 70 | 193 |
| 奥尔良大学 | 奥尔良 | 157 | 1539 | 3143 |
| | 图尔 | 1479 | 3787 | 6485 |
| | 布尔日 | — | 84 | 120 |

续 表

| 学校名称 | 主要校区分布 | 1961—1962 年 | 1964—1965 年 | 1967—1968 年 |
|---|---|---|---|---|
| 卡昂大学 | 卡昂<br>勒芒 | 6911<br>— | 7368<br>718 | 9434<br>1585 |
| 兰斯大学 | 兰斯 | 1339 | 3038 | 6560 |
| 鲁昂大学 | 鲁昂 | — | 4108 | 7190 |
| 巴黎盆地五所大学合计 | | 9886 | 22290 | 39098 |
| 巴黎大学<br>楠泰尔大学<br>奥赛大学 | | | 108030<br>2872<br>5815 | 130445<br>14530<br>7689 |
| 巴黎总计 | | 81616 | 116717 | 152664 |
| 法国总计 | | 244814 | 367701 | 508119 |

资料来源:Groupe interministeriel d'amenagement du Bassin Parisien,1969。

# 第三节　巴黎盆地的发展

　　"光辉30年"之后,巴黎大区及周边地区仍是主要的区域增长节点,例如,人口净增长主要集中在巴黎大区以及靠近巴黎大区的区域,如图13-6、13-7所示,1982年至1990年主要集中在瓦兹(Oise)、厄尔(Eure)、厄尔—卢瓦尔(Eure-et-Loire)、卢瓦雷(Loiret)等地区;1982年至1990年,私营部门的就业率出现了较为迅速的增长(<2.5%),这一现象也主要集中在巴黎大区及邻近区域(图13-8)。

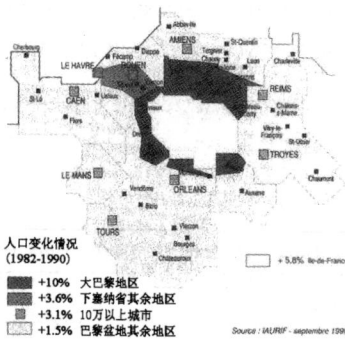

图 13-6　巴黎盆地的人口增长(1982—
　　　　　1990 年)
资料来源:IAURIF,1990。

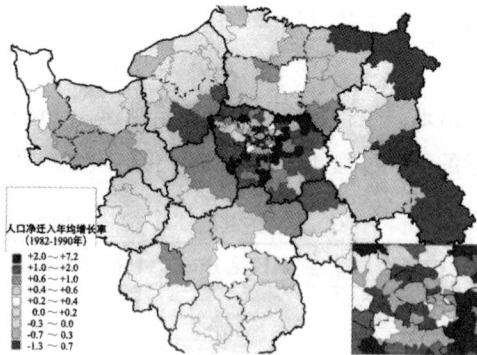

图 13-7　巴黎盆地人口净迁入年均增长
　　　　率(1982—1990 年)
资料来源:DATAR,1990。

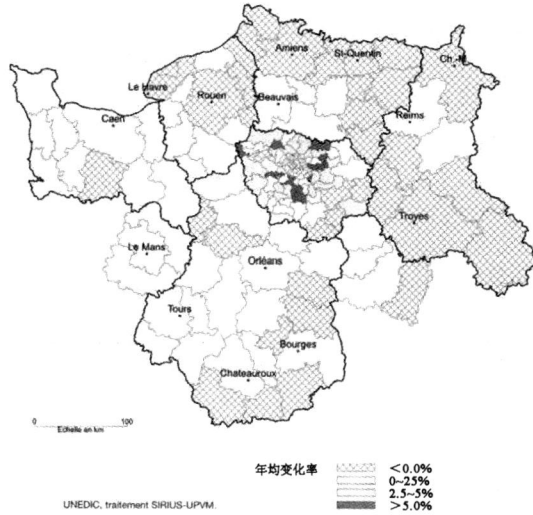

图 13-8 巴黎盆地年均就业人数(1982—1990 年)
资料来源:UNEDIC,1990。

国内生产总值、就业结构、收入等其他一些指数同样反映了地区发展不均衡的问题。如表 13-14 所示,巴黎大区与巴黎盆地其他地区的差距缩小较为缓慢。巴黎大区的发展在一定程度上掠夺了周边地区的发展资源。

表 13-14 巴黎大区和巴黎盆地在各项指标上的比较(1982—1996 年)(%)

| | 年份 | 巴黎大区 | 巴黎盆地 |
|---|---|---|---|
| 人口 | 1982 | 18.5 | 11.5 |
| | 1990 | 18.8 | 11.2 |
| | 1996 | 18.9 | 11.0 |
| 总就业 | 1982 | 22.0 | 18.1 |
| | 1990 | 23.0 | 17.5 |
| | 1996 | 22.2 | 17.3 |
| 私营部门就业 | 1982 | 26.0 | 17.2 |
| | 1990 | 26.5 | 16.9 |
| | 1996 | 25.7 | 16.6 |
| 工程师和管理人员的就业 | 1982 | 49.9 | 10.1 |
| | 1990 | 50.9 | 9.5 |
| | 1996 | 50.8 | 9.4 |

续　表

| | 年份 | 巴黎大区 | 巴黎盆地 |
|---|---|---|---|
| 国内生产总值 | 1982 | 27.1 | 16.9 |
| | 1990 | 28.7 | 16.4 |
| | 1996 | 29.1 | 16.0 (1994) |
| 收入比例(法国=指数100) | 1982 | 127 | 95.0 |
| | 1990 | 135 | 94.0 |
| | 1996 | 133 | 94.0 |

注:巴黎盆地包括勃艮第大区、香槟—阿登大区、皮卡第大区、上诺曼底大区和下诺曼底大区、中央大区。

资料来源:INSEE,ESE,1996。

巴黎盆地内部的发展较不均衡,这在很大程度上取决于巴黎大区的产业结构和巴黎盆地自身的经济基础。总体而言,巴黎盆地西北和西南地区与巴黎地区的联系更为密切,但东部地区与巴黎地区的联系则相对薄弱(即从埃纳到奥布的弧形地带)。

巴黎盆地主要城市的发展深受巴黎大区的影响(阴影效应),在全国的排名远远落后于法国其他主要城市,无法跻身欧洲一线和二线城市的行列(表13-15)。只有勒阿弗尔和鲁昂分别在通信领域以及研究、技术领域达到了欧洲平均水平。1975年到1982年,巴黎盆地的大部分首府城市(省或大区)都存在人口流失的问题,且这一趋势一直在延续(表13-16)。例如,在上诺曼底大区,尽管各主要城市之间的联系变得更加紧密,但与前一阶段(1975—1982年)相比,1982年到1990年期间人口外流就业的问题甚至更为严峻(图13-9)。

表13-15　巴黎盆地中受巴黎影响的主要城市

| 城市名称 | 到巴黎的距离(公里) | 居民数(单位:1000人) | 全国排名 |
|---|---|---|---|
| 奥尔良 | 108 | 263 | 21 |
| 鲁昂 | 112 | 389 | 13 |
| 亚眠 | 115 | 161 | 39 |
| 兰斯 | 130 | 215 | 29 |
| 勒阿弗尔 | 175 | 248 | 25 |
| 勒芒 | 183 | 194 | 32 |

续 表

| 城市名称 | 到巴黎的距离（公里） | 居民数（单位：1000 人） | 全国排名 |
|---|---|---|---|
| 卡昂 | 200 | 199 | 31 |
| 图尔斯 | 205 | 297 | 17 |

资料来源：INSEE，1999。

表 13-16 巴黎盆地部分城市的就业人口流动情况

| 城　　市 | 1975—1982 年 | | 1982—1990 年 | |
|---|---|---|---|---|
| | 增加 | 排名 | 增加 | 排名 |
| 奥尔良 | 3768 | 10 | 1827 | 17 |
| 勒芒 | −2424 | 389 | −5304 | 393 |
| 亚眠 | −1620 | 378 | −3933 | 388 |
| 鲁昂 | −1564 | 376 | −3905 | 386 |
| 卡昂 | −148 | 245 | −3094 | 381 |
| 兰斯 | −2312 | 385 | −2524 | 374 |
| 特鲁瓦 | −1228 | 370 | −1805 | 362 |
| 图尔斯 | 460 | 55 | −1743 | 360 |
| 马恩河畔沙隆 | −964 | 366 | −1430 | 352 |
| 圣康坦 | −2084 | 383 | −2069 | 370 |
| 勒阿弗尔 | −2836 | 389 | −5304 | 393 |
| 第戎 | −920 | 365 | −2006 | 368 |

资料来源：INSEE，1990。

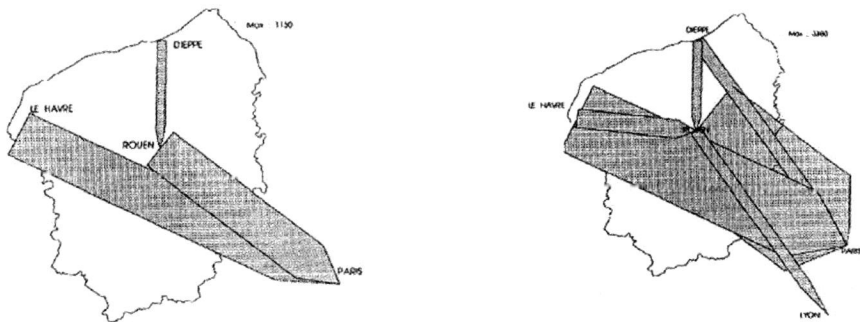

图 13-9 上诺曼底大区 1975—1982 年和 1982—1990 年间就业人口净流动情况
资料来源：Julien，1995。

  随着法国就业结构的变化,在巴黎盆地的一些大城市中,管理人员和工程师的比例出现了略微增长(表13-17),但这一比例仍远低于其他一些大区,如南比利牛斯大区和罗讷—阿尔卑斯大区等。尽管巴黎盆地共有22所高校(13所在法兰西岛大区,9所在其他省份),但各省的大学生人口密度仍相对较低。例如,巴黎盆地各省居民中大学生的比例为11.0∶1000,但在巴黎大区这一比例是28.5∶1000,全法国的比例则是18.4∶1000;巴黎盆地各省医生的人口比例不足6.0%,而巴黎大区则是34.0%(DATAR,1990)。但从1982年到1988年,巴黎盆地高校人口增长开始变得迅猛,巴黎盆地中各地区高校人口的增幅分别为:下诺曼底(41.0%)、中央大区(27.3%)、香槟—阿登(28.7%)、上诺曼底(31.1%)、皮卡第(29.7%),而全法国的高校人口增幅为14.5%。

表13-17 巴黎盆地工程师和管理人员的就业演变情况(1984—1990—1995年)

| | 比例(%) | | |
| --- | --- | --- | --- |
| | **1984** | **1990** | **1995** |
| **巴黎** | 19 | 25 | 27 |
| **小环区** | 17 | 22 | 25 |
| **大环区** | 12 | 16 | 19 |
| 就业区域 | | | |
| 亚眠 | 6 | 7 | 7 |
| 鲁昂 | 6 | 8 | 9 |
| 卡昂 | 5 | 6 | 7 |
| 勒阿弗尔 | 6 | 6 | 7 |
| 奥尔良 | 9 | 11 | 13 |
| 图尔斯 | 7 | 7 | 8 |
| 兰斯 | 6 | 8 | 9 |
| 沙隆香槟 | 5 | 5 | 6 |
| 特鲁瓦 | 5 | 6 | 6 |
| 欧塞尔 | 6 | 6 | 7 |
| **法兰西岛** | **17** | **21** | **24** |
| **法国都市地区** | **9** | **11** | **13** |

资料来源:ESE,INSEE。

另外,随着交通设施的完善,出现了"工作在巴黎,居住在其他大区"的现象,且这一现象越发明显,在与巴黎交通网络较为密切的巴黎盆地西部地区中最为突出。

# 第四节　"光辉30年"之后巴黎大区的地位

经过"光辉30年",巴黎大区逐渐成为一个以服务业占绝对主体的地区。随着"工业分散化"政策的实行,巴黎大区的工业就业率大幅下降而服务业就业则持续上升(表13-18)。工业创造的就业岗位比例从1954年的30%左右下降到1965年的9%(Merlin,2007)。从1967年到1973年,巴黎大区大型工业企业(员工数量在100名以上的企业)的数量减少了22%,而全法国平均仅下降了11%(Labrousee & Braudel,1990)。此外,曾经聚集在巴黎大区及周边地区的一些工业企业(如汽车、航空、制药、电子等行业)在"光辉30年"期间均经历了重新布局。同一时期,巴黎大区在建筑和公共工程领域创造的就业岗位比例达到了24%,其中,有28%的新增就业岗位来自第三产业(Merlin,2007)。

表13-18　法国工业和第三产业就业情况的演变(按年计)

|  | 工业就业量的变化(年) | | 第三产业就业量的变化(年) | |
|---|---|---|---|---|
|  | 1954—1962 | 1962—1968 | 1954—1962 | 1962—1968 |
| 巴黎大区 | 11900 | −16300 | 33800 | 52900 |
| 其他大区 | 27400 | 30500 | 73400 | 294000 |
| 总计 | 39300 | 14200 | 107200 | 346900 |

资料来源:INSEE,1968。

在此期间,随着法国工业的整体转型和相关服务业(如商贸和研究)的发展,巴黎大区的工业结构发生了变化。尽管大规模的工业分散化项目从巴黎大区转移到了其他各省,但有不少工业企业(尤其是大企业)只是把工厂(制造部门)迁移到了其他省份,而管理和研发部门则仍留在巴黎大区(表13-19)。这使得巴黎大区与其他省份之间产生了新的差异。这种差异体现在工业就业结构(表13-20)和高科技公司的比例上。

表 13-19　法国工业就业结构(1975年)

| 功　能 | 巴黎大区(%) | 法国(%) | 巴黎大区的专业化程度 |
|---|---|---|---|
| 一生产 | 45.0 | 61.6 | 0.73 |
| 一组织、管理和监督 | 6.8 | 7.1 | 0.96 |
| 一搬运、储存、包装和运输 | 6.9 | 7.2 | 0.96 |
| 一技术功能 | 11.3 | 6.8 | 1.66 |
| 一行政、金融和信息 | 20.3 | 12.2 | 1.66 |
| 一商业功能 | 8.0 | 3.8 | 2.11 |

资料来源:STISI,1975。

表 13-20　巴黎大区具有技术含量的就业岗位所占的比例(1980年)(%)

| 石油和天然气 | 医药化学和制药 | 电力和电子 | 航海和航空制造 | 企业营销服务 | 保险 | 金融组织 |
|---|---|---|---|---|---|---|
| 31.9 | 39.7 | 38.2 | 25.7 | 41.7 | 46.9 | 39.3 |

资料来源:INSEE,1980。

尽管工人的比例有所下降,但巴黎大区仍是专业人才的聚集地(表13-21)。其中,法国工程师中有超过一半在巴黎大区工作(1975年);巴黎大区的工程师和高级行政人员占大区总人口的8.1%(1975年),远高于4.2%的全国平均水平(INSEE,1975)。"光辉30年"之后,这种不平衡的现象在某些部门甚至更为严重。比如,在大力推进分散化行动的时期(1960—1970年)结束后,巴黎的公共研究领域在80年代再次出现了"两极分化"现象(UTH2001,1990)。因此,一些学者提出在新时期法国又出现了"巴黎决策、各省生产"的模式。在"光辉30年"后期及之后,巴黎在法国的领先地位见图13-10。

表 13-21　法国不同大区的就业结构(1973年)(%)

| | 生产领域的工程师和技术管理人员 | 服务领域的高级经理和技术管理人员 | 有资质的工人 | 无资质的工人 | 有资质的服务人员 | 无资质的服务人员 |
|---|---|---|---|---|---|---|
| 巴黎大区 | **2.87** | **8.52** | 21.89 | 16.24 | **23.55** | 7.59 |
| 中央大区 | 1.01 | 3.65 | 30.87 | 31.21 | 15.49 | 5.01 |
| 北部大区 | 1.15 | 3.37 | 35.28 | 27.81 | 14.46 | 5.05 |
| 卢瓦尔河大区 | 1.05 | 3.56 | 33.22 | 27.19 | 16.15 | 4.58 |
| 布列塔尼大区 | 0.86 | 3.71 | 31.80 | 27.63 | 18.48 | 5.29 |
| 罗讷—阿尔卑斯大区 | 1.62 | 4.38 | 30.15 | 28.46 | 15.31 | 5.31 |

续　表

| | 生产领域的工程师和技术管理人员 | 服务领域的高级经理和技术管理人员 | 有资质的工人 | 无资质的工人 | 有资质的服务人员 | 无资质的服务人员 |
|---|---|---|---|---|---|---|
| 朗格多克—鲁西永大区 | 1.02 | 4.94 | 30.87 | 21.65 | 20.34 | 7.34 |
| 普罗旺斯—蔚蓝海岸—科西嘉大区 | 1.58 | 5.44 | 29.40 | 19.44 | 20.86 | 7.84 |

注:占该大区受雇职工总人数的百分比。

资料来源:Ministère du travai,INSEE,1973。

法国国内经济领先地区(1973年)

法国国内政治、经济、艺术和科学领域的就业人口分布(1983—1984年)

法国国内工程专业学生分布(1973—1974年)

高级管理机构分布(1975年)

图 13-10　巴黎在法国的领先地位

资料来源:Noin,Colin,1984。

服务业和以技术创新为主导的新兴行业已逐渐成为巴黎大区的主导产业。自"光辉30年"后期开始的服务业分散化行动并未削弱巴黎大区在服务业领域的地位。尽管总部设在巴黎的"重要企业"的比例在初期阶段从55.0%(1955年)减少到了48.0%(1969年)(Gravier,1972),但在1976年,全球500强企业中有超过四分之三(77.6%)的企业仍在巴黎大区设立了总部,这个比例甚至超出了1958年的水平(75.0%)。此外,1976年法国有114家(总共157家)大型工业企业(雇员人数超过500人)将总部设在巴黎大区(Saint-Julien,1982)。

# 第五节　对新时期巴黎大区地位的思考

虽然巴黎大区在"光辉30年"期间经历了分散化进程,但是在管理、研究和教育等领域其仍处于法国的核心地位。在"光辉30年"之后,时代背景发生了转变。和20世纪40年代Jean-Francois Gravier的思想不同,不少学者开始从另一个角度思考巴黎大区与其他大区间的关系。

自20世纪80年代以来,受到全球经济一体化的影响,欧洲各国开始跳出单一的国家层面而普遍采用更宏观的视角,从欧洲(甚至全球)层面考虑区域的发展问题(图13-11)。除此之外,正如一些学者所言,新时期的竞争关系并不出现在国与国之间,而是存在于城市与城市之间(或大都市区之间)。

但是关于巴黎大区的发展仍存在两个相互对立的观点。有些人仍认为"巴黎过度集中",譬如"里昂工商会"的报告(1973年)中就反映了这一观点,目的是呼吁推动地方发展和考虑政治均衡。但其他人则在质疑法国长期实行的分散化政策,特别是主要在"光辉30年"后期实行的服务业分散化政策。他们认为,这些政策在一定程度上削弱了巴黎与伦敦、纽约等其他一些国际大城市竞争的优势,导致巴黎一方面希望推行国际化的发展战略,另一方面却又面临行动受限的局面。事实上,在60年代,白皮书(1963年)和巴黎大区规划都曾提出,"法国的发展首先是各个城市的发展;巴黎并不是用来均衡的目标"(Micheau et al.,2007),这与"巴黎和法国沙漠"的思想正好相反。此外,人们的关注点也开始从大区间的发展失衡问题逐渐转移到新时期不同城市竞争力的议题上。

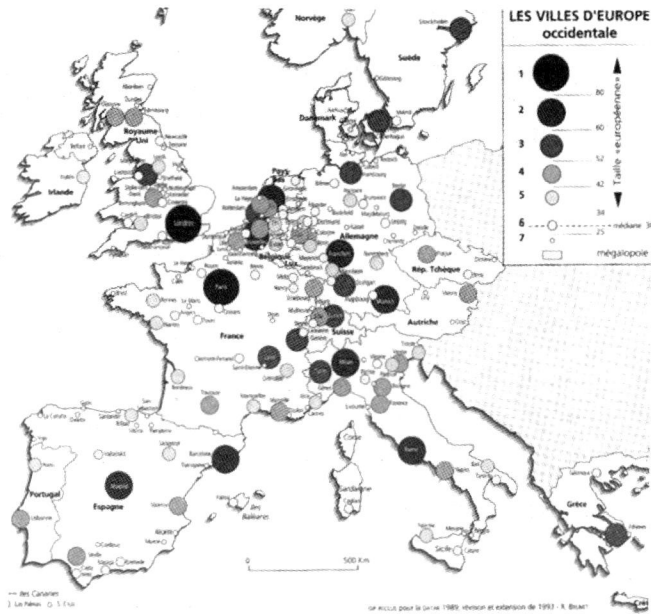

图 13-11 欧洲大城市的地位
资料来源:DATAR,1989。

"光辉 30 年"之后的发展状况表明:对巴黎大区控制投资的政策力度在几年后有所减弱(Savy,2009)。服务业分散化措施的推行也同时放缓。政府执行政令的过程均体现了这种思想。从 1985 年到 1988 年,政府批准的办公面积仍主要集中在巴黎大区而不是在其他各省。国立蓬皮杜艺术和文化中心所取得的成就也表明,"弱化巴黎的文化并不能提升其他各省的文化"(Labrousee & Braudel,1990)。

实际上,从 20 世纪 70 年代开始,巴黎的地位就受到政府及学者的普遍重视。但从欧洲(甚至全球)的层面看,巴黎的地位还是受到了众多城市的挑战。它的排名虽因评估指标的不同而有所差异,但整体并不乐观。

根据法国空间规划暨区域行动署的排名(1989 年),巴黎和伦敦在报告中同样位列第一等级(得分略低于伦敦)。这一排名主要侧重于评估基础设施、劳动力质量和社会文化(即文化设施、主要展会和展览)等指标。但从表 13-22 可以看出,新时期的巴黎在某些领域仍落后于伦敦。

表 13 - 22　巴黎和伦敦竞争力指标一览

| | 2006 年福布斯 2000 强企业的决策中心数量 | 2006 年福布斯 2000 强非欧洲企业的总部数量 | 2003—2007 年欧洲排名前 15 名城市跨国办事处所占比例(%) | 2007 年具有战略职能的跨国办事处数量 | 2003—2007 年具有战略职能的跨国办事处所占比例(%) |
|---|---|---|---|---|---|
| 巴黎 | 66 | 6 | 19 | 46 | 19 |
| 伦敦 | 72 | 23 | 25 | 80 | 36 |

资料来源:Marini,2007;Association Paris-Ile de France-Capitale Economique/Ernst,2008。

　　此外,巴黎大区就业岗位的附加值则低于欧洲其他的一些地区(如德国和荷兰的部分地区)。Cheshire 的排名(1986 年)也证实了这一情况,这个排名采用了一些经济变量(如失业、人均国内生产总值、移民等),巴黎在排名中仅位列第 23 位[1]。因此我们或许可以得出以下结论:除了一些特殊的优势(如文化、时尚产业等)外,与欧洲和全球的某些城市相比,巴黎的经济竞争力并不突出。

　　正如 Lever(1993)所提出,从 80 年代开始,城市竞争力的提高依赖于跨国企业的发展、政府为了吸引投资而做的城市宣传、欧洲各国新兴经济产业(如金融服务)的发展、欧洲各机构的竞争力,以及各种标志性的大事件。因此在新的时代背景下,政府在进行领土整治时开始强调和提升巴黎大区在传统优势(主要体现在管理、技术、创新和文化等非物质资源上)之外的其他领域的竞争力,如会展、教育和旅游业等方面。一些学者和政府领导人针对巴黎在新时期的地位提出了新的发展目标。例如:

　　　　巴黎的未来要与实现经济发展(包括产业发展)紧密相连。巴黎应该成为一个决策中心,处在不同经济大国的交叉点上……第二个发展方向是使巴黎成为一个国际经济秩序的重要城市。如果在巴黎继续推行服务业的分散化行动,就巴黎的声誉来说是不尽合理的……巴黎有其特殊的优势,如城市管理、绿地空间等,正是这些赋予了它作为一个首都的吸引力。(DATAR ,1974)

　　　　巴黎大区面临的挑战是要把自身打造成欧洲首要的经济大都市(尤其是在第三产业领域),并在全国范围内扮演重要的角色。(Pommelet,1987)

――――――――――

　　[1] 采用 1971 年到 1988 年的数据。

巴黎应成为一个文化极点:既是法国首都,也是教学培训中心、文化设施的集聚地。(DREIF,1988)

此外,除了加强巴黎大区作为经济大区的地位之外,从70年代起,法国政府开始重新考虑推动"巴黎盆地"的一体化发展,如建设区域一体化的基础设施等(图13-12)。而随着设施的优化,巴黎盆地的中小型城市(如亚眠、圣康坦、兰斯、特鲁瓦、图尔、勒芒等)与巴黎之间的关系也变得更加紧密(图13-13)。

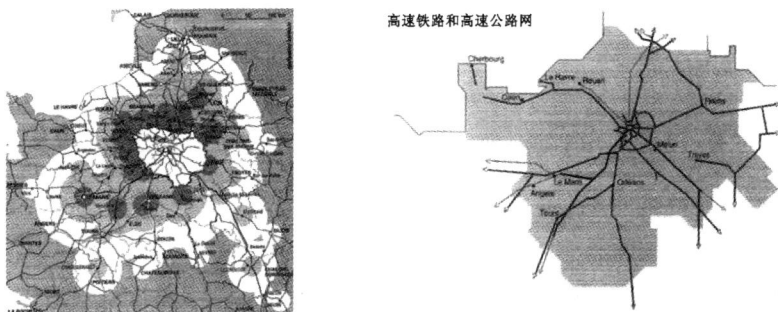

图 13-12　巴黎盆地高速铁路和高速公路网建设
资料来源:SNCF;MELTE-OR,1992。

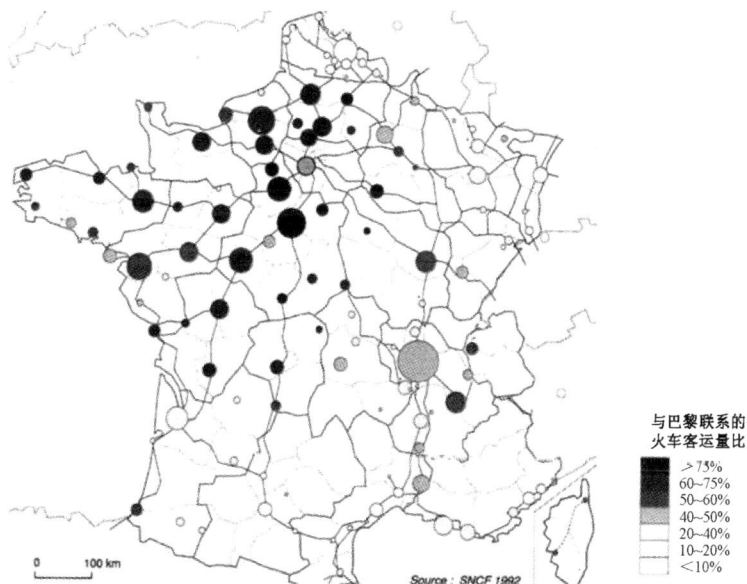

图 13-13　通过铁路交通往来巴黎的乘客比例(1992 年)
资料来源:Damette,1994。

如,政府在70年代提出了巴黎盆地的两个主要发展方向:各项活动应尽量靠近巴黎以便借力于巴黎的发展;协调整个巴黎盆地的发展,使每个城市都能获得最大利益。对于巴黎和巴黎大区而言,领土整治应注意三个主要方向:控制区域的数量发展(而非质量);开发巴黎独一无二的功能;改善居民的生活条件(DATAR,1973)。

# 第六节 小 结

在法国"光辉30年"时期,巴黎盆地的发展无疑是地区均衡发展的一大亮点。巴黎盆地的发展虽然得益于法国的产业分散化政策,但更主要是受自身的区位优势和市场机制的推动。需要指出,"光辉30年"后期及之后,巴黎盆地的产业结构及发展的问题开始凸显;此外,整合巴黎周边区域(包括巴黎大区和巴黎盆地)的资源优势,提升区域整体竞争力的战略构想,在法国乃至欧洲都具有一定意义。

"光辉30年"及以后,伴随着时代背景的演变,巴黎及巴黎盆地的关系和定位发生了变化。政策的目标由初期强调单一国家内部区域间的均衡发展(尤其是工业的发展),演变为中后期强调欧洲及全球层面区域整体协调和竞争力。

一方面,"光辉30年"期间的产业分散化行动,使得巴黎地区的产业结构进行调整,其逐渐成为一个由服务业和技术创新相关产业占绝对主体的区域。但地区资源均衡布局思想的引导、与周边区域协调不足等,又使得巴黎地区在以重视区域竞争力的新背景之下落后于一些欧洲及世界的经济大区。在新的时期,巴黎地区面临突出自身优势和巴黎盆地一体化发展的挑战。

另一方面,"光辉30年"期间的产业分散化行动促使产业由巴黎大区向巴黎盆地转移,并创造出一些新的就业机会,但企业某些部门的转移(大多数只转移生产和仓储部门)、产业转移地区分布不均衡、地区整体协调不足等,造成在新的时代背景下,巴黎盆地产业集群不易形成、人员层次不高等方面的问题。在新的时期,巴黎盆地反而受制于巴黎地区的发展,成为"灯下黑"的阴影地区。如何整合区域资源,协调与巴黎地区的关系,增强地区整体竞争力,成为新时期亟待解决的新课题。

# 第十四章　案例——南比利牛斯大区

南比利牛斯大区位于法国西南部,南靠比利牛斯山脉,东邻中央高原,西近阿基坦盆地,处于地中海—大西洋与法国—西班牙两轴线交叉点上,区位优越。南比利牛斯大区是法国面积最大的大区,首府是图卢兹。在法国"光辉 30 年"期间,南比利牛斯大区从一个西南部的农业区发展成为工业、农业和服务业均衡发展的区域,尤其是首府图卢兹得益于工业和服务业分散化政策,成为法国最主要的航空航天生产与科研基地。南比利牛斯大区的发展过程,可以说是"光辉 30 年"间法国在地区层级领土整治措施实施的典型案例。

## 第一节　南比利牛斯大区的工业分散化政策

自 1955 年起实行的工业分散化政策(主要靠税收和补贴方式)首先在巴黎地区实行,后来扩展到法国全境。1963 年法国空间规划暨区域行动署成立后,政策目标比 50 年代更为翔实:在缓解巴黎大区工业企业聚集状况的同时又加强了农业地区(尤其是法国西部和西南部)的工业发展。在该政策的指导下,位于法国西南部的南比利牛斯大区成为主要受益者。自 1964 年起,该地区一直享受着高额的补贴[在所有享受高额补贴的地区中,图卢兹都市区和代卡泽维尔—奥班地区(Decazeville-Aubin)的工业发展补贴高达 25.0%,这些补贴都拨给了有投资意向的公司]。实际上,1956 年至 1966 年间,在 14 个享有地区发展公司拨款的地区中,南比利牛斯大区排名第七;而 1966 年至 1969 年间,11.5%的基金(国土整治干预基金)拨给了南比利牛斯大区(在所有 21 个地区中排名第二)。

然而,由于"工业分散受政府引导和企业自主选择双重因素影响",政策的实施效果与既定目标之间存在偏差。除了巴黎盆地之外,其他一些地区(尤其是西南地区)由于工业基础薄弱、合格劳动力数量有限和基础设施(尤其是交通和通信设施)不完善等原因,并没有成为工业分散化时期工业布局的首选。因此,尽管南比利牛斯大区是工业分散化政策所规划的重点地区,但该政策对这个地区的实际影响却相对有限。直到 1963 年全国范围的分散化政策开始后,一些工业门类(如航空航天工业和电子工业等)才开始发展起来。这些工业主要集中在图卢兹都市区,而随着这些工业的发展,相关的研究中心和学校也转移过来。在新时期,南比利牛斯大区形成了"三大节点":航空航天节点、癌症研究节点和食品工业节点。

同时,从 1962 年至 1968 年,尽管该地区的工业就业较前一时期有所增长,但增长率仍远远低于服务业就业的增长幅度(表 14-1)。在这一时期,伴随着法国整体经济的转型,南比利牛斯大区逐渐迈入新的发展阶段,区域政策的内容也从"工业分散化"这一主要目标逐渐转变为一系列的"服务业分散化"行动。

表 14-1 南比利牛斯大区各大行业就业演变过程(1954—1968 年)

| 行　业 | 1954 年 | 1962 年 | 变化情况<br>(1954—1962 年) | | 1968 年 | 变化情况<br>(1962—1968) | |
|---|---|---|---|---|---|---|---|
| | | | 数目 | 占比(%) | | 数目 | 占比(%) |
| 农业 | 399242 | 303490 | −95752 | −24.0 | 231380 | −72110 | −23.8 |
| 工业 | 170489 | 168826 | −1663 | −0.9 | 177200 | 8374 | +4.9 |
| 建筑业和交通业 | 56111 | 75415 | +19304 | +34.4 | 93740 | 18325 | +24.3 |
| 服务业 | 23896 | 274681 | +35785 | +15.0 | 325440 | +50759 | +18.5 |
| 总计 | 864738 | 822412 | −42326 | −4.9 | 827760 | +5348 | +0.7 |
| 法国 | 18847000 | 19056000 | +209000 | +1.1 | 20002000 | +946000 | +4.9 |

资料来源:Préparation du 5ᵉ plan,1968。

**案例 1:代卡泽维尔的煤炭盆地**

随着第二次世界大战后法国产业的转型,代卡泽维尔的煤炭业就业人数持续下降。从 1962 年至 1966 年,阿基坦盆地(代卡泽维尔和卡莫尔)的煤炭业就业人数减少了 1721 人。自 1960 年起,煤炭业采取了一系列措施,包括"控制裁员和提早退休、煤炭企业转移到其他盆地、煤炭盆地转型等"。在这些措施中,"煤炭盆地转型"措施包括:"转型拨款(给离开煤矿的人 3 至 9 个月的工资);安置补贴(工龄不低于 15 年的工人）；保证两年 90％的月薪"等。1972 年，尽管该盆地就业人数减少了 4000 人，但煤炭业仍是该省重要的产业（如煤矿开采、锌的生产及钢铁冶金）。

此后，该地区伴随着交通设施的建设、旅游业的发展（如城堡项目、博物馆项目）以及一系列政策的实施（如设备改进、环境保护和水质改善等）而进一步发展。

**案例 2：图卢兹的航空航天工业**

图卢兹航空航天工业"节点"是基于当地的军用飞机制造基地（1917 年为军事目的建造，后经历数次合并）开端和发展的。随着航空航天工业的兴起，图卢兹航空试验中心和法国国家科学研究院的部分机构也被转移到这里。随后，许多与航空航天工业相关的学校和其他的研究机构也在图卢兹都市区聚集（如工程学院、研究和培训中心、法国国家科学研究院公共实验室、大学）。自"光辉 30 年"起，工业、研究机构与公共机构之间的合作得到进一步强化。

图卢兹逐渐成为仅次于巴黎的第二大航空航天节点，这一地位在"光辉 30 年"期间及之后得到进一步巩固。例如，在 60 年代，航空航天领域就业人数的 60％聚集在巴黎大区，但是到了 90 年代，这一比例已下降到 40％以下（Jalabert & Zuliani，2009）。根据法国航空航天工业协会 2008 年的报告，巴黎大区的航空航天工业就业人数占全国总数的 34％，而南比利牛斯大区则占到 25％。此外，图卢兹地区整体的就业结构也在这一过程中得到升级，管理和研究方面的就业人数不断增加。

# 第二节　南比利牛斯大区的服务业分散化政策

法国服务业分散化政策的实施（1958 年起）略晚于工业分散化政策。服务业分散化政策最早在巴黎大区开始实施。1967 年第 67 - 940 号法令颁布后，该政策逐渐扩展至其他地区，主要集中于平衡型大都市和平衡型大都市相似城市等区域性大城市中。

如表 14 - 2 所示，在服务业分散化政策不断推进的同时，南比利牛斯大区的服务业迅速发展。其中，作为 60 年代的"平衡型大都市政策"的实施对象之一，大区首府图卢兹从服务业分散化政策中受益最多，该地区的服务业就业迅速增长。

图 14-1 所示,服务业分散化政策在图卢兹地区所创造的就业数量仅次于巴黎盆地中的奥尔良和传统的金融中心里昂。

表 14-2　南比利牛斯大区各行业有效就业增长

| 部　　门 | 1962—1968 年 | | 1968—1973 年 | |
|---|---|---|---|---|
| | 绝对数 | 占比(%) | 绝对数 | 占比(%) |
| 建筑及交通运输 | +18325 | 24.0 | +2900 | 3.0 |
| 制造业 | +8374 | 4.9 | +16500 | 9.3 |
| 公共服务 | +19200 | 18.5 | +13000 | 16.8 |
| 私人服务 | +30630 | | +41700 | |

资料来源:Idrac & Laborie,1976。

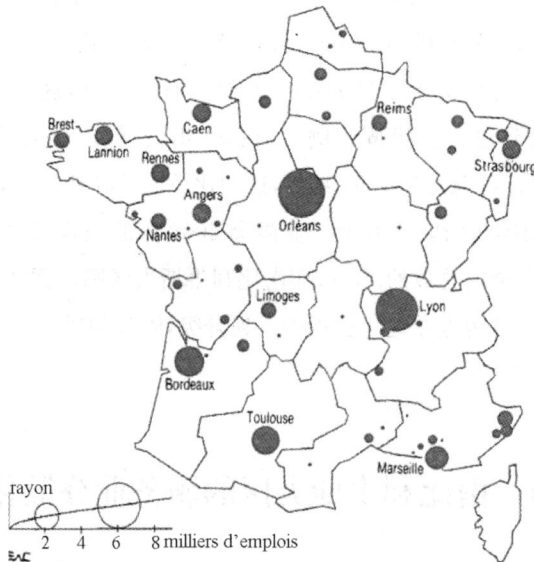

图 14-1　法国公共及私营部门第三产业分散化情况(1962—1978 年)
资料来源:Bastie,1978。

　　同时,大量航天航空领域的教育/研究机构迁移至图卢兹,为其带来巨大效益,并为新时期创新节点的发展打下基础。这些机构包括工程师学校(如国家高等航天和空间学校、国家高等航天导航学校、国家高等气象学校等)和研究中心等。

# 第三节　南比利牛斯大区人口迁移情况

## 一、城市化与人口迁移概况

### 1. 城市化

长期以来,南比利牛斯大区的城市化水平在法国各大区中处于较低的位置(表14-3)。尽管如此,在"光辉30年"期间,该大区的城市化进程发展迅速(图14-2)。

表 14-3　南比利牛斯大区的城市化率(1954—1975 年)(%)

| 地　　区 | 城市化率 | | 城市人口数量 | | |
|---|---|---|---|---|---|
| | 1954 | 1975 | 1954 | 1975 | 占全国城市人口的比例,1975 年 |
| 南比利牛斯大区 | 41.1% | 59.0% | 812000 | 1330270 | 3.5% |
| 法国 | 56.0% | 73.0% | 23947000 | 38400000 | 100.0% |

资料来源:Travaux et recherches de prospective,1979。

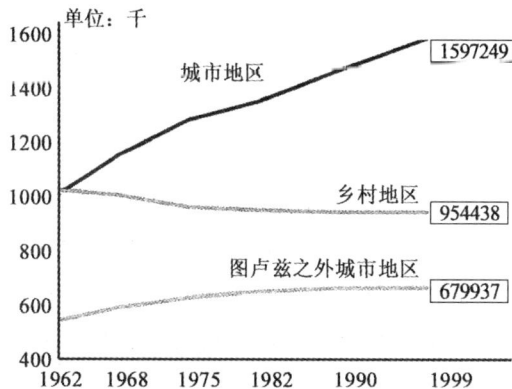

图 14-2　南比利牛斯大区城乡人口的变化(1962—1999 年)
资料来源:INSEE,2000。

然而,由于该地区发展的不均衡,下辖八个省的城市化水平差异显著(表14-4)。总体而言,工业化程度高的省份城市化水平也比较高;相比而言,那些城市化水平低的省份则属于传统农业区(如洛特省和热尔省)。该地区城市化水平最高的省份是上加龙省(该省首府是图卢兹),明显高于位居第二位的塔恩省。

表 14-4　南比利牛斯大区八省的城市化率(1962—1975年)(%)

| | 1962 | 1968 | 1975 |
|---|---|---|---|
| 阿列日省 | 30.24 | 33.52 | 35.43 |
| 阿韦龙省 | 32.56 | 35.37 | 37.61 |
| 上加龙省 | 68.54 | 71.26 | 73.69 |
| 热尔省 | 14.14 | 15.85 | 17.70 |
| 洛特省 | 17.33 | 19.51 | 20.96 |
| 上比利牛斯省 | 44.59 | 47.90 | 49.29 |
| 塔恩省 | 51.34 | 54.17 | 56.12 |
| 塔恩-加龙省 | 38.64 | 41.46 | 42.63 |
| **南比利牛斯大区** | 44.71 | 48.54 | 51.53 |

资料来源:INSEE,1975。

在"光辉30年"期间,随着图卢兹的迅速发展(得益于平衡型大都市政策),其城市人口增长率比南比利牛斯大区的其他城市高出很多。然而,图卢兹整个城市的人口增长率并不一致:城市中心的人口增长有限,而郊区的人口则快速增长。

2. 人口迁移

总体而言,从1954年到1968年,南比利牛斯大区的迁出人口总数大于迁入人口总数。在这一时期,迁出人口的主要去向是巴黎大区和阿基坦大区。1968年以后,由于经济发展、基础设施改善等方面的原因(一定程度上得益于平衡型大都市政策和服务业分散化政策),大区的迁入人口总数开始高于迁出人口总数。后来这种人口净迁入的趋势在"光辉30年"之后一直持续并进一步加强(图14-3)。

然而,南比利牛斯大区八个省份的年人口迁移量并不一致,这与各省产业的发展程度相呼应(表14-5)。从1962年到1975年,最为发达的上加龙省一直保持着最高的人口净迁入率。相比而言,一些传统的农业省份则一直保持人口迁出的状态,例如阿韦农省和热尔省。

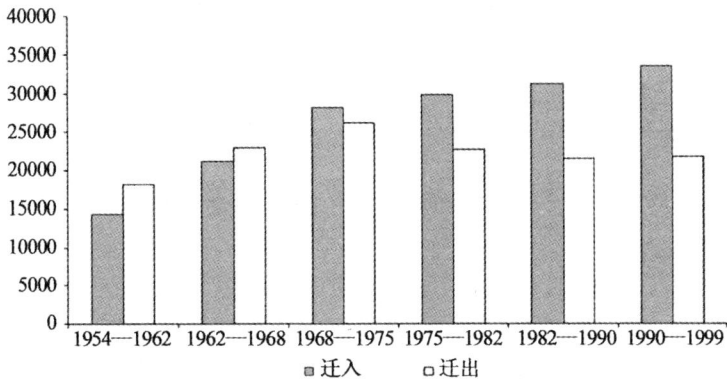

图 14 - 3　南比利牛斯大区间的年人口迁移量（1954—1999 年）
资料来源：INSEE,2000。

表 14 - 5　南比利牛斯大区的人口变化（1962—1975 年）

| | 1962—1968 | | | 1968—1975 | | |
|---|---|---|---|---|---|---|
| | 总数 | 自然增长率 | 净迁移率 | 总数 | 自然增长率 | 净迁移率 |
| 阿列日省 | +0.16 | −0.21 | +0.37 | −0.06 | −0.31 | +0.26 |
| 阿韦农省 | −0.34 | +0.20 | −0.54 | −0.16 | — | −0.15 |
| 上加龙省 | +2.55 | +0.55 | +2.00 | +1.70 | +0.51 | +1.19 |
| 热尔省 | −0.04 | +0.04 | −0.08 | −0.49 | −0.11 | −0.38 |
| 洛特省 | +0.16 | +0.06 | +0.10 | −0.05 | −0.15 | +0.10 |
| 上比利牛斯省 | +1.12 | +0.32 | +0.79 | +0.11 | +0.12 | −0.01 |
| 塔恩省 | +0.65 | +0.27 | +0.38 | +0.23 | +0.12 | +0.12 |
| 塔恩-加龙省 | +0.71 | +0.30 | +0.41 | −0.02 | +0.12 | −0.13 |
| 南比利牛斯大区 | **+1.02** | **+0.29** | **+0.73** | **+0.54** | **+0.17** | **+0.37** |

资料来源：INSEE,1975。

## 二、城乡聚落概况

伴随法国整体城市化进程的快速发展,南比利牛斯大区乡村聚落的人口呈现出持续迁出的趋势(尤其是在居民人数不到 1000 人的乡村聚落)。但从 60 年代末开始,和法国其他地区一样,南比利牛斯大区出现了"逆城市化"现象。一方面,居民人数超过 200 人的乡村聚落出现人口回迁;另一方面,南比利牛斯大区的城市聚落在这一时期则始终呈现出人口增长的趋势,尤其是在其首府图卢兹地区,从 1954 年到 1982 年一直保持大区内人口增长率最高的纪录(表 14－6)。

表 14－6　南比利牛斯大区城乡人口聚居区的变化(1954—1982 年)

| | 人口增长率(%/年) | | | |
|---|---|---|---|---|
| | 1954—1962 | 1962—1968 | 1968—1975 | 1975—1982 |
| **乡村聚落居民数** | | | | |
| ＜50 | −2.4 | −3.4 | −2.4 | −1.5 |
| 50～99 | −2.1 | −2.1 | −1.7 | −0.6 |
| 100～199 | −1.7 | −1.5 | −1.5 | −0.2 |
| 200～499 | −1.2 | −0.9 | −0.9 | +0.3 |
| 500～999 | −0.6 | −0.3 | −0.3 | +0.7 |
| 1000～1999 | −0.2 | +0.5 | +0.8 | +1.1 |
| ≥2000 | +0.2 | +1.1 | +1.0 | +1.4 |
| **所有乡村聚落** | −0.9 | −0.5 | −0.4 | +0.6 |
| **城市聚落居民数** | | | | |
| ＜5000 | +1.0 | +1.6 | +0.9 | +0.9 |
| 5000～9999 | +1.5 | +1.9 | +0.7 | −0.2 |
| 10000～19999 | +1.4 | +2.4 | +0.3 | −2.7 |
| 20000～49999 | +1.4 | +1.1 | +0.8 | −0.9 |
| 50000～99999 | +2.3 | +2.5 | +0.9 | +1.8 |
| 100000～199999 | — | — | — | — |
| ≥200000 | +2.6 | +3.1 | +2.0 | +2.9 |
| **所有城市聚落** | +1.9 | +2.3 | +1.2 | +1.5 |
| **所有城乡聚落** | +0.5 | +1.0 | +0.5 | +2.5 |

资料来源:INSEE,1982。

南比利牛斯大区的不同省份在 1962 至 1968 年的人口增长率总体来说比 1954 至 1962 年要高。在这些省份中,上加龙省(图卢兹为其首府)的乡村地区人口增长率明显高于其他省份的乡村地区。相比其他省份,1962 至 1968 年,上加龙省的乡村地区人口呈现正增长趋势(表 14－7)。

表 14 - 7　南部—比利牛斯大区人口年均增长率(1954—1962 年,1962—1968 年)(%/年)

| 人口 | 阿列日省 | | 阿韦龙省 | | 热尔省 | | 上加龙省 | | 洛特省 | |
|---|---|---|---|---|---|---|---|---|---|---|
| | 1962—1968 | 1954—1962 | 1962—1968 | 1954—1962 | 1962—1968 | 1954—1962 | 1962—1968 | 1954—1962 | 1962—1968 | 1954—1962 |
| **乡村聚落** | | | | | | | | | | |
| 人口净迁移率 | −0.4 | −0.9 | −1.1 | −1.1 | −0.9 | −1.1 | +0.8 | −0.5 | −0.4 | −0.5 |
| **城市聚落** | | | | | | | | | | |
| 人口净迁移率 | +1.5 | +0.8 | +0.3 | +0.5 | +1.8 | +1.2 | +2.5 | +2.1 | +1.5 | +1.3 |

| 人口 | 上比利牛斯省 | | 塔恩省 | | 塔恩-加龙省 | | 南部-比利牛斯大区 | | 法国 | |
|---|---|---|---|---|---|---|---|---|---|---|
| | 1962—1968 | 1954—1962 | 1962—1968 | 1954—1962 | 1962—1968 | 1954—1962 | 1962—1968 | 1954—1962 | 1962—1968 | 1954—1962 |
| **乡村聚落** | | | | | | | | | | |
| 人口净迁移率 | −0.2 | −0.9 | −0.5 | −1.0 | −0.3 | −0.7 | −0.4 | −0.9 | −0.6 | −0.9 |
| **城市聚落** | | | | | | | | | | |
| 人口净迁移率 | +1.6 | +1.3 | +1.0 | +0.9 | +1.3 | +0.7 | +1.7 | +1.4 | +1.0 | +1.1 |

资料来源:RGP,1968。

　　此外,南比利牛斯大区的城市体系中首位度较为明显。首府图卢兹是一个人口规模较大的城市,在实施"平衡型大都市政策"时期,其人口大市的地位得到进一步加强。1975 年,图卢兹是整个大区中唯一一个人口在 20 万到 200 万之间的城市,排名其后的是四个中等城市(居民人数 50000～99999 之间)(表 14 - 8)。

表 14 - 8　南比利牛斯大区的城市结构(城市人口 50000～2000000)(1975 年)

| 地　　区 | 城市人口(50000～99999) | 城市人口(100000～199999) | 城市人口(200000～2000000) | 总计 |
|---|---|---|---|---|
| 南比利牛斯大区 | 4(塔布/蒙托邦/阿尔比/卡斯特尔) | — | 1(图卢兹) | 5 |
| 全国 | 52 | 29 | 25 | 106 |

资料来源:Travaux et recherches de prospective,1979。

　　图 14 - 4 显示了 1962 至 1975 年期间这一大区城市体系的变化情况。在这一时期,图卢兹人口增长率高,一直处于核心地位。尽管法国的大规模城市化进程在 1975 年至 1982 年期间逐渐接近尾声,城市人口增长速度放缓,"逆城市化"

现象逐渐显现,但是图卢兹的人口增长率却始终保持正数,并且从 1982 年至 1990 年,其人口增长的幅度与其他城市相比进一步拉大。

比利牛斯大区人口变化情况(1962—1968年)

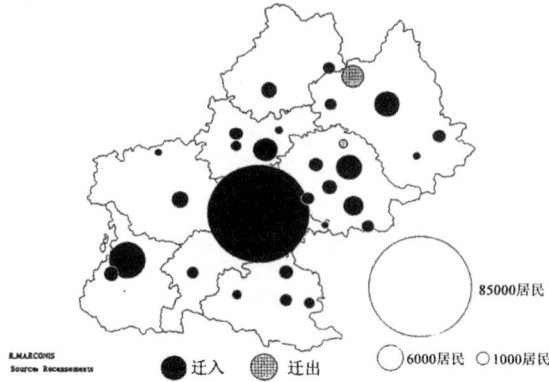

比利牛斯大区人口变化情况(1968—1975年)

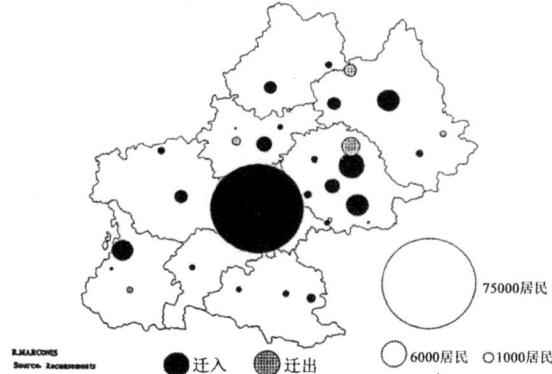

比利牛斯大区人口变化情况(1975—1982年)

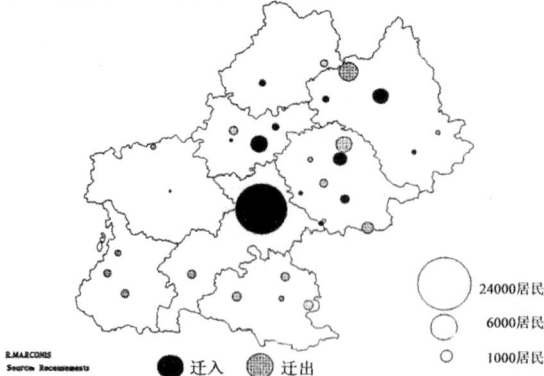

比利牛斯大区人口变化情况(1982—1990年)

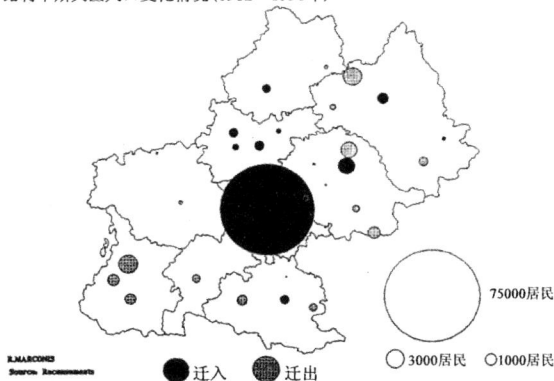

图 14-4 南比利牛斯大区不同规模城市人口增长情况(1962—1990 年)
资料来源:INSEE,1990。

# 第四节 南比利牛斯大区城市体系演变

## 一、平衡型大都市政策

1964 年,法国空间规划暨区域行动署根据城市人口、产业影响范围和发展情况等因素,选定了八个平衡型大都市,目的是均衡巴黎地区的影响力。此外,与前一阶段"自上而下"的实施方案相比,此时地方政府拥有了更多主动权,如在地方层面制定并实施关于城市群的领土整治措施等。

对图卢兹来说,"平衡型大都市"政策在以下三个主要方面发挥了促进作用:
(1) 教育与研究方面:汇集航空和航天领域的研究资源,包括航空研究中心、两所工程院校(法国国立民用航空学院、国立高等航空航天学院),以及法国国家太空研究中心;(2) 空间规划方面:包括居民和工业区在内的新区建设(如勒米哈伊优先城市化区,包括工业—人学区,现已成为一个"科技节点")、更新城市中心区、建设内部道路(与工业区和新城连接)和外部公路(与巴黎和地中海地区等连接);(3) 经济方面:加强轻机械和电气/电子工业的发展、调整化学工业结构、发展食品工业以及开发一些新产业,如图卢兹和波尔多的电子—信息产业。此外,在此期间采取的主要措施还包括:为工业区提供金融优惠条件,在全国范围内发放发展补贴等。

以上的措施可以总结为两个主要方面:结合教育和研究资源促进产业升级(表14-9);在改善城市居住环境的同时为发展创造新空间。这些措施均为图卢兹在新时期的发展奠定了基础。

表14-9　图卢兹和南比利牛斯大区航空和航天工业主要企业/就业量

| 航空和航天工业主要企业/就业量 | |
| --- | --- |
| **图卢兹和南比利牛斯大区** | **就业量** |
| 法国宇航(图卢兹) | 7200 |
| 达索航空(图卢兹) | 1700 |
| Ratier Forest(菲雅克) | 1100 |
| 航空试验中心(图卢兹) | 1100 |
| 法国航空(图卢兹) | 830 |
| Latecoere(图卢兹) | 900 |
| **石油、汽油和化学工业主要企业/就业量** | |
| **图卢兹和南比利牛斯大区** | **就业量** |
| APC(图卢兹) | 2000 |
| **电力、电子产业主要企业/就业量** | |
| **图卢兹和南比利牛斯大区** | **就业量** |
| 国际信息公司(图卢兹) | 1600 |
| 摩托罗拉公司(图卢兹) | 2000 |

资料来源:CONATEF,1975。

这些措施主要在"光辉30年"之后发挥效果。除了工业转型和城市建设以外,集中研究和教育资源的效果十分明显。在推行大学和研究机构的分散化政策后,图卢兹成为法国第二大大学城(仅次于巴黎),并成为法国乃至全球最重要的航空研究与培训中心。如表14-10所示,该政策实施后,图卢兹的学生数量,尤其是工程院校和研究机构的学生数量大幅上升。从60年代起,航空航天的研究机构开始从巴黎向图卢兹转移,这一行动一直持续到90年代(表14-11)。

表 14-10　图卢兹实际在校学生的人数变化(1962—1970 年)

| 年　　份 | 1962 年 | 1965 年 | 1970 年 |
|---|---|---|---|
| 法律 | 1670 | 2564 | 7688 |
| 医学 | 1757 | 2296 | 7446 |
| 科学 | 6217 | 8831 | 7919 |
| 文学 | 4040 | 6771 | 12059 |
| 工程师院校/研究机构 | 230 | 2000 | 6700 |
| 总计 | 13914 | 22462 | 41812 |

资料来源:Beringuier et al.,1973。

表 14-11　巴黎的就业人口向图卢兹都市区的扩散

| 企　　业 | 部门 | 起始时间 | 地点 | 1994 年实际人数 |
|---|---|---|---|---|
| 法国国家太空研究中心 | 太空 | 1960 年 | 图卢兹东南部 | 2200<br>(包括附属机构) |
| 法国国立高等应用学院 | 教育 | 1960 年 | 图卢兹东南部 | 600 |
| 法国国立民用航空学院 | 教育 | 1960 年 | 图卢兹东南部 | 500 |
| 法国农科院 | 农业研究 | 1970 年 | 奥茨维拉东南部 | 400 |
| 海关计算中心 | 行政管理 | 1970 年 | 奥茨维拉东南部 | 80 |
| 海关管理中心 | 行政管理 | 1970 年 | 图卢兹的米哈伊 | 180 |
| DT 电信 | 服务、研发 | 1970 年 | 布拉尼亚克西部 | 600 |
| 气象 | 管理、研究、教育 | 1980 年 | 图卢兹的米哈伊 | 800 |
| 因特航空 | 行政管理 | 1990 年 | 图卢兹的米哈伊 | 550 |
| 法国航空 | 经营管理 | 1990 年 | 图卢兹的米哈伊 | 375 |
| 航空导航 | 服务、研发 | 1990 年 | 图卢兹的米哈伊 | 450 |
| 国家科学研究院 | 管理、研发 | 1990 年 | 图卢兹东南部 | 200 |
| SCESS | 农业研究 | 1990 年 | 奥茨维拉东南部 | 130 |
| 法国电信 | 行政管理 | 预计 | 图卢兹 | (300) |

资料来源:Jalabert,1995。

　　而在 70 年代,法国的产业结构面临全面调整。前一时期的受益地区遇到了传统工业衰退的问题。例如在东北地区(如北部—加来海峡大区、洛林大区),煤、冶金业和纺织业等传统支柱产业受到一些新兴产业的挑战。从 60 年代起,工业就业率持续下降。在这一背景下,教育和研究在推动经济增长方面开始发挥重要作用。当时,作为教育/研究和工业聚集地的图卢兹逐渐成为法国的增长节点。在 80 年代,图卢兹的工业更加依赖于"科技节点"而发展,使得图卢兹在新时期成为法国甚至全欧洲的增长中心。在航空领域,生产公司(及其附属公司)与学校和研究中心联系紧密。例如,马特拉航天公司(Matra-Espace)的一些企业将技术与工业结合在了一起,而其他一些当地企业和外资企业也参与了合作。在马特拉法国空间研究中心和空客的项目中也能发现类似的合作。

　　政策实施前后人口迁移情况的差别也可以一定程度反映出图卢兹的发展轨迹。一些研究表明,1954 年到 1962 年,进入图卢兹的流动人口有以下几类:来自乡村地区的人口、来自同一地区小城市的人口、来自法国其他地区的人口、学生、来自法国海外省份的人口和北非移民这几类群体(Secrétariat général du gouvernement,1966)。在此期间,迁入图卢兹的人口主要来自巴黎地区以及居民人口在 2000 到 50000 的城市聚落;年龄大多在 21 到 44 岁之间。其中,工人(主要是技术工人和建筑工人)和职员占就业人群的主体。这一就业特征反映了图卢兹的发展阶段,即仍在进行大规模的由乡入城的城市化进程;人口迁移的目的主要是寻找工业或建筑业方面的工作。1958 年的民意调查样本中也能看出这一情况:在迁入图卢兹的人口中,30％的移民是低技术工人(普通工人),46％的人口是建筑工人。外流人口中 56％是 40 岁以下的年轻人,其中学生和工人(39％)占主要部分。需要指出,尽管图卢兹是 1962 年法国从阿尔及利亚回返人口最多的四个城市之一(马赛、尼斯、图卢兹、蒙彼利埃),但与地中海周围城市相比,图卢兹回返侨民的人数还是相对较低(表 14-12)。

　　1968 年到 1975 年,图卢兹的吸引力得到进一步加强:南比利牛斯大区有 35％的迁移人口 1968 年曾在其他大区居住,但在 1975 年迁移到了图卢兹都市区(Marconis,1982)。而图卢兹所在的上加龙省(其中图卢兹都市区占相当比重)与该大区其他地区之间人口迁移的情况则表明,图卢兹的吸引力不断增强,其在大区内部的极化地位进一步提升(表 14-13)。

表 14-12　流入图卢兹都市区、区域间的人口迁移

| 1968 年居住地 | 1975 年居住地 | | | |
|---|---|---|---|---|
| | 图卢兹 | | 南比利牛斯大区其他地区 | |
| | 人数 | 占比（%） | 人数 | 占比（%） |
| 法兰西岛（巴黎大区） | 17230 | 25.9 | 35875 | 27.3 |
| 一巴黎 | 5395 | 8.1 | 13965 | 9.8 |
| 阿基坦大区 | 11850 | 17.8 | 22025 | 16.8 |
| 朗格多克—鲁西永大区 | 9590 | 14.4 | 15895 | 12.1 |
| 普罗旺斯—蓝色海岸大区 | 4065 | 6.1 | 7845 | 6.0 |
| 罗讷—阿尔卑斯大区 | 3345 | 5.0 | 6425 | 4.9 |
| 其他地区 | 20355 | 30.8 | 43190 | 32.9 |
| 总计 | 66435 | 100.0 | 131255 | 100.0 |

资料来源：Marconis,1982。

14-13　上加龙省与南比利牛斯大区其他省份之间的人口迁移情况

| | 迁入 | 迁出 | 净数量 |
|---|---|---|---|
| 上加龙省 | 15980 | 29675 | +13695 |
| 一乡村地区 | 10145 | 22720 | +12575 |
| **其他省份** | | | |
| 阿里埃日省 | 4400 | 3160 | -1240 |
| 阿韦龙省 | 3180 | 1325 | -1855 |
| 热尔省 | 4830 | 2095 | -2735 |
| 洛特省 | 2325 | 1405 | -920 |
| 上比利牛斯省 | 3365 | 1770 | -1595 |
| 塔恩省 | 7000 | 3960 | -3040 |
| 塔恩-加龙省 | 5220 | 3040 | -2180 |

资料来源：Marconis,1982。

在这一时期,迁移人口类型与前一阶段有所不同:图卢兹对年龄在 15～34 岁之间的同一地区的人群有较大的吸引力,但对其他人群却并非如此(表 14-14),部分由逆城市化进程所致。但图卢兹仍然吸引了法国其他地区的大量人口(其中,年龄在 25～34 岁人群迁移的主要原因可能是寻找就业机会)。

ss

表 14-14　图卢兹和其他地区间的迁移人口年龄段分布

| 1975 年的年龄段分布 | 图卢兹与其他地区间的迁移人口 | |
| --- | --- | --- |
| | 南比利牛斯大区其他地区 | 法国其他地区 |
| 0～14 岁 | −2816 | ＋3235 |
| 15～24 岁 | ＋11000 | ＋8360 |
| 25～34 岁 | ＋790 | −565 |
| 35～64 岁 | −6385 | ＋4535 |
| 65 岁以上 | −2720 | ＋300 |

资料来源:Marconis,1982。

"光辉 30 年"之后,图卢兹的人口迁移情况继续演化。1975 年后,特别是 1982 年至 1990 年,法国有更多地区的人口向图卢兹迁移(图 14-5),他们中大多数人是中级专业技术人员。当时,从乡村到城市的城市化运动逐渐进入尾声。迁移人口主要从事服务业,与前一阶段相比,迁移人口的职业水平也有所提高(表 14-15)。而此时,图卢兹已从一个区域经济中心发展成为一个具有鲜明特色的国家级中心。此时,图卢兹的吸引力主要体现在以下三个方面:更好的生活条件(如宜人的气候、良好的生活环境以及距离山和海较近等);更有活力的环境(社会、经济和文化);以及较多的就业机会(尤其是某些私营部门)。在 90 年代,图卢兹成为最吸引年轻人(18～24 岁)的城市,有 71％的新迁入的人口不满 40 岁(INSEE,2009)。

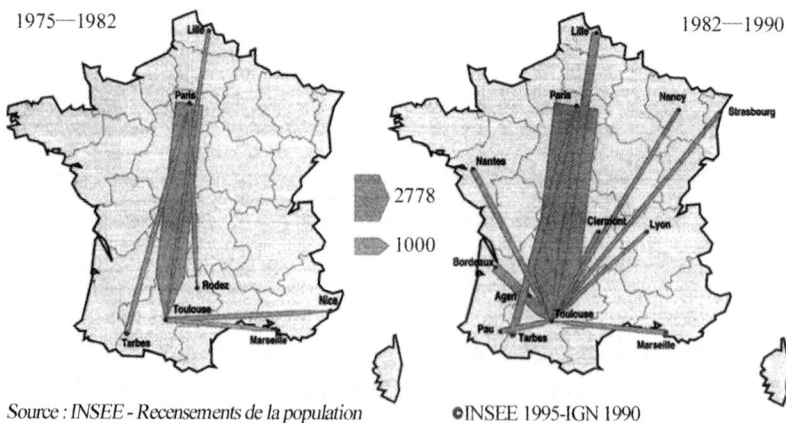

Source : INSEE - Recensements de la population　●INSEE 1995-IGN 1990

图 14-5　图卢兹都市区人口净流量(最少 150 人)

表 14-15 图卢兹的工业和城市人口聚居区(ZPIU)和南比利牛斯大区中某些职业的变化(%)

| | 1968 年 | | 1985 年 | |
| --- | --- | --- | --- | --- |
| | ZPIU | 其他区域 | ZPIU | 其他区域 |
| 工程师 | 3.4 | 1.4 | 9.9 | 3.1 |
| 技术员 | 10.4 | 4.0 | 14.6 | 4.0 |
| 高级和自由职业管理人员 | 3.5 | 2.2 | 5.4 | 3.3 |
| 一般行政经理 | 4.4 | 3.1 | 8.3 | 4.8 |

资料来源:Galiano,1985。

与该大区的其他地区相比,图卢兹成为新时期高水平人才的集聚地。在法国,南比利牛斯大区高级管理人员和技术人员(主要集中在图卢兹)的比例相对较高。据法国全国统计与经济研究所有关城市战略就业的数据显示,图卢兹在全法排名第四(占 11.7%),仅次于巴黎(15.2%)、格勒诺布尔(11.3%)和蒙彼利埃(11.2%)。此外,1990 年的统计显示,图卢兹科研类及科研产业类的就业比例在法国城市群中位居第三。这一集中趋势在"光辉 30 年"之后仍在持续(图 14-6、图 14-7)。

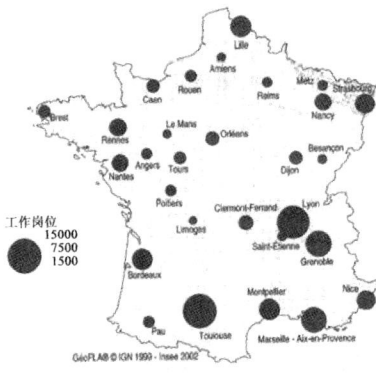

图 14-6 法国主要城市研究人员分布
资料来源:INSEE,1999。

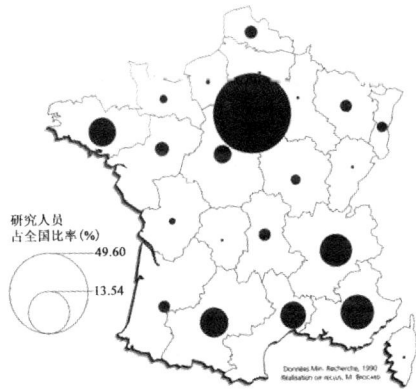

图 14-7 法国国家研究人员和公共领域研究人员分布
资料来源:DATAR-RECLUS,1993。

图卢兹对于学生的吸引力也提升了南比利牛斯大区的整体影响力(表 14-16、图 14-8)。据法国全国统计与经济研究所的数据,南比利牛斯大区的学生人口比例为 3.9%,位居全国第二,仅次于巴黎地区(4.8%)。进入 21 世纪以来,南比利牛斯大区在科研领域的开支位居全国第一,在欧洲范围内也排名靠前。大区内分布有大型科研单位(法国科学研究中心、法国农科院、法国国家卫生研究院、法国国家太空研究中心和法国航空航天研究中心)、大学、工程师学校(法国国家高等航空与航天学校、法国国立高等航空制造工程学院和法国国立达尔伯工程学院)和企业(如摩托罗拉和西门子)的研究中心。此外,特色产业也极大地吸引了就业人群,例如在南比利牛斯大区(2004年),有52400名工薪阶层员工从事与航空航天工业直接或间接相关的工作,这些员工主要集中在图卢兹、菲雅克、塔布和帕米耶(INSEE,2007)。

表 14-16　法国各大区对学生吸引力排名表

|  | 以学习为目的 | 其他目的 |
| --- | --- | --- |
| 巴黎大区 | 1 | 2 |
| 南比利牛斯大区 | 2 | 1 |
| 北加来海峡大区 | 3 | 11 |
| 朗格多克—鲁西永大区 | 4 | 3 |
| 阿基坦大区 | 9 | 7 |
| 普罗旺斯—阿尔卑斯—蓝色海岸大区 | 8 | 4 |

资料来源:INSEE,1999。

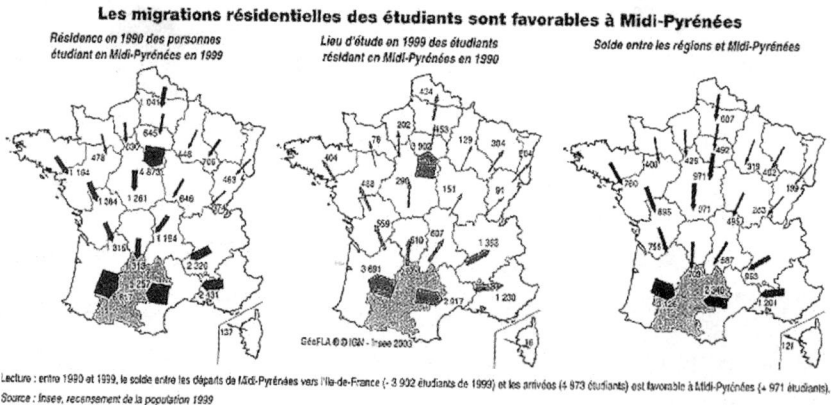

图 14-8　学生向南比利牛斯大区的净迁移情况
资料来源:INSEE,1999。

城市吸引力的增长加速了图卢兹的城市化进程。自1962年起,图卢兹的人口增长率远高于其他城市。在整个都市区范围内,图卢兹郊区的人口增长速率最为突出,超出了该城市的其他地区,这与在都市区建设新城(如米哈伊优先城市化

区)和建立新工业区(科技综合区、南部工业区、航空综合区、北部工业区)的趋势
相一致(图14-9)。

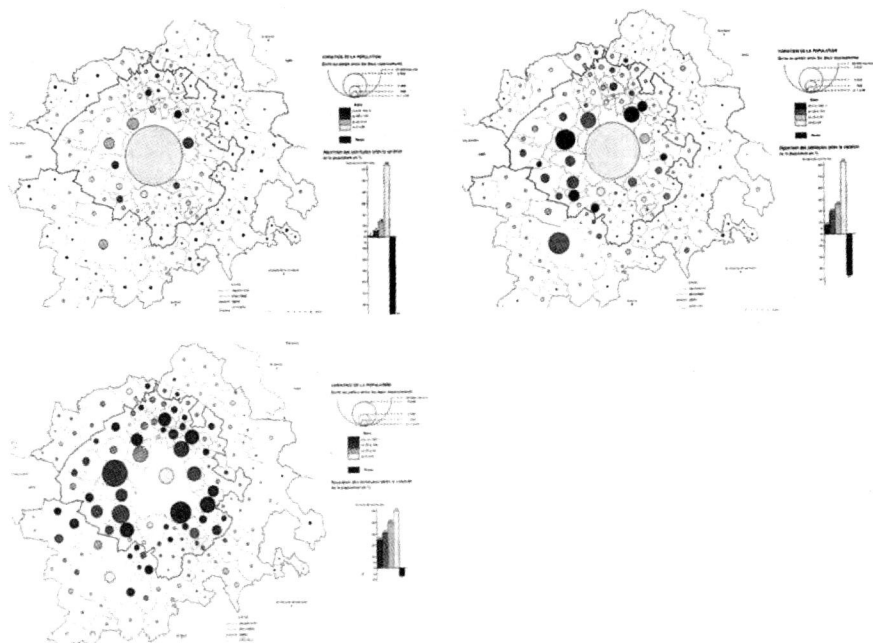

图14-9 图卢兹都市区人口分布演变(1954—1962—1968—1975年)
资料来源:DATAR,1988。

以"米哈伊优先城市化区"为例(图14-10),该地区位于图卢兹都市区的西南部,始建于1960年,占地800公顷。其中包括工业区(如国际信息公司和摩托罗拉的工厂)、住宅区和一些大学,这一分布状况与该区的发展阶段相对应,例如发展新工业、创造就业岗位、兴建住宅(主要面向工人)和发展教育区等。但是后来,米哈伊区,这个曾被视为进步象征的地区,出现了较为严重的社会隔离现象。在90年代,"米哈伊区"超过半数的居民都居住在社会保障性住房中(低租金住房制度),其中大部分人都相对贫困,以工人和雇员为主,主要来自单亲家庭、移民家庭或孩子众多的家庭(INSEE,1995)。

## 二、中等城市政策和乡村地区政策

中等城市政策是在"光辉30年"后期提出的。当时的时代背景相比之前发生了较大的变化:一方面,公众除了追求生活条件的改善外,还出现了一些新的需求

图14-10 图卢兹米哈伊区的建筑群
资料来源:Delpiroux,2008。

(如民主决策和环境保护等);另一方面,受"凯恩斯主义"影响的国家政策渐入尾声,随之而起的是"权力下放"政策的实施。而此时,法国空间规划暨区域行动署的目标也出现了转变:进一步均衡法国各地区的发展,指导合理的经济布局,优化生活环境。

在南比利牛斯大区,这一政策主要涉及以下七个城市:阿尔比(Albi)、欧什(Auch)、卡奥尔(Cahors)、卡斯特尔(Castres)、蒙托邦(Montauban)、罗德兹(Rodez)和塔布(Tarbes)。以蒙托邦为例,其实施的中等城市政策主要包括:建造新住房、更新城市中心、美化老居民区,以及建设工业和商业区(占地100公顷,距市中心两公里)。在南比利牛斯大区,这一政策的影响力更多地表现在更新城市中心和提供必要的公共服务上,而不是创造就业机会和吸引乡村劳动力。产生这一现象的原因可能包括:中等城市的规模、产业结构(如发展缓慢的产业存在的问题,包括技术落后、资金不足、产业结构简单、交通不便、劳动力缺乏等)、发展阶段(处于快速城市化的末期)、居民的新需求,以及图卢兹的强吸引力等(图卢兹汇集的多个发展要素)。

此外,随着产业的整体转型,中等城市中的工业就业量明显下降,服务业的地位提高(表14-17)。虽然工业区的吸引力下降(在这些中等城市建立新的工业—大学区并非易事),但有几座城市逐渐发展成为典型的服务型城市(如旅游业、商业)。蒙托邦和欧什这类以第三产业为主导的城市在工业危机时期受到的负面影响相对较少。此外,在这些中等城市中,旅游业资源以及"生活品质"的优势变得更为明显(如更好的环境、更低价的住房和交通)。此外,还有一些城市受惠于与农业相关的产业(如农产品加工业、乡村旅游业)。

表 14 - 17　南比利牛斯大区中等城市就业情况(1975—1989 年)

| 城市 | 工业部门的变化(%) | 非商业服务部门的变化(%) | 商业服务部门的变化(%) | 商业部门的变化(%) |
|---|---|---|---|---|
| 阿尔比 | −27.3 | 26.3 | 43.3 | 22.8 |
| 欧什 | −4.5 | — | 45.8 | 26.5 |
| 卡奥尔 | −2.9 | 29.7 | 43.0 | — |
| 卡斯特尔 | −18.1 | 42.6 | 44.9 | — |
| 蒙托邦 | −5.5 | 37.7 | 45.7 | 36.1 |
| 罗德兹 | 8.2 | — | 52.7 | 26.3 |
| 塔布 | −25.2 | 26.4 | 36.7 | 7.9 |

资料来源:Dupuy & Gilly,1991。

　　然而,在"光辉 30 年"之后,这些城市与图卢兹的发展差距进一步拉大,这一现象被称为"图卢兹和比利牛斯沙漠"。在相当长一段时间内,图卢兹与其他地区在工业活动(例如图卢兹的化工业和航天业与卡斯特尔—马扎梅盆地的纺织业、卡尔莫和代卡泽维尔的冶金采矿业以及塔布的机电业)上的联系较为薄弱。在"平衡型大都市政策"的推动下,图卢兹的吸引力进一步强化(在过去,阿韦龙省的部分地区主要受到蒙彼利埃的吸引;热尔省的西南部和上比利牛斯省的西部则受到波城的吸引),图卢兹凭借其自身的资源,掠夺了大区内其他地区的发展机遇(Jalabert & Gilly,1993)。

　　从"光辉 30 年"后期开始,伴随着该地区工业(如卡斯特尔—马扎梅盆地的纺织业,格罗耶和米约的皮革工业以及老冶金工厂)的整体衰退,产业结构的重心逐渐由工业向服务业转移。由表 14 - 18 可看出,1975—1990 年中等城市的就业增长率仍低于图卢兹。在"中等城市政策"时期,这一差距并未缩小。为乡村人口提供就业岗位(尤其是工业就业岗位)的目标也未实现,但这些中等城市却发挥了提供公共服务的职能。另外,在同一时期,图卢兹的就业比例仍不断提高:1975 年为34.6%,1982 年为 36.2%,1986 年为 37.1%。1982 年至 1986 年,新增就业岗位中有 80.0%来自图卢兹都市区。

表 14 - 18　南比利牛斯大区各城市的就业情况(1975—1990年)

| 城市 | 1975—1982年的变化(%) | 1982—1990年的变化(%) |
|---|---|---|
| 图卢兹 | 9.66 | 12.82 |
| 阿尔比 | 0.49 | −1.38 |
| 欧什 | 3.68 | −1.67 |
| 卡奥尔 | 6.85 | −2.34 |
| 卡斯特尔 | 0.13 | 1.01 |
| 蒙托邦 | −0.24 | 4.77 |
| 罗德兹 | 6.73 | 1.22 |
| 塔布 | 2.93 | −3.62 |

资料来源:INSEE Midi-Pyrénées,1991。

　　自"光辉30年"中后期,尤其是从1972年政治权力下放以来,政府采取了多项措施来均衡各地区的发展和解决工业衰退的问题,例如建设区域性的基础设施(图 14 - 11)和出台"生产分支"的政策。

　　　　——- 创建客车服务和路标系统　　　--- 改善铁路设施

　　　　—— 规划区域级线路　　　← 国家级线路

　　　　—— 改善铁路专用线　　　▭ 乡村地区交通工程

图 14 - 11　南比利牛斯大区交通和通信设施的建设

　　然而,两极分化的趋势依然存在。法国全国统计与经济研究所的一份报告显示,在接受调查的 467 个公司办事处中,有 414 处位于图卢兹都市区。实际上,在"光辉 30 年"期间,政府很少会考虑到通过图卢兹来带动周边城市的发展。但从 90 年代起,政府开始采取一些推进区域整体发展措施,例如在阿尔比和罗德兹设立大学分校,通过建立科技区域创新中心在各省会城市发展高新科技,并进一步加强各地之间的交通联系等。在新时期,图卢兹的教育和研究资源开始向中等城市扩散,进而拉动了整个区域的创新发展。其中,南比利牛斯大区中的四个中等城市(阿尔比、蒙托邦、卡斯特尔、欧什)成为最大的受益者(尤其是在行政就业、保险和银行就业等领域),这些城市距离图卢兹不到一小时的车程。加强图卢兹与南比利牛斯大区其他城市的联系有利于提高整个区域在欧洲范围内的竞争力,也符合当前发展背景的要求。

　　此外,南比利牛斯大区的乡村劳动力转移情况也在一定程度上解释了为什么"中等城市政策"对乡村迁移人口的效果并不明显。根据 Kayser(1966)对南比利牛斯大区七个行政区域的调查,1954 年至 1964 年是乡村劳动力向中小城市转移的高峰时期;区域内迁移占绝大多数(30%,主要迁入周边中小型城市或工业区);当时迁入图卢兹的迁移人口比例低于巴黎地区;迁移人口的职业大多是中级专业技术人员、职员和工人。而中等城市政策是在"光辉 30 年"后期才开始实施的。当时,大规模的城市化进程(从乡村地区到城市地区)已渐入尾声;事实上,吸引乡村劳动力的目标已逐渐从增加就业机会转变成为周边的乡村地区提供服务。

　　从表 14-19、表 14-20 可以看出中等城市的人口迁移流向。自 1975 年起,该区域中等城市的人口持续外迁:1975 年至 1982 年的人口迁移情况表明,这一时期移民主要流向了图卢兹,这一趋势在 1982 年至 1990 年期间变得更加明显(图 14-12)。根据人口统计数据(1982—1990 年),32 岁以下(尤其是 26 岁以下)的年轻人群是从其他城市迁移到图卢兹的主要人口。同一时期,中等城市主要吸引的是追求稳定和生活质量的 33 岁以上的人群。此外,在职业构成上也有很明显的区别。从图卢兹向其他城市迁移的退休人口和管理人员的比例要远高于从其他城市迁入图卢兹的比例,并且中级专业技术人员的比例明显偏少。

表 14-19　1962 年以来的南比利牛斯大区迁移人口数

| 类　　别 | 1962—1968 | 1968—1975 | 1975—1982 | 1982—1990 | 1962—1990 |
|---|---|---|---|---|---|
| 图卢兹 | +67302 | +46190 | +1906 | +47227 | +162625 |
| 中等城市 | +34772 | +8513 | −11068 | −10592 | +21625 |
| 南比利牛斯大区的其他地区 | −10574 | +1897 | +66961 | +66456 | +124740 |

表 14-20　南比利牛斯大区人口迁入和迁出情况(1982—1990 年)

| | 与图卢兹 | | | 与法国其他城市 | | | |
|---|---|---|---|---|---|---|---|
| | 迁入 | 迁出 | 净迁移 | 迁入 | 迁出 | 净迁移 | 与巴黎 |
| 图卢兹 | — | — | — | 46796 | 30430 | 16366 | 2778 |
| 阿尔比 | 636 | 980 | −344 | 2808 | 2541 | 267 | −60 |
| 欧什 | 260 | 560 | −300 | 1464 | 1224 | 240 | −16 |
| 卡奥尔 | 244 | 476 | −232 | 1612 | 1472 | 140 | −8 |
| 卡斯特尔 | 244 | 476 | −232 | 1612 | 1472 | 140 | −8 |
| 蒙托邦 | 712 | 928 | −216 | 2708 | 2329 | 379 | −116 |
| 罗德兹 | 300 | 412 | −112 | 2052 | 2144 | −92 | −40 |
| 塔布 | 484 | 918 | −434 | 3089 | 3565 | −476 | −411 |

资料来源:INSEE,1990。

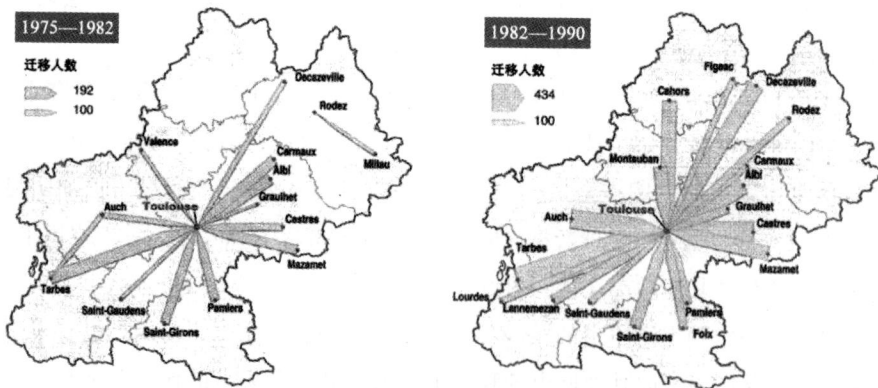

图 14-12　南比利牛斯大区城市间人口净流动量(最少 50 人)
资料来源:INSEE,1990。

在"光辉 30 年"期间,南比利牛斯大区乡村地区的政策主要包括三部分:
(1)发展农业和旅游业:规划肉类生产链、重新整理耕地、普及农业科学、建立酒店服务技术培训学校等;(2)环境保护:加大图卢兹—克莱蒙费朗的环保力度,建设国家公园和区域自然公园等;(3)修缮乡村设施:如农业灌溉系统(修建蓄水池、河堤等)、电力设施和公路等。

如表 14-21 所示,"光辉 30 年"期间,该大区大部分乡村地区的农业用地逐渐集中,加快了农业现代化的进程。此外,进入新时期后,食品加工行业成为吸纳就业人数最多的行业,航空航天业位居第二。食品加工行业的发展还满足了人们更加注重产品质量(如生物产品)和专业化生产的需求。

表 14-21 南比利牛斯大区部分省份土地整理情况

| | 阿里埃日省 | | 阿韦龙省 | | 热尔省 | | 洛特省 | |
| --- | --- | --- | --- | --- | --- | --- | --- | --- |
| | 1955 | 1970 | 1955 | 1970 | 1955 | 1970 | 1955 | 1970 |
| **农民(人数)** | | | | | | | | |
| <5 公顷 | 6800 | 1621 | 9042 | 2812 | 3636 | 2770 | 3890 | 1918 |
| 5~20 公顷 | 8390 | 4223 | 17029 | 10234 | 12139 | 5931 | 12260 | 7044 |
| 20~50 公顷 | 2135 | 2022 | 6691 | 6839 | 9772 | 8184 | 4100 | 4058 |
| 50 公顷 | 265 | 589 | 2279 | 2522 | 1018 | 2162 | 560 | 1004 |
| 总数 | 17590 | 8455 | 35041 | 22407 | 26565 | 19047 | 20810 | 14024 |
| **已开发的农业可用土地平均面积** | 10.6 | 18.9 | 17.4 | 26.4 | 18.6 | 26.8 | 14.6 | 20.5 |

资料来源:Ministre de l'agriculture (Région Midi-Pyrénées),1970。

以上加龙省为例,在"光辉 30 年"期间,农民的数量从 1955 年的 35300 人减少至 1975 年的 17500 人。由于对老年农民实行退休安置、给年轻农民发放安置津贴的政策,农民的平均年龄有所降低(1963 年,50 岁以上的农民占 70%;1975年,该比例下降至 60%)。此外,该地区食品行业逐渐占据重要地位,包括农产品生产和农产品加工业等(Arditi,1979)。

"第五个国家规划"和"第六个国家规划"政策内容的演变也体现了大区发展的进程:从关注基本生产和生活设施建设,到注重更好的生活条件、生产现代化和自然区域的保护方面。

　　"第五个国家规划"的目标是：进行水利和河流规划；使灌溉系统正常发挥作用(如加斯科尼山坡灌溉系统)；对山区实行因地制宜的改造；改善农村集体设施以留住人口；实现农业结构现代化；对年轻人和成年人进行常规培训、技术培训；鼓励耕地集中。

　　"第六个国家规划"的目标是：保护乡村地区，建造区域公园；提高树木覆盖率；建立乡村改造基金；改善乡村人口的居住条件(供应水电、建立学校等)；实现农业生产和储存设施的现代化；完善合作经济组织。

　　在"光辉30年"期间，南比利牛斯大区乡村地区的吸引力显著增强。政策的制定、实施基于南比利牛斯大区丰富的自然资源(如比利牛斯山)和文化资源(如历史名城图卢兹和阿尔比；基督教朝圣地卢尔德)。伴随着大规模的城市化进程，在此期间出台的一系列乡村规划，促进了当地农业的发展，保护了环境，并进一步改善了乡村各项设施(如乡村住宅、电力和公路)。这些措施都为该地区乡村地区产业的发展(如农产品加工业、乡村旅游业)奠定了基础(表14-22)。例如，比利牛斯国家公园致力于保护生物多样性和风景地貌；同时提供各种各样户外活动的机会，包括徒步旅行、滑雪、登山和观赏野生动物等。

表14-22　比利牛斯国家公园周边地区指定建设项目(1970年)

(单位：千法郎)

| 部　门 | 项　　目 | 总耗资 |
|---|---|---|
| 农业部 | 规划项目(水利规划、住房、公路、公园大门、滑雪台等) | 2212 |
| 设备部 | 国道 | 1700 |
| 内务部 | 省道等公共道路 | 400 |
| 总　　计 | | 4312 |

　　资料来源：DATAR，1971。

　　此外，随着居民需求(尤其是对生活条件的追求)的变化，该大区的吸引力日益增强。旅游和休闲需求的增长，促使游客数量增加，而二套房、旅馆住宿和度假场地(如冬季运动场)也开始增多(图14-13)。该趋势一直持续至今。例如，在比利牛斯山的旅游区(2003年)，旅游业创造了8300个私营部门岗位(尤其是在夏季的时候)(INSEE，2007)。在这种背景下，南比利牛斯大区已不再是一个相对落后的农业区，而是成为一个生活条件优质(天气、旅游资源、文化、环境和住房等)、吸引力十足的旅游目的地和居住地。

比利牛斯大区旅游住宿分布情况　　　　　比利牛斯大区二套住宿分布情况

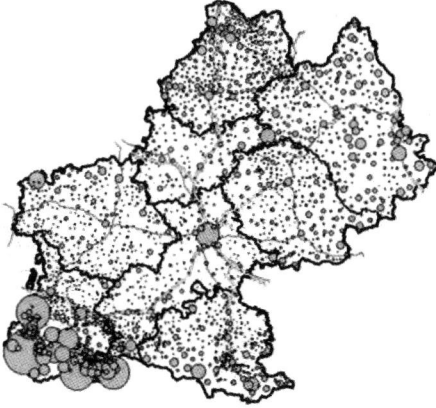

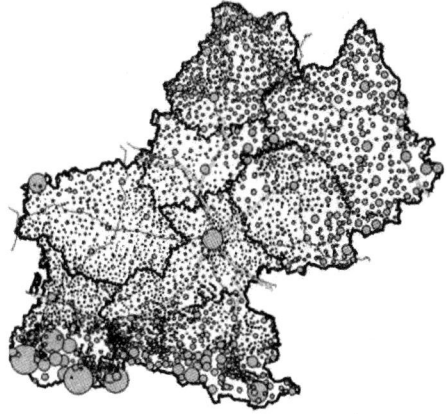

图 14-13　南比利牛斯大区旅游住宿和二套房分布情况,1998

资料来源:DATAR,INSEE,1998。

与法国的许多地区一样,南比利牛斯大区的一些较大乡村聚落自 60 年代开始出现了人口回流的现象。郊区化和逆城市化进程逐步显现(表 14-23、表 14-24)。这一趋势体现出居民对非经济因素(如生活质量因素)的偏向,这一趋势直到 21 世纪仍在继续。

表 14-23　南比利牛斯大区乡村聚落的演变情况(1954—1982 年)

| | 变化率（%/年） | | | |
| --- | --- | --- | --- | --- |
| | 1954—1962 | 1962—1968 | 1968—1975 | 1975—1982 |
| **乡镇** | | | | |
| 不到 50 人 | −2.4 | −3.4 | −2.4 | −1.5 |
| 50～99 人 | −2.1 | −2.1 | −1.7 | −0.6 |
| 100～199 人 | −1.7 | −1.5 | −1.5 | −0.2 |
| 200～499 人 | −1.2 | −0.9 | −0.9 | +0.3 |
| 500～999 人 | −0.6 | −0.3 | −0.3 | +0.7 |
| 1000～1999 人 | −0.2 | +0.5 | +0.8 | +1.1 |
| 2000 人以上 | +0.2 | +1.1 | +1.0 | +1.4 |
| 总计 | −0.9 | −0.5 | −0.4 | +0.6 |

资料来源:INSEE,1982。

表 14-24    南比利牛斯大区人口演变情况(1975—1990年)

| | 年变化率(%) | |
| --- | --- | --- |
| | 1975—1982 | 1982—1990 |
| 市中心 | −1.0 | +0.4 |
| 郊区 | +3.6 | +3.2 |
| 图卢兹城区 | +1.0 | +1.7 |

资料来源:INSEE,1990。

# 第五节    小    结

在"光辉30年"期间,南比利牛斯大区及其首府图卢兹受益颇多,并为之后的发展奠定了基础。

1. 得益于产业分散化政策。在"光辉30年"初期,南比利牛斯大区属于法国的偏远大区,产业基础较为薄弱、合格劳动力缺乏、基础设施配套不足,因此在工业分散化大幅发展的阶段,尽管有政府的引导,但其并没有成为企业转移的优选地区。大区真正的发展是在服务业分散化时期,教育、研发机构与原有的产业基础相结合,促使大区(尤其是图卢兹)逐渐成为带有鲜明地方特色的创新节点。

2. 得益于平衡型大都市政策。结合服务业的分散化行动,图卢兹作为平衡型大都市,享受到产业、基础设施、城市建设等多方面的优惠措施。图卢兹逐渐成为一个极具吸引力的大都市,吸引着周边地区及全法国的人流。由于大区所处的发展阶段,人口的迁移首先以经济为主要目的,单一向图卢兹城区集聚,后向多元化的方向发展,其中生活品质成为人口迁移重要的考量因素。而这一过程同时伴随着乡村地区就业机会增多、设施的完善,以及中小城市由城市更新所带来的生活环境优化的进程。

# 第四部分

# 总结与启示

# 第十五章 回顾与总结

　　领土整治或区域规划的出现是为了修正市场失效(例如马太效应),多国的发展经验表明,仅靠市场机制并不能缓解发展中出现的不均衡状况,政府需要通过规划、政策等手段予以引导。法国"光辉30年"期间的多数领土整治措施都是为了推动就业增长,促进区域均衡发展而实施的。而其实施后的实际成效可以看作市场和政府干预的共同产物。随着时代背景的变化(包括政治、社会和经济演变),领土整治的重点和内容也在不断变化。

　　在"光辉30年"期间,法国基本完成了快速城市化进程,从一个农业大国转变为一个现代化国家。与此同时,时代背景也发生了巨大改变:经济发展跨越国界,更加全球化;生产型社会发展为消费型社会;政治权力的下放使地方更为积极自主,人与环境和谐发展的呼声越来越高。通过前几章的回顾和分析可以发现,法国的领土整治经历过成功,也遭遇过失败;凡是收效明显、作用积极的领土整治措施,都是顺应并抓住或预见了经济社会发展变化的内在规律。正如 Armstrong 和 Taylor(1999)所说,欧盟一体化进程各阶段都受到区域政策的影响,区别只在于各阶段所采取的政策和产生影响的差异,一些规划及政策紧跟时代背景的变化,抓住和预见了某个特定阶段的决定性因素并解决了当时的一些主要问题。本章将回顾与总结法国"光辉30年"间领土整治的若干重点内容。

　　**一、法国从"差距显著、一枝独秀"到"相对均衡、一极领先"的区域发展格局变化**

　　法国"二战"后的恢复发展是从区域间差距显著的状况下起步的,法国长期存在的"三大不均衡"——巴黎与外省的不均衡,东部与西部的不均衡,城市与乡村的不均衡,在"二战"后,仍有继续扩大的趋势,这引起法国社会各界的不满和政府的高度重视。

"光辉30年"时期法国各届政府都把促进地区均衡发展作为工作的重点之一。如,1950年法国就创立了首批地区协调行动组织,在法国第二个国家规划(1954—1957年)中表现出对地区问题的关注,第三个国家规划(1958—1964年)中明确了地区发展目标和相关要求,在第四个国家规划中区域问题已经成为重要内容和实施重点等。在"光辉30年"中,伴随着法国工业化、农业现代化和快速城市化进程,在一系列旨在推动地区均衡的政策的推动下,法国的区域发展格局逐渐从"差距显著,一枝独秀"转变为"相对均衡,一极领先"的状况。

从表15-1数据的比较可以看出,"光辉30年"后,虽然巴黎地区的中心地位依然坚挺,法国东部与西部地区的不均衡也仍然存在,但差距已大为缩小,尤其是东、西部的人均可支配收入已提高,并达到巴黎水平的三分之二以上,矛盾变得不再尖锐。更重要的是,经过工业化和农业现代化的推进,西部地区的工业和服务业有了长足进步,地区间随着经济发展进程还形成了相对合理的产业分工及各具特色的优势产业,如图卢兹的航空航天业、波尔多地区的葡萄酒业等。

表15-1　法国地区间主要指标的结构变化

| | 人口(%) | | 生产总值(%) | | 人均可支配收入 | |
|---|---|---|---|---|---|---|
| | 1954 | 1972 | 1954 | 1972 | 1954 | 1972 |
| 巴黎地区 | 17.1 | 19.0 | 24.8 | 29.7 | 100.0 | 100.0 |
| 东部地区 | 44.1 | 45.0 | 45.3 | 42.5 | 65.1 | 70.1 |
| 西部地区 | 38.8 | 36.0 | 29.9 | 27.8 | 55.5 | 67.2 |

注:根据《法国经济与社会史》的数据整理。

从表15-2数据可看出"光辉30年"时期法国三大区域的产业发展及就业结构均随着工业和服务业的发展而不断调整升级,在发展中区域间的差距已大大缩小。到70年代,虽然巴黎地区的服务业、东部的工业、西部的农业仍然在本地区中占据重要地位,但这与30年前的状况已有天壤之别,这也是地区间合理分工、资源优化配置及市场选择的结果。

表 15 - 2　法国地区从业人口的三次产业结构变化(%)

| | 第一产业 | | 第二产业 | | 第三产业 | |
|---|---|---|---|---|---|---|
| | 1954 | 1975 | 1954 | 1975 | 1954 | 1975 |
| 巴黎地区 | 2.5 | 0.9 | 44.2 | 37.5 | 53.3 | 61.6 |
| 东部地区 | 22.1 | 7.9 | 42.9 | 43.6 | 35.0 | 48.5 |
| 西部地区 | 45.5 | 18.4 | 25.1 | 33.4 | 29.4 | 48.2 |

注:根据《法国经济与社会史》的数据整理。

　　综合分析法国"光辉 30 年"前后经济格局的变化,可以发现这是法国政府的领土整治措施和市场共同推动形成的结果。政府在领土整治中明确了地区均衡发展的目标,实施的措施强力促进企业从巴黎等地区向外转移,扶持企业在薄弱地区落户并发展;市场需求等经济规律推动了企业自主选择、产业发展和升级,引导了劳动力、资金等资源要素进行流动,其结果表现为薄弱地区的产业、经济得到了优先快速的发展。转移出来的乡村流动人口大部分流向巴黎等大城市和经济发达地区,薄弱地区的人均资源占有量和劳动生产率得以提升,工作和生活环境得到改善,收入水平也得以提高,地区之间的差距缩小,相对均衡的目标逐步得到实现。

　　巴黎在法国经济中的地位依然十分重要,相关指标中所占比重也并没有减少,但随着薄弱地区在法国工业化进程中的快速发展及社会条件的改善,这些地区与巴黎的矛盾已经缩小并淡化,而面对全球化形势下的国际竞争,法国也需要有一只"领头羊",因此,"相对均衡,一极领先"的发展格局成为大家都能接受的一种良好的发展状态。

### 二、巴黎的定位与发展——法国永远的议题

　　巴黎是法国的首都,政治中心、经济中心和文化中心,也是世界级的大都市。当法国一些地区还处在蛮荒之地时,巴黎作为王室所在地就已经发展兴旺起来。巴黎与法国各地的差距不仅是都市与外省的差距,更是城市与乡村的差距,这种差距长期存在。进入 20 世纪,随着工业化的推进和社会平等、民主意识的普及,社会各界对地区间差异过大的状况越加难以容忍,巴黎与外省的矛盾成为众矢之的。因此,"二战"后的法国政府针对地区发展差距所制定的各项领土整治措施在当时是顺应民意的,也是适应时代进步和社会发展的产物。

　　法国在"光辉 30 年"实施的工业和服务业分散化政策主要是以控制巴黎地区

发展,乃至于削弱巴黎地区的发展水平来缩小地区差距,这种强硬的政策在实施之初就存在不同的意见与评论。争论的焦点主要有两点:一是到底要把巴黎建成什么样的都市;二是应该采用何种政策(行政还是市场的,直接的还是间接的)来缩小巴黎地区与外省的差距。外省人认为应该减少"巴黎什么都要管,什么都管不好"的状况,巴黎人则认为巴黎的发展是历史形成的,巴黎的许多东西搬到外省难以生存和发展。随着20世纪五六十年代欧洲经济一体化以及之后的经济全球化进程,巴黎的地位、作用以及比较对象都发生了变化,人们不能再单纯地从法国内部,而是需要从欧洲乃至全世界的范围来看待和比较巴黎的地位与作用,经济全球化使得法国社会各界对巴黎的地位与发展有了新的认识。有人说,分散化政策削弱了巴黎的发展,限制了巴黎人口的增加,使巴黎与伦敦、纽约等大都市相比处于劣势地位;又有人说,分散化政策促进了法国各地区的发展,也促使巴黎的产业得以调整升级。应该说,没有法国各地区的发展,巴黎的发展和产业调整升级也难以实现。

"光辉30年"以后,巴黎地区各项指标在法国的比重并未下降,但结构已明显变化,工业从业人口比重从38.2%降到29.5%,服务业从业人口比重则从53.3%增加到61.6%。巴黎当前仍是世界级的国际大都市,是世界的文化和最重要的旅游中心之一。

世界的经济和社会情景在不断发展和变化,法国和巴黎也在发展变化着,人们对巴黎的定位和发展走向的争论还将继续下去。

### 三、经济发展、产业升级、就业增加与城市化

法国"光辉30年"时期的领土整治,其目标大多是通过推动产业转移,拉动薄弱地区经济发展和结构调整,实现就业岗位的均衡增加,进而改善法国地区的人口迁移流向并提高居民的收入水平及生活条件,来缩小地区间的差距。这种以领土整治实施的引导方式虽然引起了众多议论,但总体上达到了预期目标,也顺利推进了法国工业化和城市化进程。

"二战"以后,法国百废待兴,工业化和城市化进入了快速发展期。面对战后恢复、乡村人口大量涌入城市、各殖民地的独立以及国内对区域间发展差距的质疑等众多问题,法国政府顺应时代的要求,把经济发展放在首位,优先实施农业现代化和工业分散化政策,立足于加快薄弱地区(主要是传统农业区)的经济发展,使之跟上工业化进程。之后又通过推进服务业分散化政策,扶持薄弱地区的服务

业发展和产业结构的整体升级,在工业和服务业发展中增加新的就业岗位,进一步吸纳农业转移人口,解决好城市化进程中迁移人口最基本的生活问题。此外,积极推进法国各地区的均衡发展,引导乡村迁移人口的合理流动,避免人口大量无序地涌入大城市。

与法国推进工业化和城市化基本同时,20世纪50年代,拉丁美洲的一些国家也进入工业化和城市化阶段,但由于政府的规划指导和政策实施不力,经济发展后劲不足,地区发展不均衡,大量乡村人口涌入少数几个大城市,而这些城市又缺乏能够吸纳迁移人口的就业岗位与基础设施,因而形成了大量的城市"贫民窟"和城市贫民,继而影响了这些国家经济的进一步发展,被称为"拉美现象"。

比较法国和拉美国家的工业化与城市化进程与结果,可以看出,在这一进程中,政府的措施十分重要且必要。法国政府积极推进薄弱地区经济发展,并扶持多个增长极点逐步发展农业、工业和服务业,努力提供更多的就业机会,引导乡村迁移人口均衡流动,来达到均衡区域间发展水平、产业结构、居民生活水平普遍提升的目标,无疑是一条更优化的路径。

城市化是以城市为主导进行生产要素空间再配置的历史进程,在这一过程中,如何引导资源、资本、人员在地区间进行合理流动与配置,达到经济发展水平与居民生活水平的相对均衡,是顺利实现城市化的最重要内容。

**四、城市化进程和人口迁移流向的演变**

城市化是农民逐步转变成市民的历史过程。法国"光辉30年"也是法国城市化快速推进的30年。这一时期,法国的城市化水平从1946年的53.2%上升到1974年的72.9%,约有1300万人从乡村流入城市。总体回顾,法国的城市化进程较为顺利,成效也颇为显著。

人口迁移的目标历来都是为了追求更美好的生活。在城市化进程中,人们迁移最初是为了生存而寻找就业机会和更高的收入,纷纷涌入能提供更多、更好就业岗位的大城市和经济发达地区;当原来的薄弱地区发展起来,能提供更多就业岗位时,人口迁移的流向就变得分散而均衡;而当基本生活有了保障,人们为提高生活质量而迁移时,则因其追求目标的分异,人口迁移呈现多元化的趋势。

法国"光辉30年"的城市化进程中,人们的迁移流向充分体现出上述规律。在"光辉30年"初期,人们主要流向巴黎和东部地区寻找就业机会;后来在全国各地都可以找到工作时,不少人便开始选择就近、就地工作。而随着生活水平的普遍提高,追求生活质量成为人们的主要目的。在此时原先较为落后的法国乡村、山区和沿海地区的生活条件已大为改善。法国人的迁移目标开始从以经济为目标(工作、收入等)逐步转向同时看重非经济因素(如生态环境、悠闲生活以及爱好兴趣等),人口迁移的目的地也由主要去特大城市和大城市转向规模较小的城市及乡村地区。这种需求变化使人口迁移流向更加多元和分散,也给不同发展水平的地区和不同规模的城市提供了新的发展机遇。

城市化进程中的人口迁移是有客观规律的,政府应该审时度势,适应人们在不同时期的需求,改善外部环境,促进经济发展,创造条件引导人口均衡合理流动,使城市化有序推进。法国政府在快速城市化时期制定了一系列领土整治措施,是符合法国当时城市化发展要求的。从制定促进区域均衡发展的领土整治措施,实施工业分散化、服务业分散化等政策,到设立平衡型大都市,在人口迁移集聚区建立社会住宅区和建设新城,再到改善乡村、山区、沿海等地的设施条件等,都是根据人们的需求,适时制定和采取的策略。这些领土整治措施保证了法国城市化的顺利推进,也是法国在实现现代化进程中留下的宝贵经验。

### 五、乡村的发展及其功能变化

乡村是城市化进程中重要的一极。在城市化进程中,农业在经济中的比重逐步降低,大量农民脱离农业、离开乡村、进入城市,从事工业和服务业,成为市民,而一些原先的乡村地区也变成了城市地区,这是经济社会发展的客观趋势。但乡村绝不是被人们遗弃的落后地区,而是在资源重新配置后一个欣欣向荣的区域,一个不断被发现具有新功能的地区。

在城市化进程中,乡村地区的经济发展与基础设施建设是一个必须引起高度重视的问题。农业一直是乡村地区最主要、最传统的产业,不管农业在经济中所占比重如何,它都是国民经济中不可或缺的基础性产业。农业产品也是人们生活中不可替代的必需品,是经济发展、社会稳定的重要保证。工业化、城市化与农业现代化密不可分、相辅相成。把传统小农经济的农业改造成适应现代市场和需求的农业产业是一项相当复杂,而又必须由政府扶持的工程。如推行农业机械化、推广良种、因地制宜实行生产专业化、建立现代农业生产经营服务体系、提高农业的科技水平、培养新的高素质的农业生产经营人才,等等,都是长期又十分重要的工作。要建设完善乡村地区的基础设施,同样是一件艰巨的工程。相比城市,乡村地域广阔,但交通水利等生产设施,供水、电、气等生活设施较落后缺乏,建设完善这些必要的基础设施,让乡村居民享有与城市居民相似的生活条件,是城市化发展的结果和现代社会公民的基本权益,而要达到这样的结果,没有政府的规划、投入和努力是不可能实现的。

现代化农业的发展,乡村基础设施的完善以及城乡居民生活水平的提高,使乡村产生了新的功能,乡村从农产品提供地成为多种产业发展地;众多城市居民怀着对家乡或乡村的怀念,向往农业的自然属性,向往乡村的自然环境和乡土文化,纷纷去乡村休闲、旅游、养老,甚至购置土地、住房,去乡村就业、创业和定居,乡村又成为经济发展的新亮点及人口迁移的新目标。

人们在长期实践中发现,人与自然的关系远比原先想象的要重要和复杂得多。人们在改造自然界时,既接收了自然界的馈赠,又会因索取不当受到自然界的惩罚。人们也逐步意识到,人类对自然界的改造和索取不是无限度的,必须尊重大自然的规律。因此,设立保护区、国家公园、地区自然公园、森林公园等区域,是尊重自然界发展的客观要求,也是保护人类生存,实现人类与自然界万物和谐发展的必要选择。

回顾法国政府在快速城市化进程中对乡村地区的经济发展与建设所采取的种种措施,应该说这一时期的领土整治是基本成功的。"光辉 30 年"以后,法国原有的小农业经济被改造成为现代化农业,法国仍是欧洲乃至世界上的农业大国,尤其是在奶制品和葡萄酒方面占据了重要地位。法国乡村的各种基础条件大为改善,交通便利、环境优美的法国乡村地区,已成为世界各国人们旅游、休闲、养老、置业的新目标。而法国在各地设立的保护区、国家公园乃至普遍强调的生态和文化保护理念,使法国继续成为世界上重要的生态国家和文化大国。

### 六、存在的若干争论

"光辉 30 年"是法国历史上经济、社会发展最快的时期,也是法国城市化快速推进的时期。经过这 30 年的发展,法国顺利地完成了工业化和城市化进程,成为一个现代化的发达国家。"光辉 30 年"期间法国政府所制定及采取的领土整治措施是符合法国的发展实际和人们要求的,总体而言卓有成效。但是,不少领土整治措施从制定到实施,都存在争议,不少争议直至今日也没有明确的结论或统一的认识。应该认识到,争论也是历史的重要组成部分。法国社会各界对"光辉 30 年"时期的领土整治的制定和实施的争论主要包括以下几个方面:

1.国家制定的措施应该是指导性的,还是干预性的? 政府应在国家经济发展中扮演何种角色?

2. 法国的分散化政策从削弱巴黎的发展势头和发展水平开始,追求区域均衡发展一定要削弱巴黎吗?

3. 分散化政策所采取的对于巴黎地区企业的控制审批的方式,以及对外省企业发展给予补贴的方式是不是固化且无益的?

4. "光辉30年"时期为解决大量迁移人口在城市居住,法国建立的一些社会住宅聚集区,有些在多年后变为"贫穷区"、"问题区"和"移民区",相应产生了许多社会问题,成为当今法国社会的一个"痛点"。在快速城市化时期,需要如何规划以及安置大量迁移人口对住宅的需求,并避免产生民族、文化、贫富等社会问题?

5. 如何在提升中、小城市生活环境的同时,强化整个区域城市体系的协调发展和竞争力,避免大都市周边"灯下黑"的结果?

6. 如何促进相对落后地区自身产业的创新、集聚发展,而非成为单纯的产业转移接受地?

# 第十六章　对中国的启示

　　世界银行于 1997 年发表的报告称,各国政府应承担以下五项基本任务:
(1) 构建法律基础;(2) 保持稳定的政策环境(即维持宏观经济的稳定);(3) 投资
基本社会服务和基础设施;(4) 保护弱势群体;(5) 保护自然环境。本章的问题
是:对于已经进入快速城市化阶段的中国,政府在制定区域规划和实施相关政策
时要注意些什么? 可以从法国"光辉 30 年"的经验和教训中学习些什么? 这才是
我们关注和研究法国"光辉 30 年"期间所制定的领土整治措施的重点。

　　领土整治在空间反映的是社会和经济情况,也有一些学者(如,H. Lefebvre)
认为"空间也具有政治性"。而 Laclau 和 Mouffe(1981)则提出:经济是政治角逐
的舞台;决定角逐规则的已不是简单的逻辑,而是特殊社会权利的结合。在本书
研究的历史时期内,领土整治的演变伴随着社会和经济背景,以及人们需求的变
化而变化,政府的职能也随之不断调整。一方面,更多人拥有了"话语权",领土整
治已成为"自上而下"的管理和"自下而上"的诉求相互作用的产物;另一方面,某
些政策的执行受到了市场机制的强烈影响,因而产生的结果与领土整治的最初目
的不尽相同。应该认识到,空间布局受到经济和社会发展的要求及政府干预(经
济和政治力量)的双重影响。在这一过程中,政府的职能不断改变,由直接干预逐
渐向间接管理的方向过渡。

　　1949 年新中国成立后,中国实行了大约 30 年的"计划经济"。改革开放以
来,市场经济体系逐步确立并不断得到完善,"市场导向"因素发挥着越来越大的
作用。但时至今日,中国"政府导向"因素的影响仍很强大,不过,地方政府如今拥
有了更多的主动权,这在一定程度上影响了各地的城市发展和城市化进程。许多
研究表明,中国促进和维持经济发展的主要动力来自地方政府的"竞争驱动"。因

此,"政府在快速城市化时期应该注意什么？主要的任务是什么？"成为中国各级政府都应关注的一个重要课题。而法国"光辉30年"期间领土整治的经验和教训可以对中国有以下启示。

**一、均衡发展是区域规划及政策的主要目标；城市化快速发展阶段是实现目标的重要机遇期**

任何一个大国,其国内各地区因自然状况、资源禀赋、区位条件等各种因素不同,经济社会的发展水平也必然不均衡。而在现代国家,追求平等的待遇、相同的生存条件是所有公民的基本权益,也是政府必须完成的重要任务。因此,政府在制定区域规划及政策时,出于经济、安全,尤其是政治上的考虑,必然要把推进地区均衡发展作为区域规划及政策的主要目标和内容。

地区发展不均衡的现象长期存在,要实现地区间均衡发展的任务漫长且艰巨。纵观世界上基本实现地区发展相对均衡的国家,都是抓住了工业化和城市化发展这个机遇,采取了正确的对策和措施而得以完成。法国就是一个典型案例。在工业化和城市化快速推进阶段,现代工业生产的模式突破了自然条件和资源区位的限制,企业可在更大范围的地区设厂生产;从乡村迁移出来的大量人口寻找就业岗位,并流向大城市和经济发达地区,为各种生产要素重新组合提供了新的机遇。在这个阶段,只要政府抓住机遇制定科学的区域规划及相关政策,采取切实可行的措施,就可以较好地实现地区间均衡发展,并顺利推进工业化和城市化进程。

实现"均衡发展"是法国"光辉30年"自始至终的目标。但是其着重点由最初的削弱巴黎的垄断地位逐步转向支持山区等薄弱地区的保护和发展方面。同时,"均衡发展"的含义也在发展和调整,其重心由追求法国各地区的经济发展和就业均衡,转向改善法国各地区生产生活条件和实现地区多样化及特色的均衡方面。这种转变不仅改变了人口的流向,也满足了人们不断变化的需求。这一变革反映出在城市化阶段随着产业发展和人们生活水平提高所发生的客观要求。此外,政府以"均衡发展"为目标所采取的手段也发生了变化:由出于经济发展考虑而大力推行产业转移转变为关注薄弱地区、改善公共服务和设施及环境空间,包括基础设施、公共服务、文化和自然资源等。这一重心的转变与城市化进程相一致(如由侧重就业转向更多元化的追求),同时与社会经济发展相协调(如传统工业向新兴工业和服务业转变;福特主义生产方式向新福特主义转变等)。

实践证明,区域规划和政策还应考虑在政府与市场之间,在"自上而下"的管理与"自下而上"的诉求之间取得均衡,逐步完善规划的制定程序和方式。其中公共部门可通过劳动力市场的自我调整发挥作用(Charney,1993)。在法国,随着政治权力分散和公众参与意识的不断增强,这一趋势逐渐明显。如表16-1所示,实施"均衡发展"的领土整治措施是以地方自主性的不断增加为背景的。中央政府"均衡发展"的目标必须适应日益增长的地方需求。在"光辉30年"期间,中央政府的职能逐渐改变,逐步减少对地方经济活动的直接控制。这一时期后,即自20世纪80年代起,某些管理权力被进一步下放到地方,如地方城市规划的筹备审批权和颁发施工许可的权力。但是,无序的地方发展也随之出现,并表现为在一定程度上无视国家利益,只追求短期的地方利益的行为。此后,法国中央政府意识到必须对领土整治中"均衡发展"的模式加以调整。在90年代,法国中央政府在新的模式重点关注一些具有深远影响的领域,涵盖高等教育和研究、文化设施、信息和通信、医疗保障、客运和货运交通、能源、体育设施和自然保护区等方面。

表16-1　"光辉30年"间法国主要领土整治活动和政治权力分散化进程

| 主要领土整治活动 | 年份 | 政治权力分散 | 年份 |
|---|---|---|---|
| 工业自巴黎向外分散 | 1955年— | 22个区域项目 | 1956年 |
| 服务业自巴黎向外分散 | 1958年— | | |
| 乡村行动方案特区 | 1960年— | 区域和农村规划公司 | 1960年 |
| 国家公园<br>地区自然公园 | 1963年—<br>1966年— | 规划部际委员会 | 60年代 |
| 平衡型大都市政策 | 1964年— | 设备现代化发展计划 | 1965年 |
| 新城政策 | 1965年— | 大城市发展指导纲要 | 1967年 |
| 乡村整治规划 | 1970年— | 社区级乡村整治规划(基于《土地指导法》) | 1967年 |
| 中等城市政策 | 1972年— | 国家、中等及小城市之间的合约途径 | 70年代 |
| 小城市政策 | 1975年— | | |

　　政府职能发生转变,即政府不再直接干预市场发展,而是作为防止市场失灵的一种补充手段发挥作用。这一演变过程也反映出市场与政府之间的进一步协调,后者是以管治思想的转变为背景,即由凯恩斯主义向新自由主义过渡。因此,在法国,政府干预的范围扩大至其他领域(包括环境保护、公共设施建设和发展薄

弱地区)，而不再局限于单一的经济领域，这一特点在中央政府的干预过程中显得尤为明显。

在中国，自 1949 年新中国成立以来，中国政府就一直致力于地区间的均衡发展。中国主要在两个时期实施了"均衡发展"战略：(1) 三线建设时期：1964—1978 年，以保障国家安全防范战争为目的，将沿海工业企业迁往内陆地区；(2) 90 年代后期至今，中国的区域发展战略从东部地区优先逐步演变到地区均衡发展，并制定了多个发展中西部地区的区域规划。1978 年中国实行改革开放政策，提出了"东部优先"和"一部分地区先富起来"的发展战略。在这 20 年间，中国的东部与中西部地区间的差距日益明显。进入 21 世纪，中国的城市化进入快速发展阶段。与法国"光辉 30 年"早期的情形相似，中国有 2 亿多脱离乡村的迁移人口，大量人口涌入东部沿海城市寻求发展机遇，这种迁移主要出于就业等经济目的。伴随着人口的流动，资本、技术和信息等其他经济要素也进一步向东部地区集聚。尽管中国的整体经济水平已有所提高，但"马太效应"进一步加剧了区域的不均衡。在此背景下，自 90 年代后期起，中央政府开始关注东部以外的区域(即东北、中部和西部地区)以及乡村地区的发展。中国政府陆续提出"振兴东北"、"中部崛起"、"西部大开发"等一系列推进区域均衡发展的战略及规划。实施"均衡发展"战略的意义不仅在于解决不同地区之间经济不均衡的问题，也是出于解决一系列社会问题的迫切需要，如城市住房供应不足和人口分布不均，以农民工为代表的流动人口的收入水平和社会福利等问题。为实现"均衡发展"，中央政府着手发展"城市群"，批准了关于建设一批大中型城市群的区域规划，并大力建设高铁、电信等公共设施，着重改善西部地区的基础条件。正如 Charney(1993)指出，公共投资有助于增加就业机会和人力资源，从而推动区域发展，还有助于解除限制发展的容量约束或扩充容量。

自 1994 年中国实行分税制改革以来，地方政府的自主性大幅提高。许多地方政府急于改变地区面貌而又财力不足，过分关注土地经济、招商引资等能够迅速带来财政收入的发展方式，对公共服务投入的整体水平有限且不均衡，而且这一趋势仍在持续，这种状况引发了一系列经济和社会问题。尽管受到发展阶段的限制(处于经济发展的初期阶段)和地方政府主动性增加的影响，"政府导向"因素中的一些弊病在中国仍非常突出，政府的工作重心需要纳入新的内容，中央政府应为地区的规划目标制定和执行提出强制性要求及指导。

与法国在推进区域均衡发展时所积极推行的分散化政策不同,中国因地域广阔,差距悬殊,中央政府在制定了促进均衡发展的区域规划及政策后,往往是由地方政府与中央政府协调制定相关的实施政策和措施。这样的好处是各地可根据本地的特点和需求争取最优的政策,不利之处是没有全国统一地推进政策,失去了各地区的发展重点。

根据法国的经验,在城市化快速推进时期,中央政府必须明确均衡发展的目标并采取有力措施,同时也需随着形势变化而调整工作重点。虽然为实现经济均衡发展而调整经济布局是当务之急(尤其是对初期寻找就业机会的人群而言),同时也要关注公共服务(如教育、医疗保障、文化、社会住房等)、公共设施(如交通和通信),以及自然和文化资源(如环境等),因为这些是未来新一轮"均衡发展"的关键因素,只有不仅关注经济发展,也同时关注生活质量,才能保障长期的生命力。生活质量已成为重要的发展因素,因为它能够吸引对高科技和知识经济至关重要的优质劳动力。需要关注的是,无论时代背景如何变化,某些关键任务不能改变。无论政治分权如何发展以及市场产生怎样的影响,政府都必须协调资源并处理好公共服务、公共设施建设和资源保护之间的关系。

**二、就业与住宅,城市化快速发展时期应重点解决和引导的问题**

在快速城市化时期,大量的人口从农村向城市迁移是其最主要的特征。迁移人口首先最需要最关注的是就业机会和住房等基本的生活保障。这是生存和落脚的基本条件,也决定了人口的迁移流向和速度。之后,随着社会和经济的发展,人们又有了新的需求,如更好的工作条件、更好的生活环境,等等。在此背景下,良好的自然环境和文化资源、完善的公共服务等与生活质量相关因素的重要性比第一阶段更为突出。经济因素和生活质量因素(包括公共部门的某些措施)由此会同时对人口迁移产生决定性作用。

在"光辉30年"时期,法国政府在积极解决就业和住宅的同时也努力引导人口迁移流向,消除地区发展不均衡的问题。主要有两种途径:(1)推动就业岗位从发达地区(以巴黎为代表)向欠发达地区分散,并支持产业转型地区的发展;(2)进一步推动平衡型大都市、新城和中小城市的城市体系发展,在法国的一些大型都市区(如巴黎、里昂和马赛等),由政府组织大规模建设社会住宅聚集区以及规划建设新城,均衡城市的空间结构。在"光辉30年"间,法国的主要领土整治活动与人口迁移流向的变化见表16-2。

表 16-2 "光辉 30 年"期间法国主要领土整治活动和人口迁移方向变化

| 主要领土整治活动 | 年份 | 人口迁移方向 | 年份 |
|---|---|---|---|
| 工业自巴黎向外分散 | 1955 年— | 巴黎及东部地区的大城市(如里昂、马赛) | 50 年代—60 年代初 |
| 转型区 | 1956 年— | | |
| 服务业自巴黎向外分散 | 1958 年— | | |
| 平衡型大都市政策 | 1964 年— | 巴黎及东部或西部地区的大城市(如波尔多、图卢兹) | 60 年代 |
| 新城政策 | 1965 年— | | |
| 中等城市政策 | 1972 年— | 巴黎、不同规模的城市及乡村地区 | 60 年代末起 |
| 小城市政策 | 1975 年— | | |

　　随着法国地区间的均衡发展,人口的流向也在一定程度上变得更为多样化,从大批涌入巴黎转为向其他大城市迁移,随后又向中小型城市和乡村地区迁移;由迁入法国东部地区转为流向其他更多的地方,如沿海地区和山区。这种人口迁移方向的改变与社会和经济发展有关,并受到消费需求变化的影响。而此时,法国的就业岗位在地区间已呈现均衡状态且变得多样化,住宅也在维持一定数量的社会住宅的基础上,基本由市场根据需求来解决。

　　但法国在这期间还是出现了一些问题。产业工人的分散化使就业产生了新一轮的不均衡,生产制造区域和研发管理中心的分离以及不同区域内就业层次不均衡等问题随之产生。除了这些不均衡问题之外,新出现的问题还包括:对中小企业的关注不足和产业集群发展势头的减弱、社会住宅区(大型居民区)内出现社会隔离间距,以及重视大城市而忽视建立相互联系的城市群等。举例说,受巴黎生产成本日益增加和福特主义生产方式的影响,企业在执行工业分散化政策时还是受市场的影响,在一定程度上将生产制造区和研发管理区分隔开来。而政府对大企业的支持进一步强化了这一结果,并且在一定程度上制约了产业集群的形成。这些问题是在发展过程中新出现的,原先规划并未预料。

　　中国已进入了城市化快速发展阶段,由于区域间发展水平不均衡,流动人口大量由中西部向东部沿海地区迁移(特别是从 90 年代开始)。人口的外迁主要是以追逐就业机会等经济因素为目的,在中国的各类城市中,大型和特大型城市仍然是他们的首选。但是中国的管理体制与法国相比有两大差异,这些差异增加了移民在城市定居以及农业增产中的难度：(1) 户口登记制度，这个制度将人口划分为城市居民和农村居民，引发了城乡地区之间，以及有城市户口的城市居民和没有城市户口的外来移民之间在公共福利上（如医疗保险、养老保险、基础教育和保障房申请资格等）的不平等，造成农村流动人口落户城市困难；(2) 土地所有权制度：农民对农村土地只享有使用权，没有完善的土地市场可以交易土地的相关权益，导致农民无力承担在城市定居的高昂成本。城市居民被禁止在农村买房买地，而农民拿到城镇户籍必须放弃原有土地使用权。

　　在这一背景下，当今中国面临着下面几大问题：(1) 移民的不断涌入给大城市，尤其是给东部沿海地区的大型和特大型城市造成了诸多难题，如保障房、医疗、教育等设施紧缺；外来居民尤其是农村流动人口享受不到公共福利而无法在城市落脚。(2) 农村流动人口在城市难以落户定居，同时也无法处理在乡村的土地、房屋等财产，最终成为漂泊中的群体。(3) 中西部地区近年来的交通等基础条件已得到改善，但法制环境、思想意识、人员素质还有待提高，产业的转移和发展还较缓慢，东西部的差距仍在扩大。(4) 中西部的中小城市由于缺少产业，缺少就业机会以及城市设施不完善，对本地农村流动人口，尤其是年轻人缺少吸引力。

　　借鉴法国的经验，发展中国东部沿海地区以外的城市群，帮助这些城市改善硬软件环境，促进企业落户和发展，就可以在一定程度上均衡中国的整体经济态势，从而使人口流动趋于均衡。但是欠发达地区不仅要依靠从发达地区迁入的工业企业来实现发展，更必须鼓励本地区的企业创新发展并组建具有自身特色的经济产业集群，包括建立或迁入一些教育研究机构及相关的第三产业。建立产业集群显然要比依靠节约成本和商业依存关系能带来更大的利益。根据新古典经济学理论，科技和知识的进步是促使区域发展的决定性动力。而集群政策的成功，取决于在国家和超国家层面（而不仅是区域层面）扩大政策涵盖范围（而非局限于本地经济）以及拓宽体制背景。此外，政府还应当在注重扶持中小企业的同时，促进知识和科技能力的发展。

　　需要指出，转移服务业和教育资源时最好能结合具有本地特色的产业集群。尽管大部分迁移人口都是以寻求就业机会为目的，但他们所寻找的职业正逐渐变化，例如，从工业领域转向服务业。而不同门类行业创造就业同时取决于城市的不同发展水平和优势。例如，信息和研究机构以及企业总部等通常会设立在特大型城市或大型城市中;而更为常见的服务业类别(如银行、保险公司、企业的常规管理部门、艺术机构等)则可能选择相对较小规模的城市。这也是一种市场化选择的结果。

在快速城市化阶段,不但要关注在城市中创造就业机会,也要关注社会福利(如保障性住房、医疗保障和教育机会等)和居住环境(如自然环境、文化环境等)。例如,要为农村流动人口在城市定居创造条件,首先需解决好居住问题。使部分农村流动人口定居成为城市市民,不仅是城市化的必然结果,也是实现中国区域均衡发展的必要条件。当地政府需要为他们提供必要的居住条件,中央政府和相关企业也应当为他们的定居承担一定成本。而流动人口的需求也会发生变化,初期只是为了找到工作和追求一些基本的生活设施,到后期则会关注更好的生活条件。而中国的农村流动人口作为理性的个体,也是综合考虑迁入不同类别城市生活所要支付的成本、就业机会和能享受到的公共资源。对人口流动的现象已不能再像以往那样一概而论。

在以就业为目的的阶段之后,人口流动的原因会变得更加多元(包括就业,更好的气候和生活环境、文化、教育资源、低廉的生活成本等因素)。提升居民生活质量和城市自身特色(如公共服务、环境保护、文化建设等)可能成为新时期吸引流动人口的另一个途径,对中小城市来说尤其如此。到此时,中国的城市化进程已基本完成,地区间的发展也会更为均衡。

**三、大城市在不断变化的社会背景下需要保持自身特色和活力**

随着城市化的发展和经济全球化的推进,大城市变得更加重要。而"大而全"的发展模式也逐渐会被多中心结构和注重特色的发展模式所取代。

在法国,巴黎的城市发展经历了一个转型过程。第一阶段:"二战"之后至50年代,大量人口涌入巴黎,巴黎进一步扩张;第二阶段:50年代至60年代后,法国政府实施分散化政策,巴黎地区的工业和服务业向其他地区分散(包括就业分散),在周边地区(即优先城市化区)建设住房和交通设施(图16-1);第三阶段:60年代后期开始,巴黎地区实施新一轮有组织的扩张(建设新城区和新增长极,如拉德芳斯),以及保护公共休闲绿地等(图16-2);第四阶段:70年代起采取多中心结构的发展模式(图16-3),在巴黎地区建立不同规模的城市,这些城市大多具有特色产业,统筹着巴黎盆地的整体发展。巴黎地区发展的主要目标从分散就业和解决住房问题,转变为创建新的增长极(新城区建设)和保护巴黎地区内的绿化空间,继而演变为促进区域统筹发展和强化巴黎自身特色,着重发展服务业,构建文化和教育中心等。

图 16-1 巴黎的城市建设(1950—1965 年)
资料来源:Atlas de Paris et de la region parisienne,1967。

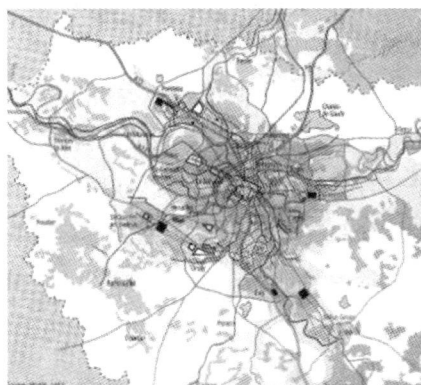

图 16-2 巴黎大区国土开发与城市规划
　　　　指导纲要(1965 年)
资料来源:Saint-Julien,1997。

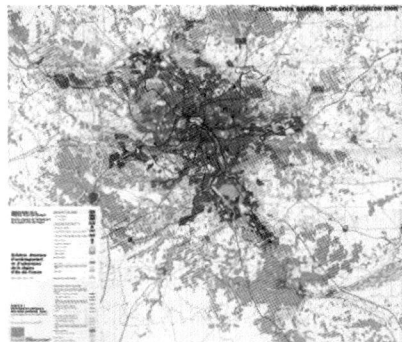

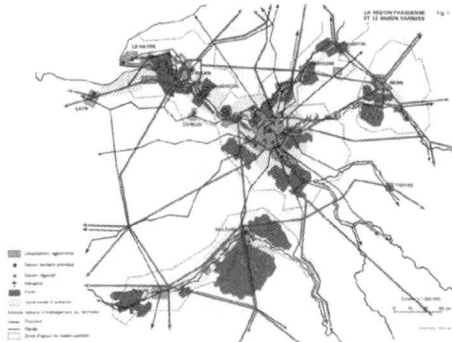

图 16-3 巴黎大区国土开发与城市规划指导纲要

　　巴黎地区的发展转型过程遵循着不同发展阶段的经济需求及政治诉求,起初是由于特大城市成本上升等原因而需要进行产业结构调整和产业转移,后来转变为需要实现区域均衡发展(如同时发展新兴产业和教育、研究机构等)和增强巴黎地区在全欧洲(甚至全世界)的竞争力。但由于不同阶段社会环境和人们观念的变化,巴黎的区域规划也出现了一些自相矛盾的情况,例如,在巴黎地区之外实施工业分散化与在巴黎地区的新城实施(更为有序的)工业扩张之间的矛盾;服务业分散化与在新的社会背景下集聚特定经济和文化资源(更关注发展本地特色)之间的矛盾。这种矛盾说明巴黎地区在一定程度上伴随着时代背景的变化而推行多中心结构的发展模式,并意图提升自身的竞争力。然而,巴黎盆地统筹发展的目标最终未能完全实现。自政治权力下放后,地方各自为政,各有所需,想要达成一致意见变得更为困难。

在领土整治的指导下,法国的一些区域型大城市成功发展了具有地方特色的产业。正是这些地方特色使它们得以在欧洲(甚至在世界范围内)确立了自身的地位,比如大学城(图卢兹、格勒诺布尔和蒙彼利埃等)、特色工业城市(如雷恩市的电信和汽车工业、图卢兹的航天工业等)、文化或自然资源为特征的城市(如东部靠近山区的城市或南部的沿海地区)等。这些成就在一定程度上依赖于"光辉30年"期间政府的支持,比如政府在这些城市推行的工业和服务业分散化行动。尽管有人批评服务业的分散化政策有损巴黎的地位,但是政府的某些举措还是顺应了市场的需求(如银行业、保险业等),并且与当地的经济基础紧密结合起来,例如高等院校和研究机构的迁移与具有地方特色的本地产业紧密结合,创建了"科技产业集群",等等。

在中国,大型或特大型城市在近几十年迅速增多,吸引了数量可观的外来流动人口。与某些内陆大都市相比,东部地区的大城市能提供更多的就业机会,因此对外来移民的吸引力更大。然而这些城市的发展是以大量消耗资源(土地、水和空气质量等)为代价的。不少城市的发展已达到资源利用和环境容量饱和的状态。根据法国的经验,虽然这些大城市发展迅速,但是对这些城市的发展还是需要采用区域"统筹发展"的理念加以调整。也就是说,我们应该适应城市化发展的要求,改变城市扩张的模式。从巴黎地区的发展进程看,工业和服务业的转移符合经济结构转型和大城市资源合理配置及环境优化的要求:一大批生产制造企业从中心城市迁移到了市郊或其他城市。而这种控制巴黎一枝独秀的举措(如服务业和管理部门的分散),虽然在一定程度上削弱了巴黎某些产业在欧洲(甚至全球)的竞争力,但为巴黎的发展赢得了更广阔的空间,而巴黎原先的大城市功能依然存在,巴黎的投资、生活环境得到优化,并突出了巴黎教育、文化、旅游的中心地位,持续吸引着各类经济要素的流入。例如在"光辉30年"期间,越来越多的世界500强公司仍将其总部设在巴黎。这说明,应该摒弃"大而全"的发展模式,把一些产业和工作转移出去,扩大发展的空间与腹地,充分发挥城市自身的功能与特色产业,这才应该是快速城市化发展阶段大城市发展和转型的基本思路。

　　根据法国国土规划和发展部跨部门委员会（CIADT）2003 年发布的一份报告，为促进大城市发展而提出的议案强调了几大领域：经济领域（如企业总部、大型展会、物流活动等）；高等教育和科研领域；文化艺术领域；创建公共决策机构（加强大都市的公共决策能力）；以及大都市便利的对外联系等（包括促进法国与欧洲之间的联系）。然而目前我们还应该强调的是：多中心发展模式优于外延扩张，加强发展具有明显地方特色的优势产业（如巴黎的时尚行业、教育和科研资源，图卢兹的航天工业，以及文化艺术活动等）优于"大而全"的发展模式。

　　除此之外，在推进大城市经济发展的同时，必须着力解决好社会和环境问题。在巴黎地区，这类问题仍然存在：例如社会保障房的集聚（为缓解人口拥挤而在城市周边地区大规模建造住宅区）造成了社会隔离；职住空间分隔过远加上交通不便，局限了区域多中心发展的成效；不同的新城之间出现了明显的生活条件差异（如公共服务、交通、安保等）。根据新出台的 2012 年巴黎大区总体规划，解决上述问题依然是当务之急，包括改善交通、保护自然环境和文化资源、更新老城区等。除了市场影响之外，大城市的政府还应该为创造良好的城市发展条件继续关注以下领域：建设便捷的交通体系，保护自然资源和文化资源，均衡分配公共服务资源（如教育、医疗和社会保障房等）。

### 四、保持区域均衡的城市群发展途径

　　规划并建设平衡型大都市是法国"光辉 30 年"领土整治的一个亮点，之后伴随着以平衡型大都市为核心的城市群的发展，法国已由首位度相当高的"单中心多核"结构向"多中心网络"结构转变（图 16 - 4）。随着交通和通信等基础设施的建设，城市之间的沟通变得越来越方便。理想的状况是，城市之间的合作可以进一步提高整个城市群的发展；每个城市均能很好地结合地方特色，在城市群中发挥各自功能。

　　以巴黎地区为例，在"光辉 30 年"期间，其经历了几个发展阶段：（1）企业（特别是工业企业）转移和控制无序扩张；（2）在巴黎大区建设新城和新区，推进有序扩张；（3）关注巴黎地区与巴黎盆地各城市之间的合作。一方面，在巴黎盆地，大部分流动人口仍受到巴黎大区的吸引，巴黎大区西部和东部地区的发展失衡，在一定程度上与巴黎大区整体的经济布局有关（即西部为商业区，东北部为工业区）。但是，随着交通设施的完善和服务业（特别是教育资源）的分散，某些领域在城市群中发展较快，例如教育和科研实现了网络化，区域旅游业得到整合发展等。

图 16-4　法国城市的吸引力(1979—1980 年)
资料来源：INSEE；Pumain & Saint-Julien，1990。

在法国，虽然政治权力已经逐步地方化，但在强调"区域竞争力"的时代背景下，有关巴黎盆地整体发展的建议和讨论至今仍在持续。另一方面，在"光辉 30 年"期间，为了均衡巴黎的垄断地位，平衡型大都市得到了政府的强力支持(侧重大城市)。60 年代开始规划由这些平衡型大都市形成的城市群，例如，里昂—圣埃蒂安—格勒诺布尔城市群、马赛—埃克斯城市群等，几乎都是与巴黎大区的空间结构调整同时出现的。以平衡型大都市为极点而形成多个城市群，这些城市群的出现使得法国的区域发展更为均衡。

尽管在某些平衡型大都市(如里昂、马赛)为节点构建的城市群中建设了新城，但中小型城市直到 70 年代才开始受到重视。此时，政府的关注重点逐渐从巴黎地区，转向平衡型大都市(大城市)，再转向中小城市。但是，这种阶段性的政策实施产生了几种后果，例如某些地区(南比利牛斯大区、诺尔省)大城市的垄断状况比较严重(图 16-5)；巴黎盆地各城市之间的合作效率降低；一些城市依然在剥夺其他城市的发展资源(资本、人才等)，导致在交通、信息等设施改善之后仍未能提高城市群或大区的整体发展水平。另一方面，由于"自下而上"的需求，在不同发展阶段人口流动的目的发生了变化。在快速城市化时期（尤其是在初期和中期阶段），人口迁入大城市（特别是巴黎和平衡型大城市）的主要目的是就业。在"光辉30年"后期，涉及中小城市的规划开始实施，然而在这些城市创造就业机会在短期内并不成功，这也与城市化的发展阶段相一致（城市化快速发展阶段已经结束）。这些城市的主要功能并非提供就业机会，而是凭借自身的特色文化、良好的生活环境（如贴近大自然、邻里更融洽等）或提供乡村地区的服务功能等吸引人口迁入。因此，这些城市产生的"扩散效应"并不仅仅在于创造就业机会，同时也在于提供某些基本或特色的服务（如创建相关的教育、培训、研究机构等）或高质量生活环境。

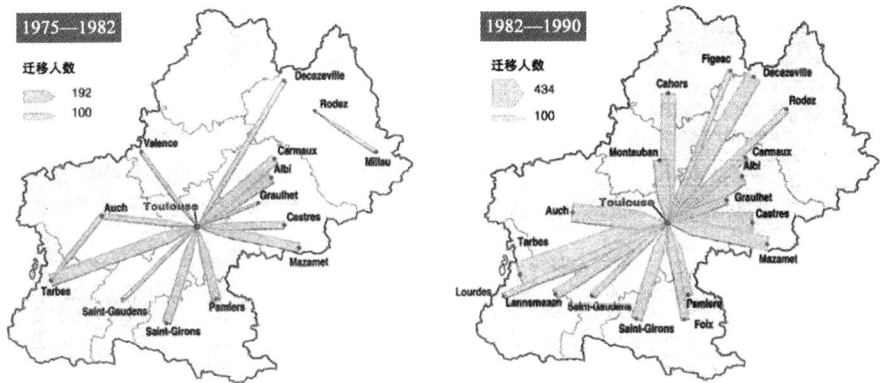

图 16 - 5　南比利牛斯大区城市人口净流动

资料来源：INSEE,1995。

　　在中国，从东部到西部已经形成了多个城市群。但是，中国东部地区城市群的发展程度（即紧凑度、空间结构稳定性、投入产出效率等）普遍比中部和西部地区要高得多，但同时也出现了一些发展带来的问题：（1）城市群造成的负面效应（如环境资源遭到破坏、交通拥堵等），人口大量涌入大城市寻找各种机会（如商业、就业和信息等方面的机会），而不是流入同一个城市群内的中小城市；（2）一味追求经济发展，忽视文化、自然资源等特色，为了城市扩张而制定过于宏大的发展目标（另一种方式的"圈地"运动）；（3）合作效率降低，不同城市中出现重复建设和雷同的发展方式；由于行政部门各自为政，区域发展的整体目标难以满足每个地方利益的要求；（4）过度关注特大城市或大城市等。

根据法国的经验,城市群的发展对于均衡地区发展很有必要。与单一中心模式和无序扩张相比,"多中心"模式是一种更好的发展方式,这种方式注重不同规模和层次城市间的联系。尽管政治权力的分散导致合作难度加大,但是某些领域的合作对于实现多中心模式的区域发展仍具有重要作用,例如建设便利的基础设施(如交通系统)、提供平等的基本公共服务,以及保护自然和文化资源等。另外,从巴黎盆地的发展过程可以看出,虽然核心城市的发展可能剥夺城市群内其他城市的某些资源,但是,除了单纯的经济联系之外,创建教育和科研网络以及整合发展某些资源(如旅游资源、自然空间、文化资源等)也可以成为城市群发展的重要合作领域。

进入新时期后,"地方特色"(本地化)变得比以往更为重要,可以促进地区优势的形成。地方特色其实也是在全球化过程中形成的城市或城市群的标志,是吸引人口及其他要素(如资本、信息等)的原因所在。在经济领域,相对于同质竞争(如卢瓦尔—布列塔尼大都市区的雷恩、拉尼翁和布雷斯特在技术、信息和通信行业的竞争,瓦纳、南特和昂热在生物技术行业的竞争,圣布里耶、雷恩和拉瓦勒在食品行业的竞争),建立具有地方特色的产业集群是区域发展的理想方式。此外,城市群中的城市功能,比单纯的城市规模更加重要(如旅游城、大学城等)。而教育和科研机构在区域内的分散(与特色地方产业或其他典型领域相关)则可以促进在新时期创建科技极点或教育、培训极点。

在欠发达的城市群,创造就业仍是城市发展的主要目标(特别是在中小型城市),这也可以缓解特大城市和大城市的压力。对于发达的城市群来说,非经济因素(如环境、文化等因素)变得更加重要,可以视为一种新的吸引力,成为联系整个区域的要素(尤其是在中小型城市)。此外,随着交通设施的完善,"生活和工作"分离的现象在法国日益严重(特别是在城市群或某些大城市)。除了创造就业之外,生活条件的不断改善(自然环境、适当的住房和公共服务等)对于增强城市群内中小城市的吸引力变得非常重要。此类城市可以以优良的生活环境和设施来吸引更多的人定居。

### 五、农业现代化与乡村地区发展

在城市化进程中,乡村地区的发展目标经历了不同发展阶段的演变:从提高农业产量和基本生活条件到发展多元化的特色产业和高质量的生活环境。乡村地区的功能也从农业生产区和农民的生存之地,转变为多元产业区和农民与市民共同的生存地,以及人与自然界和谐发展的涵养地。

在"光辉 30 年"期间,法国乡村地区的发展从实施农业现代化开始。法国是个农业大国,历届政府都对农业、乡村高度关注,制定了一系列规划、政策来支持农业和乡村的发展,"二战"后莫内计划就积极推行农业机械化、推广良种、使用化肥、提高农业生产力;以后又陆续推出土地整治规划,鼓励土地相对集中和支持家庭农场规模经营,鼓励老年农民退休,提高农业生产经营者素质;构建农业生产经营服务体系和农产品补贴政策,稳定农业产量;建立农民合作组织,维护农民权益等。在法国城市化快速推进时期,乡村地区的发展也得到高度关注,其发展经历了以下阶段:(1)提高农业生产力,普及技术和机械化,整合农业用地,建设乡村基本设施;(2)发展多元化产业,在稳定农业的基础之上,促进乡村旅游业、手工业、食品加工业等发展,建设旅游设施;(3)保护自然空间,建立国家公园、实施乡村整治规划,改善乡村地区生态生活条件,协调人与自然界和谐发展。伴随这个过程的是人口需求的变化,从找工作转变为追求适合的生活方式。其中,50 年代重点关注经济发展和基本生活条件,到 60 年代开始注重和严格执行用地规划,积极发展乡村多元产业。到了 70 年代,开始在微观层面(即由当地社区)制定乡村整治规划,中央政府也更加关注薄弱地区(如山区)的发展和自然空间的保护(表16‐3)。与此同时,人口流动也从"乡村进城市的城市化"向"逆城市化"的方向转变(出现了追求生活质量的迁移现象),这影响了乡村地区领土整治的演变进程。进入 80 年代后,这一趋势依然持续。

表 16‐3 法国乡村地区的相关政策和规划

| 名 称 | 年份 | 相关规划的主要内容 |
|---|---|---|
| 莫内计划 | 1947—1952 年 | 更新农用机械。 |
| 第二个国家计划 | 1954—1957 年 | 提高农业生产力,组织农业市场;推动乡村劳动力从农业部门向工业部门转移。 |
| 农业指导法 | 1960 年 | 确立农业与其他行业之间的平等关系;保护农民收入;建立区域和乡村规划公司;调整家庭农场的规模等。 |
| 农村行动特区政策 | 1960 年 | 为乡村设施建设提供贷款,支持乡村小型工业。 |
| 农业指导补充法 | 1962 年 | 建立农业结构行动基金;为农民提供退休养老金;改善乡村青年培训;建立生产合作组织;加强与欧洲共同体的合作。 |

| 名　称 | 年份 | 相关规划的主要内容 |
|---|---|---|
| 国家公园 | 1963年 | 保护自然空间。 |
| 地区自然公园 | 1966年 | 保护自然空间,保持乡村生活和休闲之间的平衡。 |
| 土地导向法 | 1967年 | 依据法律确立土地利用规划,将空间划分为城市/城市化区域和自然区域。 |
| 乡村更新区 | 1967年 | 优化基础设施以消除隔离;保持并优化公共服务和信息服务;加强人员培训;提升农业现代化水平;发展乡村工业和服务业。 |
| 山区经济区 | 1967年 | 山区设备升级;提高农业和畜牧业生产的现代化水平;保护水资源和森林资源,控制非生产性建设;改善山区生活条件。 |
| 乡村整治规划 | 1970年 | 以土地导向法为指导,在微观区域层面对乡村聚落进行规划,目标是促进乡村地区的发展和改进设备(社会经济发展、设备、自然空间保护)。 |
| 中部高原地区发展规划 | 1975年 | 为发展中部高原地区而制定的规划(以农业为主,同时兼顾山区)。 |

　　中国是人口大国、农业大国,进入城市化快速发展阶段,"三农"问题仍是中国经济社会发展中最重要的问题。中国从1949年起实行了几十年的"双轨"制经济结构,对乡村地区的投入较少。经历了改革开放开始的快速发展时期后,中国政府在21世纪开始高度重视乡村地区的发展。从2004年起,连续10年的中央一号文件均关注三农问题。这些文件的内容不少与法国在20世纪五六十年代制定的领土整治措施非常相似,都是关注提高农业生产效率、提高农产品产量,增加农民收入、改善乡村基础设施、发展农业合作组织等问题。根据法国的经验,在此阶段,推进农业现代化方面有以下几点值得借鉴:(1)用现代化科学技术发展农业;(2)坚持适度规模的家庭生产经营方式;(3)加快培养现代职业农民;(4)大力发展农民合作组织和社会化服务体系;(5)科学规划和保护乡村空间;(6)完善政府财政补贴方式。

　　在促进和保护乡村地区发展方面,法国也有许多做法值得中国关注,如推动农业劳动力转移,加快乡村基础设施建设,支持以农产品加工业和旅游业为主的乡村多元产业发展,帮助山区等薄弱地区发展,建立国家公园保护自然空间,加强乡村规划,保护乡村文化和乡村聚落,使乡村成为城乡居民共同的居住地等。

　　法国在"光辉 30 年"后期,地方层级的举措进一步发展,如,土地占用计划、乡村整治规划等,但中央政府仍关注自然资源与文化资源的保护和薄弱地区(即山区)的发展。而保护自然空间和建设公共设施则一直是地方层面的主要任务(如乡村整治规划)。

　　在上述前提下,其他关注重点取决于"自下而上"发展的不同阶段和不同区位:(1) 对欠发达地区而言,最紧迫的任务仍是提高农业生产效率和改善基本生活条件,这是经济发展的基础和人们生活的基本需求;(2) 对发达地区而言,由于城市居民需求的增加,一些乡村地区的产业变得更加重要,如乡村旅游业、乡土手工艺和高质量食品业等,而且乡村地区变成了城乡居民休闲和生活的地方,因此有必要在这类地区建设高品质的配套设施(如旅游设施、良好的住宿条件等)。此外,根据不同地区的特点所采取的措施也不尽相同。如图 16 - 6 所示,大都市区和依山傍水的乡村地区(如山区、沿海地区等)可以强力吸引城市居民休闲、居住。

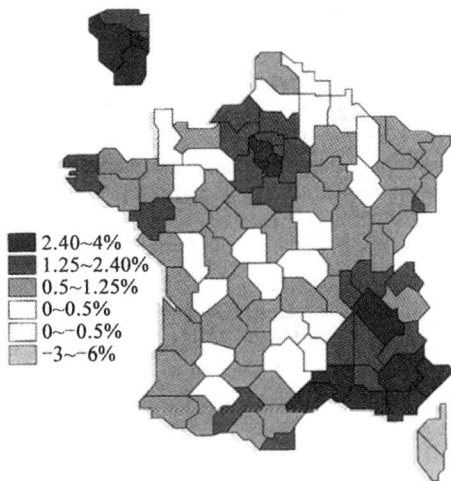

图 16 - 6　法国乡村地区人口迁移率（1975—1982 年）

资料来源:RGP,1982。

### 六、在新的区域构建增长极——巴黎盆地和图卢兹的启示

　　创造就业机会始终是城市化和区域发展过程中的一个重要目标。要均衡地区间的发展,在一些薄弱地区构建新的经济增长点,是增强区域竞争力的重中之重。

　　法国在"光辉 30 年"期间较好地实现了地区间的均衡发展,而在原先薄弱地区发展最为典型的例子,则是巴黎盆地和图卢兹。巴黎盆地和图卢兹采取了两种不同的发展模式,但均得益于良好的区位和资源优势,以及一系列的领土整治措施。巴黎盆地的发展属于大城市依托型,临近并依靠巴黎,在基础设施改善和管理体制制约解决后,承接大城市制造业、服务业的大量转移,随着大城市若干经济社会功能的拓展和扩散，成为大城市周边的制造基地、物流基地和劳动力集聚中心，并与大城市共同形成经济体。图卢兹的发展则是高科技产业发展型，产、学、研结合的成功范例。依靠工业分散化政策，法国航空、航天产业在图卢兹设立了生产基地，而服务业分散化政策，又使一些航空航天科研机构和高等院校迁到了图卢兹。这些教育、科研机构与生产企业相结合，形成人才、产品的良性互动，使图卢兹发展成为法国、欧洲乃至世界著名的航空航天的教育、科研和生产中心。

比较一下巴黎盆地与图卢兹在发展模式上的差异，也许可以对法国的经验有更深的了解。为满足福特式生产方式以及在工业分散化的推动下，巴黎盆地中大批生产企业应运而生，在大规模发展时期提供了许多产业工人就业岗位，较迅速地形成了一些新的增长极。但是很少有企业的管理部门或创新部门设在巴黎盆地，这种现象阻碍了该地区产业集群和创新极点的形成，从而在某种程度上导致巴黎盆地在下一个发展时期出现了新一轮的发展不均衡问题(就业方面)，影响了发展后劲。相比之下，在图卢兹，生产企业迁入之后，学校和研究机构随之而来，并与拥有相关技术和知识的企业相结合，共同推进了该地区航空航天产业集群和创新极点的形成。不仅如此，良好的基础设施(交通、通信等)和优质的生活质量(气候、环境)均吸引了人才，对该地区的发展产生了积极影响。这一影响直到现在都发挥着效应。

随着社会背景的变化(如全球化、后福特式生产方式)，区域的发展不再仅仅依靠大型企业和投资的推动，而是更需要依靠科技创新，不同规模企业之间的合作以及良好的投资、生活环境来推动。各类成功案例都证明了集群结构、促进技术进步的创新环境和"以人为本"的生活环境在新时期的重要性。

中国在实行改革开放以后，在依托经济增长极推动区域发展方面已经取得了显著成效，珠江三角洲依托深圳、广州，长江三角洲依托上海，都成为中国经济最繁荣的地区。当前，在中国的中西部，许多地区也正在复制构建经济增长极推动区域发展的模式。但在发展的同时需要吸取法国巴黎盆地的教训，不能仅仅作为生产加工地，还需要进行产品和产业的创新和升级，以及塑造良好的生产、生活环境才能保持长久的发展势头。近年来，中国政府也在积极推动高科技产业发展，推进产、学、研相结合，尤其是从90年代开始，创建高新技术园区和大学科技园区一直得到政府的支持。截至2014年，中国已建成117个国家级高新技术产业开发区，遍布中国各个地区，但还没能出现一个像图卢兹这样成功的范例。如果继续深入研究图卢兹的发展模式,还有不少地方值得我们关注,如产、学、研合作方式,创新基地建设,产业链、人文环境和政策环境的构建等。

### 七、快速城市化进程中住房聚集区和新城建设注意事项

　　除了就业问题之外,住房问题也是城市化快速发展过程中的一大难题,尤其是安置大量迁移人口,解决社会保障房的问题,更是政府面临的重要任务。

　　法国也曾经历过因外来人口大量涌入,导致城市人口剧增而出现的住房需求量大的时期。以巴黎为例,在"光辉 30 年"期间,政府大规模提供住房主要经历了两个阶段:(1) 50 年代开始,在城郊等优先城市化地区进行了大规模、集中式的住房建设,这些住房主要建在大城市地区的周边,形成不少住房聚集区;(2) 60 年代后期开始的新城建设,即在大城市周边建设生产生活及公共服务设施相配套的新城,出现了城市的结构性扩张(图 16 - 7)。

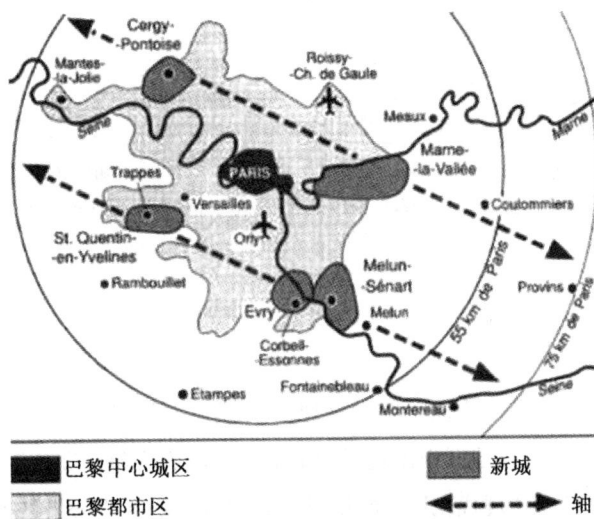

图 16 - 7　巴黎都市区和新城
资料来源:Paulet,2004。

　　在城市化快速推进初期,为了满足大规模外来人口的迫切需求,法国政府在优先城市化地区(即大城市的郊区)建造了一些"住房聚集区",大多数为社会保障房性质的大型居民区。当时,此项工程关注的重点是尽快安置迁移人口,并未过多地考虑职住平衡以及公共交通生活便利等因素,这在若干年以后造成了许多社

会问题。到"光辉 30 年"中后期，人们对住房数量的要求逐渐转变为对居住质量的追求。在建设新城时，政府开始关注职住平衡、公共交通的便利(中心城区沿公共交通轴线而建)、公共设施建设、娱乐休闲场所、商业区和绿化区建设以及环境保护等方面的问题。以大巴黎地区马恩河谷(巴黎大区的一座新城)的发展为例(图 16-8)，政府将新城分成四个部分，即第三产业和大学城、服务业和住宅区、绿化区(城市公园及私人住宅和集体住房)、迪士尼乐园和大型购物中心，均沿公共交通轴线(大区快铁)分布。相比之下，新城的建设比优先城市化地区的建设更为合理，后遗症也相对较少。

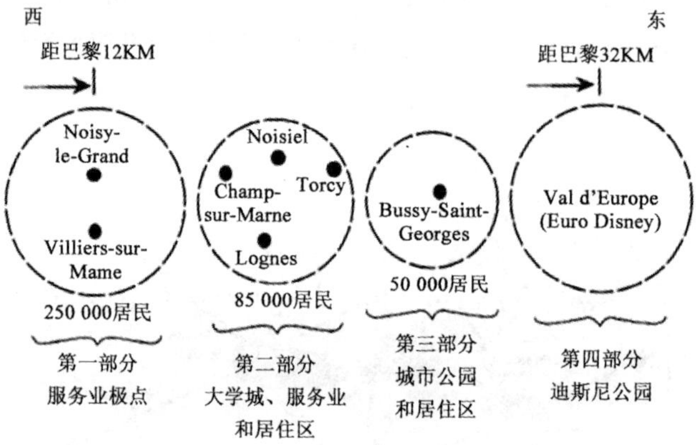

图 16-8　马恩河谷的发展情况
资料来源：Paulet，2004。

　　几十年后，法国的一些优先城市化地区出现了一些问题(尤其是社会问题)，其中最明显的是在这类地区中出现了明显的社会隔离现象。在初期阶段，住在这种新的住房聚集区是"现代化"的象征(其居住设施一般比中心城区的老宅要好)。但随着人们生活需求的变化，即从郊区化转变为逆城市化或绅士化，尤其是随着上层阶层或中产阶级的迁出，这类地区(尤其在一些郊区)低收入和少数民族居民的比例不断增加。与中心城区和新城相比，郊区邻近就业岗位少，公共服务有限，交通设施不够便利，土地功能单一(大片居住区)等问题逐渐暴露。且由于有钱人不断流出，地方税收减少造成这些地区的发展形成恶性循环，使这些地区变成了"移民区"、"贫民区"和"问题区"。近年来，法国政府开始采取一系列措施，如加强公共交通建设、保护环境和绿化空间、改进城市设计、改善公共设施与服务(教育、培训、医疗设施)、增加新的就业岗位等,但效果并不明显。90年代后,法国政府由关注物质层面的改造,逐步转为强调社会层面的融合和城市功能的通盘考虑,而非原先的局部地区改善。尽管采取了诸多新的举措,但政府对这类地区的治理一直持续至今。对于新城而言,尽管建设新城的规划模式已经有所改进,但是职住平衡的目标仍较难达到。新城中仍保持着较高的通勤比率和人口迁移比例,且这些新城也难以吸引较富裕的上层居民定居。但总体而言,新城的居民结构和就业率比原住房集聚区的情况好很多。如何解决好迁移人口居住,尤其是如何建设好集中居住区是快速发展过程中一个普遍存在的难题。

中国在1998年实行住房制度改革之后,工作单位一般不再提供住房,房屋成为房产市场上的商品。但是,为城市低收入居民提供"经济适用房"和"廉租房"是政府应有的责任。然而,在财政和土地资源紧缺以及发展考核的压力下,地方政府并没有很好地关注社会保障房的建设,导致了快速城市化进程中出现住房供不应求的矛盾,商品房价格飙升,普通老百姓买房面临更大困难(尤其是在大城市或特大城市)。而城市的社会保障房也仅提供给持有本地"户口"的城市居民,使得从农村迁移来的农民工难以在城市定居。另外,广大外出打工的农民工在家乡都建有住房,长年空关,形成空心村,造成极大浪费。住房问题已成为当今中国最大的经济和社会问题。从2007年开始,中央政府要求每年建设一定数量的社会保障房,这项举措推动了地方政府的建设力度。然而,与法国初期发展阶段的情况类似,由于中心城区的城市用地有限、具有较高的经济利益,且住宅需求量大占据空间多等原因,目前中国大规模的经济适用房主要建造在城市边缘地区(大城市或特大城市尤其如此)。建设这些住宅区应学习法国的经验教训,要对规模有所控制,有完善的相关配套设施,方便并吸引各层次各类型的人适度混合居住,以免今后沦为"贫民区"、"移民区",造成众多社会问题。

中国的新城建设比大规模的公共住房建设更早,是随着各种新区、经济开发区、高新技术开发区建设开始的。这既是地方经济迅速发展的要求,也反映了地方政府在城市扩张、土地资本化等方面的积极性。受资本的强力推动,中国的一些新城建设时并未充分考虑职住间的平衡问题,尤其是公共住房和服务设施建设很有限,而是将GDP放在第一位,即把经济利益放在第一位。一些新城的功能虽然有生产、居住和消费空间,却往往设施不完善,摊子铺的大,企业、项目、人员进入慢,短时间难以达到城市应有的功能,且较缺乏对社会问题的考量。

　　借鉴法国的经验,中国政府非常有必要提供住房(尤其是社会保障房)和公共服务设施。需要注意的是,建设模式至关重要:应当放弃建造超大型住房聚集区(尤其是社会保障房)的模式,而以建设多功能城市(或所谓的新城)或被具有"混合"特色的小型集聚区的模式取而代之。后者应关注以下几个主要原则:创建发展极(即产业极、高校和研究中心、商业或娱乐休闲中心等),配套提供便利的公共交通(如地铁、有轨电车),公共服务(如教育、医疗服务、社会保障房),以及保护绿化空间和环境等。此外,还应该同时关注社会层面的内容,如一定程度取消户籍限制,平等提供给低收入群体社会保障房,考虑均衡不同地区的就业岗位(以便保持生活与工作的平衡,增强居民的多元性),以及改善社会资源(如教育、医疗资源的质量及均衡、平等分配)等。通过一系列措施使人们住得下、留得住,成为真正的城市居民。

# 参考文献

第一部分:法国"光辉 30 年"领土整治背景

1. Antonsich, M. Rethinking territory [J]. Progress in Human Geography, 2010, 35(3): 422 - 425.

2. Alvergne, C and Musso, P. L'amenagement du territoire en images [M]. Paris: La Documentation Francaise, 2009.

3. Azouvi, A. Emploi, qualifications et croissance dans l'industrie [J]. Economie et Statistique, 1979, 113: 47 - 51.

4. Avergne, C and Musso, P. Les grandes texts de l'amenagement du territoire et de la decentralization [M]. Paris: La Documentation Francaise, 2003.

5. Bye, M. Rapport sur les moyens d'une politique des economies regionale [M]. Paris: Presses Universitaires de France, 1957.

6. Burrieu, Y. Regionaliser la France: Capitalisme ou Socialisme [M]. Paris: Mercure de France, 1969.

7. Beaujeu-Garnier, J. Towards a new equilibrium in France [J]. Annals of the Association of American Geographers, 1974, 64(1): 113 - 125.

8. Charpentier, J and Lebrun F (Eds.), Histoire de France [M]. Paris: Seuil, 1987.

9. Chiara, B. Urbanisations dispersées: Interprétations/actions France et Italie 1950—2000 [M]. Rennes: Presses Universitaires de Rennes, 2004.

10. De Lanversin, J. L'amenagement du territoire [M]. Paris: Librairies Techniques, 1965.

11. Duby, G and Wallon, A (Eds.). Histoire de la France rurale [M]. Paris: Seuil, 1976.

12. Durrieu, Y. Regionaliser la France: Capitablsme ou socialism [M]. Paris: Mercure de France, 1969.

13. Dupaquier, J. Historie de la population française [M]. Paris: PUF, 1988.

14. Duanmu, M, Y G Zhou and L Zhang. The social problems in the process of French modernization: Farmer, female, education [M]. Beijing: China Social Science Press, 2001.

15. Department of Economic and Social Affairs (Population Division). Word Urbanization Prospects (the 2001 revision)[M]. New York: United Nations, 2002

16. Eck, J F. Histoire de l'économie française depuis 1945 [M]. Paris: Armand Colin, 1988.

17. Elden, S. Land, terrain, territory [J]. Progress in Human Geography, 2010, 34(6): 799 - 817.

18. Fourastié, J. Les Trente Glorieuses: La révolution invisible de 1946 a 1975 [M]. Paris: Hachette Littérature, 2004.

19. Fang, C L. The urbanization and urban development in China after the reform and opening-up [J]. Economic Geography, 2009, 29(1): 19 - 24.

20. Faucheux, J. La decentralization industrielle [M]. Paris: Berger-Levrault, 1959.

21. Gauchon, P. Le modele francais depuis 1945 [M]. Paris: Presses Universitaires de France, 2002.

22. Gegot, J C.La population francaise: Aux XIXe et XXe siecle [M]. Paris: Ophrys, 1989.

23. Girardon, J. Politiques d'amenagement du territoire [M]. Paris: Ellipses, 2010.

24. Gravier, J F.Paris et le désert Français [M].Paris: Flammarion, 1947.

25. Hansen, N M. French regional planning [M]. Bloomington: Indiana University Press, 1968.

26. Hackett, J and Hackett, A M. Economic planning in France [M]. Cambridge: Harvard University Press, 1963.

27. Institute d'amenagement et d'urbanisme de la region ile-de-France. 40 ans en Ile-de-France (retrospective 1960—2000) [M]. Paris: IAURIF, 2001.

28. Lowry, I S. World urbanization in perspective [J]. Population and Development Review, 1990, 16: 148 - 176.

29. Li, Y P. Charles de Gaulle and centralisationeconomy [J]. West EuropeanStudies,

1990,5: 31 – 33.

30. Labrousee, E and Braudel, F. Histoire économique et sociale de la France (1950 – ) [M]. Shanghai: Fudan University Press, 1990.

31. Maddison, A. The world economy: A millennial perspective [M].Paris: OCDE, 2001.

32. Maraze, C. Les Français et la republique [M]. Paris: Armand Colin, 1956.

33. Marchand, O and Thelot, C. Le travail en France: 1800 – 2000 [M]. Paris: Nathan, 1979.

34. Ministere du travail. Structure des emplois en 1972 [R].Paris: L'Insee, 1973.

35. Micheau, M. Zhang, J and Zou, H (Eds.). 40 ans urbanisme des françaises [M]. Beijing: Social Sciences Academic Press, 2007.

36. Monod, Jand De Castelbajac, P. L'Amenagement du territoire [M].Paris: PUF, 2012.

37. National Bureau of Statistics of China. The report of 60th anniversary of P. R.C [R]. Beijing: National Bureau of Statistics of China, 2008.

38. Pinchemel, P. Geographie de la France [M]. Paris: Armand Colin, 1964.

39. Parodi, M.L'économie et la societe française depuis 1945 [M]. Paris: Armand Colin, 1981.

40. Parodi, M.L'économie et la societe Française de 1945 a 1970 [M]. Paris: Armand Colin, 1971.

41. Qiao, H L. Urban planning and design in France [M]. Beijing: China Architecture & Building Press, 2008.

42. Qin, C and Xu P. Recovery and integration: the historic investigation on French agriculture modernization(1944—1965) [J].Zhejiang Academic Journal,2005,1: 109 – 113.

43. Stiglitz, J E. Capital market liberalization, economic growth and instability [J]. World Development, 2000, 28(6): 1075 – 1086.

44. Shen, J. Worker class and social conflicts in France after World War II [J]. World History, 2003,6: 23 – 35.

45. Woessner, R.La France: Aménager les territoires [M]. Paris: Sedes, 2008.

46. Yang, F. French policy of regional economic development [J], Studies Francaise, 1997, 1: 159 – 169.

47. Lv，Y. French history [M]. Shanghai：Shanghai Academy of Social Science，2007.

48. Yang，Z G. The change of French economic and social structure after World War II-'Les Trente Glorieuses-La révolution invisible' [J]. The Journal of World Economy，1980，4：75 - 76.

49. Zhang，L. The main content and cause of regulation economy of French government [J]. World History，2003，4：50 - 57.

50. Zhou，X M. The development of French industry and economic crisis after World War II [J].Etudes Francaises，1986，4：61 - 67.

51. Zhou，Y G. The development of tertiary industry and female employment in France after World War II [J]. World History，1999，1：30 - 39.

52. Zhuo，J and Liu，Y M. Urban planning decentralization policy in France：A brief review on the evolution of urban planning system in France from 1919 to 2000 [J]. Urban Planning International，2004，5：1 - 14.

### 第二部分：法国"光辉 30 年"的领土整治

1. Alvergne，C and Musso，P. L'amenagement du territoire en images [M]. Paris：La Documentation Francaise，2009.

2. Albertini，J M. Bilan de l'economie française：A l'usage du citoyen ordinaire et de quelques auteur [M]. Paris：Editions du Seuil，1988.

3. Adoumie，V (Ed.). Géographie de la France [M]. Paris：Hachette，2007.

4. Alvergne，C and Musso，P. Les grands textes de l'amenagement du territoire et de la decentralisation [M]. Paris：La Documentation Française，2003.

5. Andrieu，H. Altas des transporte de machandises [M]. Paris：La Documentation Francaise，1984.

6. Auriac，F and Rey，V. Atlas de France：L'espace rural (Volume 8) [M]. Reclus：La Documentation Francaise，1998.

7. Aydalot，P. L'amenagement du territoire en France：Une tentative de bilan [J]. l'Espace Geographique，1978，4：245 - 253.

8. Brand，D and Durousset，M. La France：Histoire et politique economique depuis 1914 [M]. Paris：Sirey，1991.

9. Bastie，J. La reglementation relative a la localisation des activites tertiaires en France (1958 - 1976) [R]. Paris：DATAR，1997.

10. Baudelle, G. Villeneuve-d'Ascq ville nouvelle, un exemple d'urbanisme concerté [M].Paris: Du Moniteur, 1984.

11. Burnel, A. L'Action de la DATAT: Face au gouvernment et aux operateurs (1963—1974) [M]. Paris: L'Harmattan, 1996.

12. Bonnet, J. La décentralisation des activités tertiaires en France [J]. Revue de Géographie de Lyon, 1979, 54(4): 357 – 368.

13. Bourdillon, J.Les reseaux de transport francais face a l'Europe [M].Paris: La Documentation Francaise, 1991.

14. Baguenard, J. La decentralisation territoire [M]. Paris: Presses Universitaires de France, 1980.

15. Bastie, J. Orgines et histoire de la decentralisation industrielle en France, Pouviors publics et localisation des entreprises dans les grandes metropoles [R].Paris: CREPIF (centre de recherches et d'etudes sur Paris et l'ile-de-France), 1990.

16. Barrere, P and Cassou-Mounat, M. Les villes francaises [M]. Paris: Masson, 1980.

17. Bavoux, J and Charrier, J B. Transports et structuration de l'espace dans l'union europeenne [M]. Paris: Masson, 1994.

18. Beaujeu-Garnier, J. Altas et geographie de Paris et la region d'ile de France [M]. Paris: Flammarion et Editions Famot, 1977.

19. Bontron, J C. Emploi rural: Le renouveau [J]. Economie et Fiances Agricoles, 1987, 12: 17 – 20.

20. Brunet, P. La role des amenagements concertes dans la transformation des espaces ruraux fancaise [M]. Caen: Universite de Caen, 1980.

21. Brunet, R and Auriac, F. Atlas de France (Vol. 12): L'Espace des villes [M]. Paris: La Documentation Francaise, 1997.

22. Brunt, R. Les villes europeenes [M]. Paris: La Documentation Francaise, 1989.

23. Brunet, R. La France un territoire a menager [M]. Paris: Edition 1, 1994.

24. Boyer, J C. Les banlieues en France: territoire et sociétés [M]. Paris: Armand Colin/HER, 2000.

25. Caron, F and Vaisse, M. L'aménagement du territoire (1958 – 1974) [M]. Pairs: L'Harmattan, 1999.

26. Centre national de la recherche scientifique and centre regional de publication de bordeaux. Amenagement et partiques urbaines reves et realites de la ville moyenne [M]. Paris：Editions du centre national de la recherche scientifique，1982.

27. Chatin，C. 9 villes nouvelles：Une experience francaise d'urbanisme [M]. Paris：Dunod，1975.

28. Chapon，J. La politique portuaire，l'amenagement du territoire（1958—1974）[M]. Paris：L'Harmattan，1996.

29. CGP. V plan：Rapport 1278 - 128bis [R]. Paris：CGP，1965.

30. Commissariat general du plan. Rapport des commissions du 6 Plan（1971—1975）：amenagement du territoire [M]. Paris：La Documentation Francaise，1971.

31. CNRS - RCP 325，DATAR and Ferniot，B. La décentralisation tertiaire：Bilan de 48 enquêtes effectuées d'avril à juin [R]. Paris：DATAR，1997.

32. Cazes，G，Lanquar，R and Raynouard，Y. L'Amenagement touristique [M]. Paris：Presses Universitaires de France，1980.

33. Caron，F and Vaisse，M（Eds.）. L'amenagement du territoire 1958—1974 [M]. Paris：Editions L'Harmattan，1996.

34. Caro，P.，Dard，O and Daumas，J C. La politique d'aménagement du territoire：Racines，logiques et résultats [M].Rennes：Presses Universitaires de Rennes，2002.

35. Centre de recherches et d'etudes sur Paris et l'Ile-de-France. Regions，villes et amenagement [M]. Paris：Centre de Recherches et d'Etudes sur Paris et l'Ile-de-France et Societe de Geographie，1987.

36. Centre de recherche d'urbanisme. L'urbanisation fransaise [R]. Paris：Centre de Recherche d'Urbanisme，1964.

37. CIADT. Pour un rayonnement europeen des metropoles francaises：Elements de diagnostic et orientations [R]. Paris：CIADT，2003.

38. Chapuis，R and Brossard，T. Les ruaux francais [M]. Paris：Masson，1986.

39. Chanut，J M. Une emploi de service sur trois dans l'industrie parisienne [J]. Economie et statistique，1977，92：74 - 77.

40. CNRS-RCP 325，DATAR and Ferniot，B. La décentralisation tertiaire：Bilan de 48 enquêtes effectuées [R]. Paris：DATAR，1997.

41. Cottour，C，Lelarge，P and Milan，O. Une breve historie de l'amenagement de

Paris et sa region [R]. Paris: Direction Regionale de L'Equipement d'Ile-de-France, 2008.

42. Courgeau, D. Les migrations internes en France de 1954 à 1975: I Vue d'ensemble [J]. Population, 1978, 33(3): 525 - 545.

43. Courgeau, D. Les migrations internes en France de 1954 à 1975: II Migrations et urbanisation [J]. Population, 1982,37(2): 341 - 369.

44. Conseil ministerial de l'evalution. Rapport: l'evalution de la politique du logement dans les villes nouvelles ( n 2003 - 0333 - 01) [R]. Paris: Conseil Ministerial de L'Evalution, 2004.

45. DATAR and chambre de commerce et d'industrie de Paris. Aides au developpement regional [R]. Paris: DATAR, 1969.

46. DATAR and groupe interministeriel d'amenagement du Bassin Parisien. Le bassin parisen [R]. Paris: DATAR, 1968.

47. DATAR. 1965, Dixieme rapport du conseil de direction du fonds de developpement economique et social [R]. Paris: DATAR, 1965.

48. DATAR. Aides au developpement regional [R]. Paris: DATAR, 1966.

49. DATAR. Rapport annuel [R]. Paris: DATAR, 1974, 1975.

50. DATAR. Loi de finances [R]. Paris: DATAR, 1970, 1972, 1973, 1974.

51. DATAR. Rapport d'activite [R]. Paris: DATAR, 1975, 1976.

52. DATAR. Regionalisation du budget d'equipement pour 1976 et amenagement du territoire [M]. Paris: Imprimerie Nationale, 1976.

53. DATAR. Guide des villes moyennes [R]. Paris: DATAR, 1975.

54. DATAR.L'aménagement du territoire: Genèse et étape d'un grand dessein [M]. Paris: La Documentation Française, 1994.

55. DATAR and Chambre de commerce et d'industrie de Paris. Aides au développement régional [R]. Paris: DATAR, 1969.

56. DATAR. Atlas de L'Aménagement du Territoire [M]. Paris: La Documentation Française, 1988.

57. DATAR., Une nouvelle étape pour l'aménagement du territoire [M]. Paris: La Documentation Française,1990.

58. DATAR. L'aménagement du territoire et les zones de conversion [R]. Paris: DA-TAR, 1985.

59. Deyon, P and Fremont, A. La France et l'amenagement de son territoire (1945—2015) [M]. Paris: LGDJ,2000.

60. De Laversin, J. L'amenagement du territoire et la regionalisation [M]. Paris: Librairies Techniques, 1970.

61. DATAR. Scenarios pour les villes moyennes: Deux avenirs possible [M]. Paris: La Documentation Francaise, 1974.

62. DATAR. Visages de la France [M]. Paris: La Documentation Francaise, 1993.

63. DATAR. Pour une metropolisation raisonnee: Diagnostic socio-economique de l'Ile de France et du Bassin parisien [M]. Paris: La Documentation Francaise, 1999.

64. DATAR. Nouvelles images de la France rurale [M]. Paris: La Documentation Fransaise, 1988.

65. DATAR. L'altas de France [M]. Paris: La Documentation Fransaise, 2001.

66. DATAR. Schema general d'amenagement de la France: La France rurale images et perspectives [M]. Paris: La Docuemtation Francaise, 1981.

67. DATAR. Une nouvelle étape pour l'aménagement du territoire [M].Paris: La Document Française, 1990.

68. DATAR. L'aménagement du littoral [M]. Paris: La Documentation Française, 1993.

69. DATAR. Metropoles en desequilibre [M].Paris: Economica, 1993.

70. DATAR.Schéma général d'aménagement de la France: La france rurale images et perspectives [M]. Paris: La Documentation Française, 1981.

71. DATAR.Scenarios pour les villes moyennes: deux avenirs possibles [M]. Paris: La Documentation Francaise, 1974.

72. DATAR. 50 ans d'histoire, http://territoires2040.datar.com[OL]. Paris: DATAR, 2010.

73. Lacour, C. and Delamarre, A. 40 ans d'aménagement du territoire [M].Paris: La Documentation Francaise, 2003.

74. DATAR. Atlas de L'aménagement du territoire [M]. Paris: La Documentation Française, 1988.

75. Dartout, P. Une nouvelle ambition pour l'amenagement du terrtoire [M]. Paris: La Documentation Francaise, 2009.

76. DATAR.Metropoles en desequilibre [M]. Paris：Economica，1993.

77. DATAR. La lettre de la DATAR (Numero special-Aout-Septembre) [R]. Paris：DATAR，1988.

78. Damette，F. La France en villes [M]. Paris：La Documentation Francaise，1994.

79. Damette，F and Scheibling，J. Le bassin parisien：System productif et organisation urbaine [M]. Paris：La Documentation Francaise，1992.

80. Damette，F. La France en villes [M]. Paris：La Documentation Francaise，1994.

81. De Gaudemar，J P(Ed.). Environnement et aménagement du territoire [M]. Paris：La Documentation Française，1996.

82. Dezert，B.，Metton，A.，Steinberg，J et al.La periurbanisation en France [M]. Paris：SEDES，1991.

83. Direction generale de l'urbanisme de l'habitat et de la construction. L'evalution de la politique du logement dans les villes nouvelles d'ile-de-France [R]. Paris：Direction Generale de L'Urbanisme de L'Habitat et de la Construction，2004.

84. DREIF (direction regionale de l'équipement d'ile de France). Paris et sa region en Europe et dans le Monde [R]. Paris：DREIF，1988.

85. Dumont，G F. La France en villes [M]. Paris：Editions Sedes/Cned，2010.

86. Durand，P. Industries et regions，l'amenagement industriel de la France [M]. Paris：La Documentation Francaise，1972.

87. Dourlens，C and Vidal-Naqut，P. Les residences secondaires，appropriation et gestion de l'espace rural [J].Etudes foncières，1980，7：2 - 8.

88. Dupuy，C and Gilly，J P. Industrie et territoires en France：Dix ans de decentralisation [M]. Paris：La Documentation Francaise，1993.

89. Dupuy，G. Systemes，reseaux et territoires：Principes de reseautique territoriale [M]. Paris：Presses Ponts et Chaussees，1985.

90. Ecole nationale d'admistration. Rapport：L'amenagement public de l'espace [R]. Paris：Ecole Nationale d'Admistration，1980.

91. Fabries-Verfailie，M and Stragiotti，P. La France des villes [M]. Paris：Breal，2000.

92. Fideration des maires des villes moyennes. Villes moyennes d'europe：Strategies et projects (actes du colloque international d'Albi，24 - 25 janvier 1991) [R]. Paris：Fider-

ation des Maires des Villes Moyennes, 1991.

93. Fourastié, J. Les Trente Glorieuses: La révolution invisible de 1946 a 1975 [M]. Paris: Hachette Littérature, 2004.

94. Fremont, A. Geographie et action l'amenagement du territoire, Paris: Editions Arguments, 2005.

95. Fremont-Vanacore, A. La France en Europe [M]. Paris: Armand Colin, 2009.

96. Fremont-Vanacore, A. L'amenagement regional en France: La pratique et les idees [J]. L'espace geographique, 1978,2: 73 - 84.

97. Fnaut. Propositions pour un schema ferroviaire national [J]. Transports urbains, 1981, 47: 2 - 10.

98. Gegot, J C. La population francaise: Aux XIXe et XXe siecle [M]. Paris: Ophrys, 1989.

99. Goubet, M and Roucolle, J L. Population et société françaises 1945—1981 [M]. Pairs: Sirey, 1981.

100. Girardon, J. Politiques d'amenagement du territoire [M]. Paris: Ellipses Edition, 2010.

101. Glasson, J and Marshall, T. Regional Planning [M]. New York: Routledge, 2007.

102. Grolleau, H and Ramus, A. Espace rural, espace touristique: Le tourisme a la campagne et les conditions de son developpement en France [M]. Paris: La Documentation Francaise, 1986.

103. Groupe central des villes nouvelles. Bilan de la construction dans les villes nouvelles franciliennes de 1975 a 1996 [R]. Paris: Groupe Central des Villes Nouvelles, 1998.

104. Guillaume, J. La France dans l'union europeeane [M]. Paris: Editions Berlin, 2007.

105. Gravier, J F. Paris et le désert français en 1972 [M]. Paris: Flammarion, 1972.

106. Groupe central de planification urbaine sur l'aménagement du territoire. Les conditions de réalisation des programmes d'équipement des grandes agglomérations pour la période du V plan [R]. Paris: Groupe Central de Planification Urbaine sur l'Aménagement du Territoire, 1967.

107. Hautreux, J. Les principales villes attractives et leur zone d'influence [M].Paris:

Direction de l'amenagement du territoire, 1962.

108. Hervieu, B (Ed.). L'amenagement de l'espace rural [M]. Paris: La Documentation Francaise, 1993.

109. Hervieu, B. 2008, Les orphelins de l'exode rural: essai sur l'agriculture et les compagnes du XXIe siecle, Aube: Editions de l'Aube.

110. Helene, M andFol, S. Le devenir des banlieues rouges [M]. Paris: L'Harmattan, 1997.

111. Insee. Statistiques et indicateurs des regions francaise [R]. Paris: Insee, 1969.

112. Institutions sociales et aménagement du territoire. Rapport au gouvernement [R]. Paris: Institutions Sociales et Aménagement du Territoire, 1974.

113. Insee. Fichier des migrations definitives 1968 - 1975 (sondage au 1/5): Migrations par orgine [R]. Paris: Insee, 1976.

114. Insee (Midi-Pyrenees). Toulouse attire des actifs de tous ages (Numero 7: Decembre) [R]. Midi-Pyrenees: Insee, 1995.

115. Insee (Midi-Pyrenees). 2011, La recherche en Midi-Pyrenees: Les moyens d'une ambition europeenne (Numero 133) [R]. Midi-Pyrenees: Insee, 2011.

116. Institut de l'amenagement du territoire et de l'environnement de l'Universite de Reims. Urbanisme et Amenagement rural [C]. Reims: Institut de l'amenagement du territoire et de l'environnement de l'Universite de Reims. 1983.

117. Jacques, B. La décentralisation des activité tertiaires en france [J]. Revue de géographie de Lyon, 1979, 54(4): 357 - 368.

118. Jean, Y and Vanier, M. La France: Amenager les territoires [M]. Paris: Armand Colin, 2008.

119. Jean, Y and Perigord, M. Geographe rurale: La ruralite en France [M]. Paris: Armand Colin, 2009.

120. Julien, P. La metropolarisation des actifs structure le territoire [J]. Economie et statistique, 1995, 290(10): 33 - 49.

121. Kayser, B. Nassaince de nouvelles campagnes [M]. Aude: Edition de l'Aude, 1993.

122. Kayser, B. La renaissance rurale: sociologie des campagnes du monde occidental [M]. Paris: Aramand Colin, 1990.

123. Laborie, J P., Langumier, J F and De roo, P. La politique francaise d'amenagement du territoire de 1950 a 1985 [M]. Paris: La Documentation Francaise, 1985.

124. Lacour, Cand Delamarre, A. 40 ans d'aménagement du territoire [M]. Paris: La Documentation Française, 2003.

125. Les societe d'amanagement regional. Rapport du comite economique et social [R]. Paris: Les Societe d'Amanagement Regional, 1984.

126. Lee, A (Ed. and trans.). 25 years of French new towns [M]. Paris: Gie villes nouvelles de France, 1993.

127. Louis, J. Aide publique et developpement economique regional [J]. Economie et Statistique, 1976, 80: 13 - 23.

128. Laboratoire associé au CNRS n 165 et recherche coopérative sur programme n 325. Analyse de l'espace [R]. Paris: CNRS, 1978.

129. Labrousee, Eand Braudel, F. Histoire économique et sociale de la France (1950—    ) [M]. Shanghai: Fudan University Press, 1990.

130. Larrere, R., Lizet, B and Berlan-Darque, M. Histoire des parcs nationaux: Comment prendre soin de la nature [M]. Paris: Edition Quœ, 2009.

131. Lajugie, J. Les villes moyennes [M]. Paris: Editions Cujas, 1974.

132. DATAR, Les petites villes en France [M]. Paris: La Documentation Photographoqie, 1972.

133. Le Jeannic, T. Trente ans de periurbanisation: Extension et dilution des villes [J]. Economie et Statistique, 1997, 307(1): 21 - 41.

134. Lever, W F. Competition within the European urban system [J]. Urban Studies, 1993, 30(6): 935 - 948.

135. Bonvalet, C and Lefebvre, M. Le depeuplement de Paris (1968—1975): quelques elements d'explication [J]. Population, 1983, 38(6): 941 - 958.

136. Le Jeannic, T. Trente ans de periurbanisation: Extension et dilution des villes [J].Economie et Statistique, 1997,307: 21 - 41.

137. Limouzin, P. Agricultures et industrie agro-alimentaire francaise [M]. Paris: Masson, 1992.

138. Lichtenberger, Y. L'universite et ses territoires [J]. Revue Urbanisme, 2010,

38：57-60.

139. Marconis, R. Recherches sur la mobilite dans la croissance urbaine [J]. Revue Geographique des Pyrenees et Sud-Ouest, 1968, 1：169-184.

140. Madiot, Y. Aménagement du territoire [M]. Paris：Armand Colin, 1996.

141. Mazet, P. Amenagement du territoire [M]. Paris：Armand Colin, 2000.

142. Mauz, I. Histoire et memoires du parc national de la Vanoise (1921—1971：La construction) [J]. Revue de Geographie Alpine. 2003, 199.

143. Marmagne, J. Rapport：Amenagement rural, sur l'amenagement du milieu et de l'espace rural [R]. Paris：DATAR, 1971.

144. Merlin, P. L'Amenagement du territoire en France [M]. Paris：La Documentation Francaise, 2007.

145. Merlin, P. Les villes nouvelles en France [M]. Paris：Presses Universitaires de France, 1991.

146. Merlin, P. L'amenagement de la region parisienne et les villes nouvelles [M]. Paris：La Documentation Francaises, 1982.

147 Michel, M. L'amenagement regional en France：Du territoire aux territoires [M]. Paris：Masson, 1994.

148. Monod, J and De Castelbajac, P. L'amenagement du territoire [M]. Paris：Presses Universitaires de France, 1993.

149. Ministre de la construction. Bassin parisienne：Schema d'organisation [R]. Paris：Ministre de la Construction, 1965.

150. Ministere de l'interieur et de l'amenagement du territoire. Visages de la France：Contribution au debat national sur l'amenagement du territoire [M]. Paris：La Documentation Francaise, 1993.

151. Mottez, M. Carnets de campagne EVRY (1965-2007) [M]. Paris：L'Harmattan, 2003.

152. Marcou, G., Kistenmacher, H., Clev, H G et al.L'amenagement du territoire en France et en Allemagne [M]. Paris：La Documentation Francaise, 1994.

153. Manesse, J. L'aménagement du territoire：des instruments pour quelle politique [M]. Paris：LGDJ, 1998.

154. Maclennan, MC. Regional planning in France [J].The Journal of Industrial Eco-

nomics（supplement：papers on regional development），1965，13：62 - 75.

155. Merlin，P. Les villes nouvelles [M]. Paris：Presses Universitaires de France，1969.

156. Merlin，P. L'aménagement de la région parisienne et les villes nouvelles [M]. Paris：La Documentation Française，1982.

157. Merlin，P. Les transports en France [M]. Paris：Les Etudes de la Documentation France，1994.

158. Merlin，P. L'amenagement du territoire en France [M]. Paris：La Documentation Francaise，2007.

159. Monod，J. Transformation d'un Pays [M]. Paris：Fayard，1974.

160. Monod，J and De Castelbajac，P. L'amenagement du territoire [M]. Paris：Presses Universitaires de France，1993.

161. Murard，Cand Fourquet，F. La naissance des villes nouvelles：Anatomie d'une decision（1961—1969）[M]. Paris：Presses Ponts et Chaussees，2004.

162. Neuschwander，C and Sibille，H. TGV et amenagement du territoire [M]. Paris：Syros/Alcunatires，1991.

163. Noin，D. L'Espace francais [M]. Paris：Armand Colin，1984.

164. Noirot，P（Ed.）. Rural：Une carte pour la France [M].Paris：Panoramiques-Corlet，1994.

165. Parodi，M. L'eonomie et la societe francaise de 1945 a 1970 [M]. Paris：Armand Colin，1971.

166. Paulet，J P. La France villes et systems urbains [M]. Paris：Armand Colin，2010.

167. Paulet，J P. Les banlieues francaises [M]. Paris：Ellipses，2004.

168. Pumain，Dand Saint-Julien，T. Atlas des villes de France [M]. Reclus：La Documentation Française，1989.

169. Perigord，M. Le paysage en France [M]. Paris：Presses Universitaires de France，1996.

170. Pares，R. Le chemin de fer en France [M]. Paris：La Documnnentation Francaise，1974.

171. Pierre，M. Mise a jour a partir de geographie，economie et planification des trans-

ports [M]. Paris: Presses Universitaires de France, 1991.

172. Pinchemel, P. La region parisienne [M]. Paris: Presses Universitaires de France, 1979.

173. Parodi, M.L'économie et la société française de 1945 a 1970 [M]. Paris: Armand Colin, 1971.

174. Racine, P. Mission impossible: L'Amenagement touristique du littoral Languedoc-Roussillon [R]. Paris: DATAR, 1980.

175. RB. Redecances, agrements et aides au desserrement, un system fiscal destine a favoriser le desserrement dans le bassin parisien [R]. Paris: DATAR, 1971.

176. Roullier, J E(Ed.), Lee, A (Trans.). 25 years of French new towns [M]. Paris: La Documentation Française, 1993.

177. Ribiere, G. L'aménagement du littoral [M]. Paris: La Documentation Française, 1993.

178. Regionale d'ile de France et Institut d'amenagement et d'urbanisme de la regon d'ile de France. Atlas des Francailiens: Recensement de la population de 1990 [R]. Paris: IAURIF, 1993.

179. Ravenel, R. La decentralization des automobiles citroen a rennes, Pouviors pub lics et localisation des entreprises dans les grandes metropoles [J]. Cahiers du CRERIF, 1990, 33: 47 - 52.

180. RECLUS. Le redeploiement industriel:Analyse geographique des phenomenes du developpement industriel en France [R]. Paris: RECLUS, 1985.

181. Saint-Julien, T. Croissance industrielle et systeme urbain [M]. Paris: Economica, 1982.

182. Saint-Julien, T (Ed.). Atlas de France (Volume 14): Terrioire et Amenagement [M].Paris: GIP RECLUS et La Documentation Fransaise, 1997.

183. Savy, M. 50 years of regional planning in France [J]. Urban planning international, 2009,4: 3 - 13.

184. Savy, M. Les territoire de l'innovation: technopoles et amenagement: L'Experience Francaise [J]. Revue d'Economie Regionale et Urbaine, 1986, 1: 41 - 60.

185. Steinlein, P. L'evolution spatiale de l'agriculture et l'aménagement du territoire rural [J].L'Aménagement Foncier Agricole et Rural, 1987, 55:1 - 10.

186. Steinberg, J. Role et avenir des villes nouvelles d'ile-de-France [J]. Annales de Geographie, 1990, 552: 141 - 151.

187. Schnetzler, J. Le chemin de fer et l'espace francais [J].Revue de Geographie de Lyon, 1967,42(1): 81 - 118.

188. SNCF. Voie ferrees, espaces et sites:Le cas du TGV [J]. Amenagement et Nature, 1981, 62: 5 - 7.

189. Troin, J F. Rail et amenagement du territoire [M]. Paris: EDISUD, 1995.

190. Travaux et recherches de prospective. Schema general d'amenagement de la France: La france rurale—images et perspectives [R]. Paris: DATAR, 1981.

191. Travaux et recherches de prospective. Schema general d'amenagement de la France:La transformation du monde rural [R]. Paris: DATAR, 1972.

192. UTH. La metropole parisienne systeme productif et organisation de l'espace [R]. Paris: UTH, 1990.

193. Verlaque, C. Trente ans de decentraisation industrielle en France [J]. Cahiers du CRERIF, 1984, 7: 20 - 29.

194. Voisard, J and Lavalland, F. Population et emploi trente ans de mutations a travers la France: Population et migrations interieures [M]. Paris: La Documentation Francaise, 1993.

195. Voisard, J and Lavalland, F. Population et emploi trente ans de mutations a travers la France: Population et migrations interieures [M].Paris: La Documentation Francaise, 1993.

196. Vacher, J F. L'evolution des transports depuis 40 ans [J]. INSEE Premiere, 1997, 522: 2 - 10.

197. Wackermann, G. L'aménagement du Territoire Français: Hier et Demain [M]. Paris: Sedes, 1996.

198. Woessner, R. La France: Aménagement les territoire [M]. Paris: Edition SEDES, 2010.

199. Zhuo, J and Liu, Y M. Urban planning decentralization policy in France: A brief review on the evolution of urban planning system in France from 1919 to 2000 [J]. Urban Planning International, 2004, 5: 1 - 14.

## 第三部分:"光辉 30 年"法国领土整治成效

1. Armstrong, H and Taylor, J.Regional economics and policy [M]. Oxford: Blackwell, 2000.

2. Bathelt, H. Geographies of production: Growth regimes in spatial perspective, knowledge creation and growth in clusters [J]. Progress in Human Geography, 2005, 29(2): 204 - 216.

3. Berry, B J L. Comparative urbanization: Divergent paths in the twentieth century [M]. New York: St. Martin's Press, 1981.

4. Buckley, R. The practice and politics of tourismand land management. In Buckley, R., Pickering, C. and Weaver, D.B. (eds.). Nature-based tourism, environment and land management [C]. Cambridge,MA: CABI Publishing, 2003, 1 - 6.

5. Charney, A H. Migration and the public sector: A survey [J]. Regional Studies, 1993, 4(27): 313 - 326.

6. Clarks, G L., Gertler, M S and Feldman, M P. (Eds.). The Oxford handbook of economic geography [M].Oxford:Oxford University Press, 2003.

7. Cooke, P and Morgan,K. The associational economy [M]. Oxford: Oxford University Press, 1998.

8. Dicken, P. Global shift: Reshaping the global economic map in the 21st century [M]. London: Sage Publications, 2003.

9. Feldaman, MP.Location and innovation: The new economic geography of innovation, spillovers and agglomeration [J]. The Oxford Handbook of Economic Geography, 2000, 373 - 394.

10. Gordon, I R and McCann, P. Industrial clusters: Complexes, agglomeration and/ or social networks [J]. Urban Studies, 2000, 37: 513 - 532.

11. Hall, P. Enterprise zones: A justification [J]. International Journal of Urban and Regional Research, 1982, 6: 416 - 421.

12. Hall, P and Tewdwr-Jones, M. Urban and regional planning [M].London: Routledge, 2010.

13. Harvey, D. The new imperialism [M]. Oxford: Oxford University Press, 2003.

14. Laclau, Eand Mouffe, C.Socialist strategy: Where next? [J]. Marxism Today, 1981,1: 5 - 24.

15. Lawson, C. Towards a competence theory of the region [J]. Cambridge Journal of Economics,1999, 23: 151 - 166.

16. Lefebvre, H.The production of space [M]. Oxford: Blackwell, 1991.

17. Masscy, D. Spatial division of labor: Social structures and the geography of production [M]. New York: Routledge, 1995.

18. Markusen, A. Sticky places in slippery space: A typology of industrial districts [J]. Economic Geography, 1993, 72(3): 293 - 313.

19. McCarthy, J. Rural geography: Globalizing the countryside [J]. Process in Human Geography, 2007, 23: 1 - 9.

20. Mendras, H. La fin des paysans [M].Paris: Actes Sud, 1992.

21. Mumford, L. The city in history [M]. New York: Harcourt, Brace &. World, 1961.

22. McCarthy, L M and Knox, P L. Urbanization: an introduction to urban geography [M]. NJ: Pearson Prentice Hall, 2005.

23. Porter, M. The competitive advantage of nations [M]. New York: Free Press, 1990.

24. Porell, FW. Inter-metropolitan migration and quality of life [J].Journal of Regional Science,1982, 29: 137 - 158.

25. Yang, Y Z. Power, capital and space: China urbanization (1908—2008) [J].Urban Planning Forum, 2009, 1: 62 - 73.

**案例:巴黎大区及巴黎盆地**

1. Albertini, J M. Bilan de l'economie francaise a l'usage du citoyen ordinaire et de quelques auteurs [M]. Paris: Editions du Seuil, 1988.

2. Beaujeu-Garnier, J. Altas et geograogie de Paris et la Region d'ile-de-France [M]. Paris: Flammarion et Editions Famot, 1977.

3. Beaujeu-Garnie, Jand Bastie, J (Eds.). Atlas de Paris et de la Region parisienne [M]. Pairs: Editions Berger-Levrault, 1967.

4. Beaujeu-Garnier, J and Dezert, B (Eds.). La grande ville: Enjeu du XXI siecle [M]. Paris: Presses Universitaires de France, 1991.

5. Beaujeu-Garnier, J. La France des villes: Le Bassin parisien [M]. Paris: La Documentation Fráncaise, 1978.

6. Berger, M. Les periurbains de Paris: De la ville dense a la metropole eclatee? [M]. Paris: CNRS Editions, 1998.

7. L'Institut d'amenagement et d'urbanisme de la region parisienne. La decentralization industrielle et le Bassin parisien [R]. Paris: IAURP, 1966.

8. Centre de recherches et de documentation sur la consommation and Societe pour la conversion et le developpement industriels. Perspectives d'amenagement du Bassin Parisien: Etude sur la situation du secteur tertiaire dans le bassin parisien et sur ses perspectives d'evolution [R]. Paris: Centre de Recherches et de Documentation sur la Consommation and Societe pour la Conversion et le Developpement Industriels, 1966.

9. Centre de recherches et de documentation sur la consommation and Societe pour la conversion et le developpement industriels. Perspectives d'amenagement du Bassin Parisien: La decentralisation industrielle [R]. Paris: Centre de Recherches et de Documentation sur la Consommation and Societe pour la Conversion et le Developpement Industriels, 1966.

10. Cottour, C., Lelarge, P and Milan, O. Une breve histoire de l'amenagement de Paris et sa region, http://www. driea. ile-de-france. developpement-durable. gouv. fr/breve-une-histoire-de-l-a1261.html[OL]. Paris: DAIEA, 2008.

11. DATAR. Pour une metropolisation raisonnee: Diagnostic socio-economique de l'Ile de France et du Bassin parisien [R]. Paris: DATAR, 1990.

12. DATAR. Amenagement le Bassin parisien: Premieres reflexions [R]. Paris: DATAR, 1990.

13. DATAR. Altas de l'amenagement du territoire [R]. Paris: DATAR, 1988.

14. DATAR. Pour une métropolisationraisonnée: Diagnostic socio-économique de l'Ile-de-France et du Bassin parisien [M]. Paris: La Documentation Française, 1999.

15. DATAR and Groupe interministeriel d'amenagement du Bassin Parisien. Le Bassin Parisien (reflexions pour un livre blanc) [R]. Paris: DATAR, 1968.

16. DATAR. Livre blanc du Bassin Parisien [M]. Paris: La Documentation Francaise, 1992.

17. DATAR. Shema général d'aménagement de la zone d'appui Nord Champenoise: Résumé du rapport de présentation [R]. Paris: DATAR, 1973.

18. Damette, F. La France en villes [M]. Paris: La Documentation Francaise, 1994.

19. Daumas, J C. La decentralization industrielle entre creations d'emplois et effets de-

structurants：Le cas de Renault a Cleon (1951 - 1975) [M]. Rennes：Presses Universitaires de Rennes，2002.

20. Damette，F and Scheibling，J. Le bassin Parisien：Système productif et organisation urbaine [M]. Paris：La Documentation Française，1992.

21. Direction regionale d'ile-de-France（insee）et Institut d'amenagement et d'urbanisme de la region d'ile de France. Atlas des Franciliens：recensement de la population de 1990 [R]. Paris：Insee，1995.

22. Directions regionales de l'Equipement. Amenagement le bassin parisien：Synthese des approches de planification urbaine et territoire [R]. Paris：Directions Regionales de l'Equipement，1992.

23. Groupe interministeriel d'amenagement du Bassin Parisien. Le Bassin Parisien [R]. Paris：Groupe Interministeriel d'Amenagement du Bassin Parisien，1968.

24. Groupe interministeriel d'amenagement du Bassin Parisien. Activités et emplois dans le Bassin Parisien：développement localisation [R]. Paris：Groupe interministeriel d'amenagement du Bassin Parisien，1968.

25. Groupe interministeriel d'amenagement du Bassin Parisien. Projet de livre blanc du Bassin Parisien [R]. Paris：Groupe Interministeriel d'Amenagement du Bassin Parisien，1969.

26. Groupe interministeriel d'amenagement du Bassin Parisien. Rapport du groupe de reflexion sur le bassin parisien [R]. Paris：Groupe Interministeriel d'Amenagement du Bassin Parisien，1969.

27. Gravier，J F. Paris et le désert français en 1972 [M].Paris：Flammarion，1972.

28. Giraud，H. Bassin parisien：Tous au rapport [J]. Urbanisme & Architecture，1991，251：2 - 9.

29. IAURP. Le Bassin parisien：Evolution recente et perspectives de developpement [R]. Paris：IAURP，1975.

30. Institut d'amenagement et d'urbanisme de la region ile-de-France.40 ans en ile-de-France：Retrospective 1960 - 2000 [M].Paris：IAURIF，2001.

31. Institut français des économies regionales（IFER）. Aménagement du bassin parisien [R]. Paris：IFER，1957.

32. Julien，P. La metropolarisation des actifs structure le territoire [J]. Economie et

Statistique, 1995, 290(10): 33 - 49.

33. Lacaze, J P. Paris: Urbanisme d'Etat et destin d'une ville [M].Paris: Flammarion, 1994.

34. Le schema directeur d'amenagement et d'urbanisme de la region de Paris de 1965 (SDAURP). http://www.driea.ile-de-france.developpement-durable.gouv.fr/le-schema-directeur-d-amenagement-r280.html [OL]. Paris: DATAR, 1965.

35. Lokota, A M. L'ile-de-France en mouvement [M]. Montpellier: GIP Reclus, 1990.

36. L'institut d'amenagement et d'urbanisme de la region d'ile-de-France. 40 ans de Planification en Region d'Ile-de-France [R]. Paris: IAURIF, 1983.

37. L'ile-de-France en mouvement. Collection reclus mode d'emploi [M]. Montpellier: GSP/RECLUS, 1990.

38. Merlin, P. L'ile de France: Hier, aujourd'hui, demain [M]. Paris: La Documentation Francaise, 1988.

39. Ministre de la construction. Bassin parisienne: Shema d'organisation [R]. Paris: Ministre de la Construction, 1965.

40. Mission d'etudes pour l'amenagement de la Basse Vallce. Basse Seine et Bassin Parisien en 1975 [R]. Paris: DATAR, 1975.

41. Pinchemel, P.La region parisienne [M]. Paris: Presses Universitaires de France, 1979.

42. RB. La region parisienne et son evolution entre 1962 et 1968, une difficulte majeure pour la region parisienne: La croissance continue des migrations alternantes [R]. Paris: IAURIF, 1973.

43. RB. Les dix ans du district de la region parisienne [R]. Paris: IAURIF, 1971.

44. UTH. La metropole parisienne systeme productif et organisation de l'espace [R]. Paris: UTH, 1990.

45. L'Institut d'amenagement et d'urbanisme de la region d'Ile-de-France. Vie et transformation de l'industrie en Ile-de-France (1954 - 1978) [R].Paris: IAURIF, 1981.

46. Voldman, D. Les cahiers de l'IHTP: Region parisienne, approches d'une notion (1860 - 1980) [R]. Paris: IAURIF, 1989.

47. Wackermann, G. L'amenagement du territoire francais: Hier et Demain [M]. Par-

is: SEDES, 1996.

48. YT. La decentralization industrielle et le Bassin parisien [J]. Population, 1967, 22(3): 527 – 543.

## 案例: 图卢兹和比利牛斯大区

1. Beringuier, C., Boudou, A and Jalabert, G. Toulouse, Midi-Pyrenees: La transition [M].Toulouse: Editions Stock, 1972.

2. Brunet, R and Sallois, J (Eds.). France: Les dynamiques du territoire [M]. Montpellier: GIP RECLUS, 1986.

3. Beaujeu-Garnier, J (Ed.). La France des villes: Sud-Ouest (Volume 4) [M]. Paris: La Documentation Francaise, 1979.

4. Bazerque, L. Toulouse, métropole d'équilibre, métropoles d'équilibre et aires métropolitain [M]. Paris: La Documentation Française, 1980.

5. Centre de recherches et de documentation sur la consommation. Toulouse: Perspectives de developpement economique et demographique de Toulouse pour 1965 et 1975 [R]. Paris: Centre de Recherches et de Documentation sur la Consommation, 1963.

6. Coste, J M and Costes, M. Le bassin houiller de fecazeville en 1972: Une reconversion manquee, une renaissance amorcee [D]. Toulouse: Universite de Toulouse Le-Mirail, 1972.

7. Commerçons, N and Goujon, P (Eds.). Villes moyennes: Espace, société, patrimoine [M].Lyon: Presse Universitaires de Lyon, 1977.

8. Conseil regional de Midi-Pyrenees. Elaboration du plan de developpement regional, Rapports des Groups de Travail [R]. Midi-Pyrenees: Conseil Regional de Midi-Pyrenees, 1976.

9. DATAR. Atlas de France [M]. Paris: La Documentation Francaise, 1993.

10. DATAR. Atlas de l'amenagement du territoire [M]. Paris: La Documentation Francaise, 1988.

11. DATAR. Loi de Fiances [R]. Paris: DATAR, 1974.

12. DATAR. Petites villes et developpement regional: Rapport d'orientation [R]. Paris: DATAR, 1973.

13. DATAR. Rapport: Les villes moyennes: Enjeux d'action publique [R]. Paris: DATAR, 2005.

14. Dezert, B., Metton, A and Steinberg, I. La periurbanisation en France [M]. Paris: Sedes, 1991.

15. Delpiroux, D. 2008, Le reve envole du Mirail, http://www.ladepeche.fr/article/2008/12/10/505756-le-reve-envole-du-mirail.html [OL]. Midi-Pyrenees: LADEPEHE, 2008.

16. Duphy, C and Gilly, J P. Toulouse et les dynamismes intra-regionaux de Midi-Pyrenees [J]. Revue Geographique des Pyrenees et du Sud-Ouest, 1991, 62(3): 2-12.

17. Dupuy, C and Gilly, J P (Eds.). L'Industrie de Midi-Pyrenees entre tradition et modernite [M]. Toulouse: Presses de l'Universite des Sciences Sociales de Toulouse, 1994.

18. Dupuy, C and Gilly, J P (Eds.). Midi-Pyrenees: Dynamisme industriel et renouveau rural [M]. Paris: La Documentation Fancaise, 1997.

19. Dupuy, C andGilly, J P (Eds.). L'industrie de Midi-pyrénées: Entre tradition et modernité [M]. Toulouse: Presses de l'université des science sociales de Toulouse, 1994.

20. Dugot, P., Laborderie, S., Taulelle, F et al. Midi-Pyrenees: Region d'Europe [M]. Toulouse: CRDP Midi-Pyrenees, 2008.

21. Dompnier, G. Toulouse le Mirail et Colomiers villeneuve vingt ans apres (1960—1982) [J]. Revue Geographique des Pyrenees et du Sud-ouest, 1983, 54(1): 127-143.

22. Friquart, L E and Noe-Dufour, A. Les quartiers de Toulouse: Le Mirail, le project Candilis [M]. Paris: Accord Edition, 2006.

23. Gamblin, A (Ed.). La France dans ses regions [M]. Paris: CDU et SEDES, 1994.

24. Insee (Midi-Pyrenees). Migrations residentielles: Midi-Pyrenees attire d'abord les jeunes [R]. Midi-Pyrenees: Insee, 2009.

25. Insee (Midi-Pyrenees). Le grand Mirail: Mythe ou realite (Numero 8: Decembre) [R]. Midi-Pyrenees: Insee, 1995.

26. Idrac, M and Laborie, J P. L'Economie de Midi-Pyrénées en crise [J]. Revue Géographique des Pyrénées et du Sud-Ouest, 1976, 47(1): 1-10.

27. Insee (Midi-Pyrénées). Le dynamisme démographique de l'espace urbain (Numéro 41: Septembre) [R]. Midi-Pyrenees: Insee, 2000.

28. Insee (Midi-Pyrénées). 2001, L'industrie en Midi-Pyrénées (Numéro 48: Septembre) [R]. Midi-Pyrenees: Insee, 2001.

29. Insee (Midi-Pyrénées). L'industrie en Midi-Pyrénées (Numéro 6: Novembre) [R].

Midi-Pyrenees：Insee，1995.

30. Insee (Midi-Pyrénées). L'aire urbaine de Toulouse，un pole d'emplois strategiques de premier plan (Numéro 131：Janvier) [R]. Midi-Pyrenees：Insee，2001.

31. Insee (Midi-Pyrenees). En Midi-Pyrenees，plus de 55000 emplois salaries sont lies a l'industrie aeronatique (Numero 104：Octobre) [R]. Midi-Pyrenees：Insee，2007.

32. Insee (Midi-Pyrenees). Midi-Pyrenees，premiere region pour l'effort de recherche (Numéro 118：Mai) [R]. Midi-Pyrenees：Insee，2009.

33. Insee (Midi-Pyrenees). Migrations residentielles：Midi-Pyrenees attire d'abord les jeunes (Numero 119：Juillet) [R]. Midi-Pyrenees：Insee，2009.

34. Insee (Midi-Pyrenees). Aeronautique et espace：des atouts pour Midi-Pyrenees (Numero 22：Octobre) [R]. Midi-Pyrenees：Insee，1997.

35. Insee (Midi-Pyrenees). Un reequilibrage demographique de l'aire urbaine de Toulouse (Numero 37：Mars) [R]. Midi-Pyrenees：Insee，2000.

36. Insee (Midi-Pyrenees). La dynamisme demographique de l'aire urbaine de Toulouse se confirme (Numero 24：Aout) [R]. Midi-Pyrenees：Insee，1998.

37. Insee (Midi-Pyrenees). Urbanisation croissante de la region (Numero 47：Avril) [R]. Midi-Pyrenees：Insee，2001.

38. Jalabert，G. Toulouse：Metropole incomplete [M]. Paris：Economica，1995.

39. Jababert，G and Gilly，J P. La dynamique de la metropole Toulousaine：Continuite et ruptures，metropolies en desequilibre [M]. Paris：Economica，1993.

40. Jalabert，G and Zuliani，J M. 2009，Toulouse：L'avion et la ville. Toulouse：Privat.

41. Kayser，B. L'Exode rural et ses consequences dans la region Midi-Pyrenees [M]. Toulouse：Ampre，1966.

42. Laborie，J P. Les villes moyennes face à la metropolisation [J].Extrait de Inter-Regions，1988,8：1 - 20.

43. L'Equipe de SESAME. Schema general d'amenagement de la France：Le grand sud-ouest-diagnostics pour l'avenir [M]. Paris：La Documentation Francaise，1979.

44. Marconis，R. Migrations definitives et migration de travail dans l'agglomeration de Toulouse et ses abords [J]. Revue Geographique des Pyrennes et du Sud-Ouest，1982，53(1)：10 - 20.

45. Ministre de l'agriculture (région midi-pyrénées). Annexe statistique au schéma régional d'aménagement rural.[R]. Midi-Pyrenees: Ministre de l'Agriculture, 1971.

46. Ministre de l'agriculture (région midi-pyrénées). Annexe statistique au schéma régional d'aménagement rural[R]. Midi-Pyrenees: Ministre de l'Agriculture, 1990.

47. Pumain, D and Saint-Julien, T. Atlas des villes de France [M]. Paris: La Documentation Francaise, 1989.

48. Secrétariat général du gouvernement. Les grandes villes françaises: Toulouse [M]. Paris: La Documentation Francaise, 1966.

49. Travaux et recherches de prospective and schema general d'amenagement de la France. Le grand sud-ouest diagnostics pour l'avenir [M]. Paris: La Documentation Francaise, 1979.

50. Wakeman, R. Modernizing the provincial city: Toulouse, 1945—1975 [M]. Cambrige: Harvard University Press, 1997.

51. Wackermann, G (Ed.). L'Amenagement du Territoire Francais: Hier et Demain [M]. Paris: SEDES, 1996.

# 后　记

　　经过翻译、整理和编辑,中文版《法国快速城市化时期的领土整治(1945—1970年代):演变、效果及启示》终于付之于梓,这是对我在法国博士生活和学习的一个总结。

　　我去法国读博士完全属于偶然。2008年在南京大学研究生毕业后,我去了王红扬教授任中方主任的南京大学和法国十二大巴黎城市规划学院联合成立的中法区域规划研究中心工作。随着工作开展,中心申请到了欧盟第七框架下的"欧中城市与区域研究项目",并决定互派人员到对方学校进行研究与交流。王红扬教授决定派我去巴黎城市规划学院攻读博士学位,这是我从未想到的。不过能去国外,尤其是到巴黎看看,我还是挺愿意的。但要去法国读博士,研究什么题目呢? 我想起巴黎十二大中法中心法方主任 Michel Savy 教授来南大交流时所做的一次专题报告"法国城市规划30年",提及法国在二战后30年期间经济、社会、城市化以及领土整治方面的发展过程及其成效,并说中国当前的情况与法国当时有不少相似之处。因为那时我对法国缺乏了解,就想到把法国"二战"以后"光辉30年"的领土整治作为研究课题。题目确定,得到了中、法双方主任的同意,并确定Michel Savy 教授作为我的博士生导师。

　　2010年1月来到法国,开始了我的博士生活,才知道我的研究选题有些轻率。一是时间跨度太大,前后有30多年;二是"光辉30年"是法国工业化、城市化快速推进的时期,经济、社会、政治等各方面都变动很大,相应的领土整治措施多如牛毛,难以计数;三是法国人本身对这段时期中所制定的规划、政策、措施就评价各异,众说纷纭;四是相应的中文研究和译作非常有限,只能看法文资料。尽管研究颇为困难,但安下心来是唯一的解决途径。

　　在法国读博期间，我花了大量时间在巴黎十二大图书馆、法国国家统计局、法国建设部以及法国国家图书馆查阅资料，并在网上寻找和阅读了大量有关法国"光辉30"年的各种资料、文章，还数次去巴黎盆地和图卢兹实地调研考察，总算完成了论文，并通过了博士答辩。但因为自己水平、时间及条件等原因，本书对法国"光辉30年"国土整治的研究，不论在深度还是广度上都是远远不够的，只能算一个整理、介绍和体会性的成果。感谢巴黎城市规划学院的 Michel Savy 教授、François Doulet 教授，法国国立工艺学院的 Laurent Davezies 教授，图卢兹大学的 Jean-Paul Laborie 教授的悉心教诲和指导，并在最后评审我的博士论文时给予了积极的鼓励和肯定。

　　2013年年底，我回到了南京大学地理与海洋科学学院工作，开始了人生的另一段征程。感谢黄贤金教授等学院领导对年轻老师的关心，支持并资助我出版博士论文。

　　最后感谢汤以伦先生对我的博士论文中文译稿所进行的审阅和修改。

　　希望《法国快速城市化时期的领土整治（1945—1970年代）：演变、效果及启示》能给读者以启示，对中国的城市化进程有所帮助。

汤爽爽

2015 年 2 月